林间最后的
小孩 | Last Child in the Woods

让我们的孩子远离自然缺失症

[美]理查德·洛夫 ⊙著　　美同　海狸 ⊙译

北京联合出版公司

图书在版编目（CIP）数据

林间最后的小孩 /（美）理查德·洛夫著；美同，海狸译 . — 北京：北京联合出版公司，2022.7
ISBN 978-7-5596-6190-6

Ⅰ.①林⋯ Ⅱ.①理⋯ ②美⋯ ③海⋯ Ⅲ.①儿童教育－家庭教育－通俗读物 Ⅳ.① G782-49

中国版本图书馆 CIP 数据核字 (2022) 第 085981 号

LAST CHILD IN THE WOODS: Saving Our Children from Nature-Deficit Disorder
by Richard Louv
Copyright © 2005, 2008 by Richard Louv
This edition arranged with Algonquin Books of Chapel Hill,
a division of Workman Publishing Company, Inc., New York.
through Big Apple Agency, Inc., Labuan, Malaysia.
Simplified Chinese edition copyright©2022 by Beijing Tianlue Books Co.,Ltd.
All rights reserved.

林间最后的小孩

著　　者：[美]理查德·洛夫
译　　者：美同　海狸
出 品 人：赵红仕
选题策划：北京天略图书有限公司
责任编辑：龚　将
特约编辑：郝　帅
责任校对：高雪鹏
装帧设计：刘晓红

北京联合出版公司出版
（北京市西城区德外大街 83 号楼 9 层　100088）
北京联合天畅文化传播公司发行
水印书香（唐山）印刷有限公司印刷　新华书店经销
字数 330 千字　889 毫米 ×1194 毫米　1/16　23.75 印张
2022 年 7 月第 1 版　2022 年 7 月第 1 次印刷
ISBN 978-7-5596-6190-6
定价：59.00 元

版权所有，侵权必究
未经许可，不得以任何方式复制或抄袭本书部分或全部内容。
本书若有质量问题，请与本公司图书销售中心联系调换。
电话：010-65868687　010-64258472-800

献给贾森和马修

有个孩子，每天都到外面去
他第一眼看见什么，就成为什么，或部分地成为什么
就这样保持一整天，或不到一整天
也或者，保持许多年，或一生

早年的丁香花成为了他的一部分
还有青草、红的白的牵牛花、红的白的三叶草
还有菲比霸鹟的歌声
还有百天羔羊和粉红猪崽
还有小马驹和小牛犊……
　　——沃尔特·惠特曼

我更喜欢在屋子里玩，只有那儿才有插座。
　　——一个圣地亚哥的四年级孩子

目 录

致 谢

版本说明

引 言

Part1 儿童与自然的全新关系

1 自然之礼 /3
 "只有那儿才有插座" /6

2 第三条边疆 /11
 旧边疆闭合,新边疆开启 /12
 第三条边疆的特点 /15

3 户外玩耍违规了 /23
 对儿童与自然疏离的研究 /27
 自然缺失症 /31

Part2 为什么孩子(以及我们自己)离不开自然

4 攀上健康之树 /35
 费伊大道尽头的随想 /38
 亲生物性与心理健康 /44
 把大自然还给童年 /48

5 感官的生活：大自然与无所不知的心态 /51
森林之子 /51

沉睡的感官 /53

文化孤独症来了 /59

取之不尽的宝库 /62

6 第八种智能 /65
自然智能：对细节的敏锐感知 /66

激活感官 /71

树上学堂 /73

7 孩童的天赋：大自然如何滋养创造力 /79
大自然与创想家 /81

自然、创造力与"忘我之地" /85

诗人的游乐场 /88

8 自然缺失症与有助疗愈的环境 /91
"有助疗愈的环境" /94

天然"利他林" /96

拿一根棍子捅到天 /101

Part3 善意：为什么约翰尼和珍妮不再出去玩了

9 日程表与焦虑 /105
亲近自然不是休闲娱乐 /109

10 妖魔症候群归来 /113
吓怕了 /116

大自然成了妖魔 /119

11 博物学知识欠缺：教育阻碍孩子亲近自然 /123

生态恐惧症 /124

硅信仰 /126

博物学之死 /128

12 未来的自然守护者将来自哪里 /135

欢迎光临虚拟国家公园 /136

濒临灭绝的环保主义者 /138

未来的童子军 /141

依恋理论 /144

Part4 大自然与儿童的重逢

13 把大自然带回家 /149

热爱是最珍贵的礼物 /149

无聊简史 /153

后院里的大自然和漫步树林 /156

挤出时间 /160

14 面对恐惧的智慧 /163

自然中的超强觉察力：增强天生的自信 /165

父母能做的最重要的事 /167

探冰与发现美 /170

15 乌龟的故事：大自然是位好老师 /173

钓鱼与打猎 /174

野外采集与野生动物观察 /178

不是互联网，而是海洋 /181

Part5 丛林黑板

16 自然学校改革 /187
在真实的世界里学习 /189

詹姆斯和他的萝卜王 /193

生态学校 /200

高等教育、生态文化与博物学之复兴 /203

17 露营的复兴 /209
为何值得投入？ /211

儿童生活保护区 /213

Part6 神奇之地：开启第四条边疆

18 在大自然中玩耍不是罪 /219
侵权法改革及其他 /220

不要放弃 /225

19 野趣归来的城市 /227
推进动物园城市运动 /229

绿色城市主义：西欧的范例 /232

绿色美国的回归 /235

开阔地改造：儿童绿色城市设计 /241

顾及儿童和其他生物的规划与设计 /244

重新构想城市 /246

20 荒野的未来：回归土地的新热潮 /251
这样生活更好 /252

新式驯化草原 /256

重回荒野 /259

　　乡间的绿色城镇 /262

　　公元 2050 年 /265

Part7 感受惊奇

21 大自然是儿童的精神食粮 /269

　　见证 /272

　　信仰型环保主义、科学和我们的下一代 /276

　　上帝与大自然母亲 /281

22 浴火重生：发起一场运动 /283

　　该播种了 /285

　　更多的乐观理由 /287

23 珍惜当下 /291

本书实操指南

　　田野手记：一场运动的发展及如何参与 /295

　　我们能做的 100 件事 /304

　　讨论话题 /326

参考文献

译后记

致 谢

与大多数书一样,这本书也是合作的结晶。我的妻子凯西·弗雷德里克·洛夫(Kathy Frederick Louv)、儿子贾森(Jason)和马修(Matthew)在后勤、情感和脑力上帮助了我。他们也参与了先期的研究工作。

出版人伊丽莎白·沙尔拉特(Elisabeth Scharlatt)和出版经纪人詹姆斯·莱文(James Levine)使这本书的出版成为了可能。伊丽莎白温和、清晰的见解确保了这本书的独创性与简洁。与她合作非常愉快。阿尔贡金图书公司(Algonquin Books)的埃米·加什(Amy Gash)、克雷格·波普拉斯(Craig Popelars)、艾娜·斯特恩(Ina Stern)、布伦森·胡尔(Brunson Hoole)、迈克尔·提肯斯(Michael Taeckens)、艾梅·博伦巴克(Aimee Bollenbach)和凯瑟琳·沃德(Katherine Ward)也给了我及时的巨大帮助。我才华横溢的朋友和好兄弟迪安·斯塔尔(Dean Stahl)分担了繁重的编辑工作。约翰·肖尔(John Shore)、丽莎·波利科夫(Lisa Polikov)和谢丽尔·尼奇塔(Cheryl Nicchitta),以及我在《圣地亚哥联合论坛报》(the San Diego Union-Tribune)的编辑,包括比尔·奥斯本(Bill Osborne)、伯尼·琼斯(Bernie Jones)、洛拉·奇卡洛(Lora Cicalo)、简·克利福德(Jane Clifford)、凯琳·温纳(Karin Winner)和彼得·凯(Peter Kaye)也做了重要的编辑工作。感谢及时提供了事实确认的约翰·约翰斯(John Johns)、大卫·博伊(David Boe)、拉里·欣曼(Larry Hinman)、卡伦·凯切利奇(Karen Kerchelich)、罗斯玛丽·埃里克森(Rosemary Erickson)、R.拉里·施密特(R. Larry Schmitt)、梅丽莎·鲍德温(Melissa Baldwin)、杰基·格林(Jackie Green)、乔恩·福纳比(Jon Funabiki)、比尔·斯托瑟斯(Bill Stothers)、迈克尔·斯蒂芬纳（Michael Stepner）、苏珊·贝尔斯（Susan Bales）、迈克尔·戈德斯坦（Michael Goldstein）、苏珊·怀特（Susan White）、鲍勃·劳伦斯（Bob Laurence）、珍妮特·德·维泽（Jeannette De Wyze）、加里·谢布勒（Gary Shiebler）、安妮·皮尔斯·霍克尔（Anne Pearse Hocker）、彼得·塞布林（Peter Sebring）、珍妮特·福特（Janet Fout）、尼尔·皮尔斯（Neal Peirce）、拉文·梅斯纳（LaVonne Misner）、迈克尔·莫里亚蒂（Melissa Moriarty），尤其是现身说法的迈克尔·洛夫（Michael Louv）。

　　虽然作者一般不会感谢在其书中得到引用的人，但出于准确和尊重的需要，我特别感谢以下群体。其一是教师，特别是约翰·里克（John Rick）、布雷迪·凯尔索（Brady Kelso）、蒂娜·卡夫卡（Tina Kafka）、戴维·沃德（David Ward）和坎迪·范德霍夫（Candy Vanderhoff），他们鼓励学生们分享他们的想法。其二是学生（一些人的名字在书中有所改动）。其三是近年来在这一领域辛勤耕耘的研究者。我特别感谢路易丝·乔拉（Louise Chawla），她不仅分享了她自己的研究结果，还向我介绍了其他研究者的工作。我对那些未被引用的研究者表示歉意，他们的工作也非常有价值。

　　对于本书的修订和增订，我感谢谢丽尔·查尔斯（Cheryl Charles）和艾丽西亚·塞瑙尔（Alicia Senauer）对最新研究结果的补充。我还要感谢马丁·勒布朗（Martin LeBlanc）、埃米·珀楚克（Amy Pertschuk）、马蒂·埃里克森（Marti Erickson）、约翰·帕尔（John Parr）、斯蒂芬·凯勒特（Stephen Kellert）、优素福·伯吉斯（Yusuf Burgess）、克里斯·克鲁格（Chris Krueger）、迈克·珀楚克（Mike Pertschuk）、凯西·鲍曼·麦克劳德（Kathy Baughman McLeod）、南希·赫伦（Nancy Herron）、鲍勃·皮尔特（Bob Peart），以及再次感谢谢丽尔·查尔斯，感谢他们建立儿童与自然组织（the Children & Nature Network），将本书的工作继续下去。

　　最后，我要感谢伊莱恩·布鲁克斯（Elaine Brooks），她没能在有生之年读到这本在她激发下写出的书，但她的理念已经表达在书里了。

版本说明

本版《林间最后的小孩》包含了自2005年该书首版以来新发表的研究报告和相关引述，反映了国际社会对儿童自然缺失的日益关注，也介绍了在美国、加拿大等国掀起的相关社会运动。本书还包括专门为该版本编写的"实操指南"，其中包括促使儿童回归自然运动的进展报告、建议讨论的问题、经过扩充的建议阅读书目和可以采取的100项实际行动。这些行动可以促成学校、家庭和社区发生对儿童健康成长至关重要的改变。

引 言

孩子们还小的时候,有一天晚上,10岁的马修在餐桌对面一本正经地看着我问:"爸爸,为什么你小时候更好玩呢?"

我问他是什么意思。

"嗯,你总是在说你的树林和树屋,还有你是怎么骑马去沼泽附近玩的。"

一开始,我以为他只是在生我的气。因为我确实总跟他讲,我小时候是如何用细绳和肝脏肉丁在小溪里钓小龙虾的——现在却很难见到有孩子这样玩了。我确实也跟许多父母一样,一边美化自己的童年,一边又看不上孩子此刻的玩耍和探索。但我儿子是认真的,他觉得自己错过了一些至关重要的东西。

他的感觉没错。我这代婴儿潮或更早一些的美国人在大自然中悠然自乐,连钱也不用怎么花的戏耍方式,在这一代被电子产品和游戏随叫随到的孩子看来,就像是老古董一样。

不过短短几十年,孩子理解和体验自然的方式就已经面目全非,甚至完全颠倒。今天的孩子知道生态环境所遭受的各种威胁,可他们与大自然的亲密接触却越来越少,对大自然的感情也越来越淡漠。而在我小时候,情况正好相反。

那时,我并不知道我的树林跟其他树林在生态学上有什么关联。在20世纪50年代,没人谈论酸雨和臭氧层空洞,也没人谈论全球变暖。但是,我熟知我身边的树林和田野。我知道小溪的每一道拐弯,也知道土路会在哪里凹陷倾斜。它们甚至会出现在我的梦中。今天的孩子可能会给你讲述亚马孙雨林，却不会说上一回他最近独自探访树林的经历，也不会谈他如何躺在田间，卧听风吟潇潇，仰观浮云飘飘。

这本书探讨了儿童与大自然渐行渐远的现象，以及这一变化对环境、社会、心理和灵性的影响。这本书也介绍了日渐增多的相关研究。这些研究发现，要想让儿童茁壮成长或让成人保持健康，与大自然的接触就必不可少。

虽然我特别关注儿童，但我的视角也触及那些十几岁、二十几岁的年轻人。我们与大自然的关系发生了翻天覆地的变化。即便在一些场合，人们自认为在亲近自然，情况也仍旧没什么两样。曾几何时，夏令营还是野外露营、林间徒步、识别动植物，或者围着篝火讲鬼怪和传奇故事。但如今，"夏令营"却成了减肥营或电脑营的代名词。对新生代年轻人而言，大自然变得越发抽象，越发远离现实，也越发沦为一种只可远观、消费、穿戴，却视而不见的东西。在最近的一则电视广告中，一辆四驱越野车正沿着一条绝美的山涧疾驰，可后座的两个孩子却在用折叠屏看电影，显然对窗外的山景和溪水毫无察觉。

一个世纪前，美国历史学家特纳宣称，美国的边疆[①]已不复存在。此后，他的观点一直饱受争议。今天，一条类似的、但更为重要的边疆也正在消失当中。

我们的社会正在教导下一代与大自然保持距离。这一幕不仅发生在学校、家庭乃至户外机构，甚至已经制度化为许多街区的法律和法规。我们的制度、城市或郊区的规划设计和文化态度都在无意识地把自然与灾祸相连，同时也把户外经历与喜乐和清静割裂。公立学校、媒体和父母的善意提醒实际上却是在把孩子从树林和田野里吓走。在奉行"无成果，便出局"的高等院校中，我们也能看到博物学的衰

[①] 1893年，美国历史学家弗雷德里克·特纳（Frederick Jackson Turner）提出著名的"边疆假说"，认为美国的"西进运动"将边疆向狂野西部大大推进，是重塑美国的重要因素。这里的"边疆"并非国家主权边界，而是定居区与非定居区交织、文明与蛮荒交融的一片狭长区域，有丰富的经济和文化意涵。——译者注

除特别说明外，本书中的所有脚注均为译者注。——编者注

落，例如动物学等偏重实践的学科正在越来越多地让位于微生物学和基因工程等偏重理论和经济效益的学科。日新月异的科技发展正在使人类、动物和机器之间的界限变得愈发模糊。后现代主义思潮认为真实是建构出来的，我们也不过是被自身所建构的结果。这种思想虽然承认了人类存在的无限可能，然而随着下一代的生活离自然越来越远，感觉和知觉双双受限，他们的体验也只会日渐贫瘠。

然而，就在年轻一代与大自然间的纽带被斩断的时刻，越来越多的研究却发现，我们与大自然的联系跟我们的生理、心理和灵性健康直接相关——并且具有积极意义。其中的一些研究显示，有计划地让青少年接触大自然甚至可以成为注意力缺陷障碍等疾病的灵丹妙药。正如一位科学家所说，就像我们现在认为儿童需要丰富的营养和充足的睡眠一样，他们或许也非常需要接触大自然。

改变人与自然缺乏接触的现状，修复年轻一代与大自然的纽带，这符合我们自身的利益。这么做不仅关乎美感与公正，还因为我们的生理、心理和灵性健康[①]都有赖于此。更何况，地球环境也面临着巨大的威胁。年轻一代对待大自然和养育子女的方式，将决定我们的城市、家庭，也即我们的日常生活的样貌和氛围。我将在下面的内容里探讨通往未来的另一条路径，其中既有极具创见的以环境教育为本的学校项目，有对都市环境的重新构想和再设计（有理论家称之为"动物园城市"），有环境组织面对难题的对策，也有信仰型组织[②]将亲近自然重新纳入儿童灵性发展的做法。后续内容里也有来自美国各地的父母、孩子、祖父母、教师、科学家、宗教领袖、环保主义者和研究者的现身说法。他们已经察觉到正在发生的转变。他们中的一些人还描绘了一种别样的未来。在那里，孩子将与自然重聚，而自然也将得到深度的珍视和保护。

[①] 根据 Ahmad Ghaderi 等人的研究，灵性健康（spiritual health）包含4大关系，分别是人与神的关系、人与自身的关系、人与他人的关系和人与自然的关系。——译者注

[②] 信仰型组织（faith-based organization），简称FBO，又译"基于信仰的组织"和"以信仰为基础的组织"，这里的"信仰"既可以是宗教信仰，也可以是宗教之外的信仰或信念。

在为这本书搜集资料的过程中，我欣喜地发现，许多十八九或者二十岁出头的年轻人——也就是那些在城市环境里长大的第一代，在与自然有了一定的接触之后，就能直觉地理解他们错过了什么。这种渴望化为动力，进而激发他们拒绝从现实世界滑向虚幻空间，从高山深谷堕入黑客帝国。他们不想成为林间最后的小孩。

我的孩子们可能还是会经历美国作家比尔·麦吉本（Bill McKibben）所说的"自然的终结"，那是世界的终极悲伤，无人能置身事外。但是，我们也有另一种可能——不仅自然不会终结，并且自然带给我们的神奇乃至欢乐，都还会重生。特纳对美国边疆的讣告只说对了一半：那条边疆确已作古，但第二条边疆尚未完全消失。在这一过程里，美国人对自然的崇尚和开发、保护和破坏，兼而有之。现在，曾经存在于家庭农场、道路尽头的树林、国家公园和我们心中的边疆都在逐步崩解，或者变得面目全非。不过，如同以往一样，我们与自然的关系还可以演变为别的模样。这本书要讲的就是终结旧时代，开辟新边疆——更好地与自然共生。

Part1
儿童与自然的全新关系

这即是我们苍茫、狂野、吼声震天的母亲——
大自然。
无处不在的、奇丽绝美的、舐犊情深的大自然。
一如猎豹。
可我们却太早失去了她奶水的哺育,
去面对,
一个只有人与人互动的
文化与社会。
——梭罗

1 自然之礼

> 一见到东倒西歪的桦树……
> 我就觉得有男孩在上面吊着玩过。
>
> ——罗伯特·弗罗斯特[①]

倘若幼时能深入内布拉斯加州的棉白杨林，爬上皇后区的屋顶养鸽子，下至密西西比河捉蓝鳃鱼[②]，感受来自千里之外的海浪轻轻托起脚下的小船，那我们定会对自然一往情深，至死不渝。大自然留存着我们的记忆——鼓舞我们，扶持我们。

对孩子来说，大自然有一千副面孔。她是初生的牛犊，是有生有死的宠物，是穿过林间的小径，是刺莓麻里构筑的堡垒，是偏僻角落里潮湿的秘所——千面自然能给所有孩子都带去一种与家庭迥异，也更为广阔而久远的空间。大自然不像电视只能让人虚度光阴，而会充实孩子的童年。她能疗愈家庭或社区环境欠佳的孩子。有时候，她像一块白板，孩子可以用她来发挥自己的想象，也可以重新解读本土文化的浪漫幻想。大自然能充分发展孩子们的感官，让世界变得更加形象生动，进而激发出创造力。只要有机会，孩子就会把俗世的烦恼带入树林，用溪水濯洗，再把它调换个全新的角度去看待。大自然也可能吓到孩子，但这种惊吓仍然是有意义的。在大自然里，孩子能觅得自由、幻想和隐秘。那里远离成人的世界，独有一份不受打扰的宁静。

以上仅仅是大自然的一些实用价值，如果进一步深究，大自然给予孩子的是她本身，而非带有人类印迹的自然。这时，无法参透的自

[①] 罗伯特·弗罗斯特（Robert Frost），美国诗人。
[②] 蓝鳃鱼，鲈鱼目太阳鱼科，原产于美国南部及墨西哥北部的淡水水域中。

然就会让人谦卑。

正如杰出的原生态诗人加里·斯奈德①所言，自然（nature）有两种含义。（"自然"一词来自拉丁语natura和nasci，前者意为出生、构造、表达、经历，后者意为即将新生。）从最宽泛的角度来说，自然包括物质世界及其中所有的内容和现象。根据这一定义，机器是自然的一部分，有毒废物亦然。自然的第二种含义相当于我们所说的"户外"，人造的东西被排除在自然之外。从表面上看，纽约市可能跟自然二字毫不相干，但它内部确实也包含了各种不为人知却又自成一体的野生环境，例如中央公园那些隐藏着微生物的泥土，以及布朗克斯区盘旋着老鹰的天空。这么说来，按照最宽泛的自然定义，城市属于自然（如同机器属于自然），同时，它也包含野生环境。

说到大自然和孩子的关系，对自然的定义就得把握好分寸，不能这么宽泛了，既不能让自然涵盖一切，也不能只把自然限定为原始森林。斯奈德喜欢诗人弥尔顿的说法——"一片芬芳之野"（a wilderness of sweets）。"弥尔顿用了'野'这个字眼，这么做完全抓住了野外极其常见的那种能量状态和丰富生机。'一片芬芳之野'好比海洋中的亿万条鲱鱼或鲭鱼幼鱼，好比绵延数英里的庞大磷虾群，好比北美大草原的草籽……所有这些细小的动植物，数量惊人，共同支撑着这张网。"斯奈德解释道，"但换个角度，'野'也意味着混乱、性、未知、禁忌之地，那里既有天使栖居，也有魔鬼出没。总之，'野'是一片充满了原始力量的所在，既给人以启示，又充满了艰险。"这种认识，内涵更为丰富，对理解孩子和大自然的馈赠也更有助益。就本书而言，当我笼统地使用"自然"一词时，我指的是自然之野。那里的生物多种多样，而且数量众多，例如后院里或崎岖山脊上的那些相互关联的细碎存在。最重要的是，大自然只能通过我们的好奇来显现。正如Nasci一词所寓意的，自然不会主动呈现。

虽然我们常常觉得自己是自己，自然是自然，但人类其实也是自

---

① 加里·斯奈德（Gary Snyder），美国原生态诗人，环保主义者，长期生活在森林中。

然的一部分。我记得，自己最早的感官冲击发生在密苏里州的独立市。那是一个春寒料峭的早晨，我当时大约三岁，坐在祖母家老房后的一块干草地上。父亲在花园里种植，就在我旁边。突然，他扔下一个烟头——在那个年代，很多人都这样。在美国中西部，居民总是把垃圾丢在地上，或者把啤酒瓶、饮料罐和烟头从车窗里扔出去——紧接着，火星开始随风飞舞。干草着火了。我清楚地记得火焰噼啪的声响和烟雾缭绕的味道，以及父亲赶忙用脚去踩火的嗖嗖声。

也是在那里，我会走近从梨树上掉落的果子，一边捏住鼻子，一边弯腰去看，小心地跟那一小团发酵的东西保持距离，再试着慢慢吸气。我会坐在那些腐烂的果子中间，既充满好奇，又感到反胃。这就是我对火和发酵的记忆……

郊外有树林和农场，我在里面一待就是好几个小时。那里有许多桑橙树，不仅有刺，还会掉下一种个头赛过垒球的又黏又臭的果子。虽然这些树是不能碰的，但防风林里还有许多其他树可以爬，它们的小树枝就像梯子的横档。踩着它们，我们能爬五六十英尺（约合15~18米）高，超出桑橙防风林许多。在高处，我们能遥望密苏里州古老的蓝色山脊，也能见到远处陌生地带的新房屋顶。

我经常独自去爬树。有时，我会不能自已地深入树林，把自己想象成吉卜林①笔下的狼孩毛格利②，还会为了爬得更高而脱掉好多衣服。爬到高处，树枝变得非常细。一遇到风，整个世界都会夸张地四下摇晃。如此被风玩弄于股掌之间，我心里既紧张又兴奋。我不停地发现自己在坠落、上升和悠荡。身边的树叶像弹响指一样噼啪作响。风似在叹息，又似在低语。随风而至的还有各种味道。而且在风的怂恿下，树木本身也开始疯狂散发气味。最后，一切都消失了，唯有风行其间。

如今，我爬树的那些日子已经远去，但我仍旧时常想起那些美好

---

① 鲁迪亚德·吉卜林（Rudyard Kipling），英国作家，1907年获诺贝尔文学奖。
② 毛格利（Mowgli），吉卜林所著《丛林之书》（The Jungle Book）的主人公。

又悠闲的童年时光，它们一直都在积极地影响着我。我开始感激身处树梢时的所见所感。树林就是我的"利他林"[①]。大自然让我平静，让我专注，也让我的各种感官都兴奋而敏锐。

"只有那儿才有插座"

在我们这一代长大时，许多人都把大自然的礼物视作理所当然。我们从没想过，我们的后代会得不到它们。然而，有些东西确实已经改变了。现在，我们开始看到一种现象，我称之为"自然缺失症"。这虽然不是什么医学诊断，但它确实为我们思考这一问题及各种可能的后果提供了一条路径。这个问题所涉及的不仅是孩子，也包括我们这些成年人。

我对这一转变的察觉始于20世纪80年代末。当时，我正在写一本新书《童年的未来》（*Childhood's Future*），里面谈到家庭生活所出现的各种新变化。为此，我采访了全国近3000名儿童和父母，他们有的来自城市，有的来自城郊，有的来自乡村。我们偶尔会在教室和家庭里谈到孩子与自然的关系。我时常想起圣地亚哥一个四年级孩子保罗，他说过一句特别诚恳的话："我更喜欢在屋子里玩，只有那儿才有插座。"

我在许多教室都听到过类似的话。虽然对很多孩子来说，大自然仍旧能给他们带去惊喜。但是对其他许多孩子来说，在大自然里玩耍似乎特别……浪费时间、另类、古怪、幼稚、危险、不现实。

宾州斯沃斯莫尔镇的一位母亲说："都是因为看电视，我们的社会已经变得不爱活动了。我小时候在底特律长大，那时我们总在外面玩。如果有孩子待在家里会显得非常奇怪。我们的活动场地并没有多

[①] 利他林（Ritalin），药品名称，主要成分为哌醋甲酯，后者是一种中枢神经兴奋剂。

大，但我们总是会到外面的街上玩耍——找一片空地，跳绳、打棒球或者跳房子。即便长大后，我们也仍然在外面玩。"

另一位斯沃斯莫尔镇的父母补充道："我们小时候还有一点不一样，我们的父母都在屋外。我不是说他们参加了健身俱乐部之类的活动，而是说他们总待在屋子外面，比如在门廊下跟邻居们聊天。讲到身体素质，今天的这些孩子是美国历史上最差劲的一代。他们的父母可能还会到外面慢跑，可他们就是不到外面去。"

全国各地的父母、祖父母、叔父、姨母、老师等成年人都这么看，甚至在那些我本以为会有例外的地方也是如此。例如，我去过堪萨斯州欧弗兰帕克市郊的一个中产阶级社区，那里离我十几岁时生活的地方不远。虽然在过去的几十年里，那里的许多森林和田野都消失了，但还是有不少自然景观保留了下来，至少可供居民在户外玩耍。那么，那里的孩子想必还是常常在大自然中嬉闹吧？可当我跟他们的父母聚在一家人的客厅中谈论孩子们如今的生活时，这些父母说，事实并非如此。值得一提的是，虽然他们同住一个街区，但有些父母还是初次谋面。

"孩子上三、四年级的时候，我们房子后面还有一小块空地，"一位妈妈说，"孩子们嘟囔说无聊，我就说，'好吧，你们觉得无聊是吗？那你们去那片空地玩吧，就是那边，玩两个小时。看看有什么好玩的。相信我，试试看，就一次，没准儿你们会觉得好玩呢。'于是，他们不情愿地去了。结果，两个小时后，他们还没有回来——那天他们回来得特别晚。我问他们怎么回事，他们说，'那里太好玩了！我们做梦也没想到会那么好玩！'他们在那里爬树，观察各种东西，也互相追着跑，玩我们小时候玩过的那些游戏。于是第二天，我又提议，'哎，你们是不是很无聊——为什么不去那片空地玩呢？'结果他们回答：'不去，我们已经去过一次了。'他们不想再那么玩了。"

"我不太确定我是不是理解了你的意思，"一位父亲回答，"我觉得，我的女儿们喜欢满月、美丽的日落或鲜花之类的东西。当树木有点，呃，那种感觉的时候，她们也喜欢。"

另一位妈妈摇了摇头。"当然，他们也会注意到那些细微的方面，但他们并不专心。"随后，她讲了上回全家去科罗拉多州滑雪的情形。"那天天气很好，四下里非常安静。孩子们从山上滑下来，可是他们全都戴着耳机。他们不喜欢撇开耳机，只听着大自然的声音滑雪。他们不会自娱自乐，必须带上点什么东西。"

一位一直沉默不语的父亲开了腔，他打小在乡间长大。"我小时候生活的地方，人们成天待在野外，这是再平常不过的事，"他说，"不论去哪，你都在野外，管你是去地里，去树林还是去河边。但我们这里不一样，欧弗兰帕克现在已经是一片城市了。孩子们什么都没有失去，因为他们从不曾拥有过。我们中的大多数人原本在乡间长大，可我们却一手制造了这样的转变。这正是我们现在所谈论的事情，那种乡野的环境已经没有了。"

众人陷入了沉思。不错，那片曾经充满乡野气息的土地一直在被开发和建设，但我还是可以透过我们所在房间的窗户看到外面的树林。大自然还在那里。虽然她的乡野气息不比从前，但她仍旧在那里。

与欧弗兰帕克的父母们交谈后的第二天，我驱车穿越州界，从堪萨斯州来到了密苏里州雷镇的索斯伍德小学。我曾经在索斯伍德读过小学。令我惊讶的是，同样的秋千（至少在我眼里是这样）仍旧在灼热的沥青地面上空嘎吱作响，走廊里也依旧铺着反射着亮光的油毡。同样的小木椅歪歪斜斜地排列着，上面或者刻着或者用五颜六色的墨水写着孩子姓名的首字母。

在等待老师把二至五年级的学生聚拢并护送进教室的时候，我已经准备好录音机，正出神地望着窗外蓝绿色山脊上的那片树林。那里可能有针栎、枫木、棉白杨，或者也可能有山核桃树或皂荚树。在春风的吹拂下，它们的枝条轻轻地摇曳着。小时候，这些树曾经多少次让我浮想联翩啊！

在接下来的一个小时里，我问这些孩子是否会经常到野外去玩。他们讲了一些妨碍他们这样做的理由，例如没有时间、要看电视、那里有坏人等等。但是，这些问题的存在并不意味着孩子缺少好奇心。

实际上，说起大自然时，这些孩子总是流露出某种奇异的复杂情感，其中有困惑、有冷漠、也有渴望——有时还会有逆反。在此后的许多年里，我常常能听到类似的语气。

"我爸妈总是觉得深入树林会不安全，"一个男孩说，"其实我并不会走远，但他们也老是担心，所以我干脆想去哪儿就去哪儿，而且常常不告诉他们——当然，这确实会让他们生气。而我可能只是坐在一棵树或别的什么后面，或者只是躺在周围有很多兔子的野地上。"

一个男孩说，电脑比大自然更重要，因为学了电脑能找到工作。一些孩子说他们太忙，没空出去玩。但是一个身穿朴素的印花连衣裙的五年级女孩认真地告诉我，她长大要做一位诗人。

"走进树林，"她说，"像是走进妈妈的怀抱。"她是那种很少见的喜欢清静自然的孩子。对她来说，自然既是美的化身，也是庇护所。"那里非常安静，空气很好闻。我的意思是，虽然空气被污染了，但是没有城市里污染得那么重。对我来说，那里完全不一样。那种感觉就像是，你去了那里就得到了自由。那里是你自己的天地。有时，我生气了就去那里。然后，在一片宁静的陪伴下，我就会好起来，我就能高高兴兴地回家了，而我妈妈甚至不知道这是怎么回事。"

然后，她讲起了她在树林里的"小窝"。

"我有个自己的地方，挨着一道大瀑布和一条小溪。我在那儿挖了个大洞。有时，我会在那儿搭帐篷，或者铺上毯子。然后，我会在洞里躺下来，看上面的树和天空。有时，我也会在洞里睡着。我觉得自由自在，那地方就像是我自己的，我想干什么就干什么，没人来管。我以前几乎每天都去那里。"

突然，这位小诗人的脸涨得通红，声音也有些哽咽了。

"然后，他们砍倒了树林，好像我生命的某个部分也被他们砍倒了。"

渐渐地，我开始能够理解孩子们心中的一些复杂情感了，例如那个离不开插座的男孩和失去森林"小窝"的小诗人所体会到的。我也发现：虽然我们的文化总是在通过父母、教师等成年人和各种机构对孩子大讲自然的馈赠，但我们的很多言行在不知不觉中所透露的信息却截然相反。

然而，孩子们却真真切切地注意到了这种矛盾。

2 第三条边疆

> 边疆即将消失，它死得壮烈。
>
> ——莫里斯·蒙哥马利（Maurice R. Montgomery）

我的书架上有一本写于1915年的《棚屋搭建指南》（*Shelters, Shacks and Shanties*），作者是丹尼尔·比尔德（Daniel C. Beard）。比尔德原本是一名土木工程师，后来成了画家，并以美国童子军创始人之一而闻名。在半个世纪里，他写了一系列户外主题的图书，也为这类图书绘制了许多插图。《棚屋搭建指南》碰巧是我非常喜欢的一本，其中的钢笔插画尤其出色。比尔德代表了一个时代，在这个时代中，孩子们眼中的大自然与人们对美国边疆的浪漫幻想密不可分。

这类图书若是在当下出版，势必会显得稀奇古怪、见解偏激，这还是往轻了说。更严重地是，这些书似乎只是给男孩看的，它们似乎在主张，对爱惜名誉的男孩来说，只有砍伐更多的树才能享受大自然的乐趣。但是，如果抛开这些表面现象，深入本质去看的话，我们就会发现这类图书及其所代表的时代有这样一种毋庸置疑的信念——亲近自然意味着要做点什么，要有直接的体验，而非做个看客。

"小男孩可以搭一些简单的棚屋，大一些的男孩子可以建造更复杂的棚屋。"比尔德在《棚屋搭建指南》的前言中写道。"如果愿意，读者可以从建造第一座简易棚屋开始，直到建造出圆木屋。在这当中，他将能够近距离地感受人类祖先的奋斗历程。因为，自从我们的树栖祖先借助善于抓握的脚趾在冰河期前的森林里腾跃，并且在树上建造巢穴一般的藏身之所时起，人类就一直在建造棚屋以供临时庇护之用。"比尔德继续图文并茂地讲述，一个男孩如何建造了大约40种棚屋，其中有树屋、阿迪朗达克棚屋、适合用作餐厅的棚屋、树皮圆锥棚屋、拓荒者棚屋和童子军棚屋。比尔德还介绍了"如何建造海狸毯小屋"和"适合搭配草坪的草皮小屋","如何劈开圆木,如何劈出各种类型的木板",以及如何建造木料纵向拼搭的木屋、暗锁和地下木屋。更有意思的是,比尔德还介绍了"如何在现代房屋里建造秘密木屋"。

今天的读者很可能会惊叹于某些树屋的精巧设计和建造它们所需的高超技艺,同时也会担心其安全性。以"美国原住民孩子的地下木屋"为例,比尔德确实强调过要非常谨慎。他承认,在这类洞穴式棚屋的建造过程中,"屋顶坍塌,进而导致孩子窒息的严重危险是时刻存在的,但是只要规范而正确地建造,地下木屋就非常安全,不会发生事故"。

我喜欢比尔德的书,它们让我陶醉。我怀念它们所反映的时代面貌,也惊叹于它们所描绘的已经失传的技艺。小时候,我也搭过一些类似的棚屋,有玉米田里的地下堡垒,也有精心设计的带有秘密通道的树屋。在树屋里,我可以望见从拉斯顿街区一直延伸至未知地域的想象中的边疆。

旧边疆闭合,新边疆开启

在一个世纪当中,美国人对大自然的态度发生了巨大的变化,从直接开发利用,到充满浪漫色彩的向往,再到电子时代的疏离。这一过程也影响了全世界。美国人穿越的边疆不是一条,而是三条。今天的孩子们正成长于其中的第三条边疆。他们仍然在未知的世界中探险,与丹尼尔·比尔德在他的时代所经历的情形毫无二致。

第一条边疆的终结及其重要意义,是1893年在纪念哥伦布发现美洲大陆400周年的芝加哥世界博览会期间提出的。当时,在芝加哥美国历史协会会议上,威斯康星大学的历史学家弗雷德里克·特纳介绍了他的"边疆假说"。他认为,"曾经存在的自由土地,因为美国人不断地向西迁居而持续收缩"的现象能够解释美国、美国历史和美国人性格的变迁。他以1890年的美国人口普查结果来佐证其假说。该普查结果显示,美国国土中那些连接成片的边疆已经消失,即形成了"边疆闭合"。就在同一年,美国人口普查负责人宣布了"自由土地(即非定居区)"时代的终结。①

当时几乎没人意识到,特纳此说将成为美国历史上最重要的见解之一。特纳认为,随着边疆向西部的不断推进,各个世代的美国人都回到了"原始的环境"。他将这一条边疆描述为"野蛮与文明的交汇点"。他说,美国文化的根本特征可能受到了这条边疆的影响。这些文化特征含有"那种与敏锐和占有欲交织在一起的粗犷和力量;那种脚踏实地、善于创造、巧妙应变的思维方式;那种对实际事物的熟练掌握……那种躁动不止、充满力量的气息;那种主宰一切的个人主义"。历史学家们仍旧对特纳的理论持有争议;他们当中的许多人甚至大多数人都不像特纳那样,把边疆视作理解美国历史与情感的钥匙,毕竟移民、工业革命和南北战争都深深地塑造了我们的文化。后来,特纳修改了他的理论,把一些类似边疆的事件也包含了进来,例如19世纪90年代的石油繁荣。

尽管如此,从老罗斯福②到爱德华·艾比③,美国人仍旧以边疆开拓者自居。1905年,在罗斯福总统的就职典礼上,牛仔们骑马经过宾夕法尼亚大道,第七骑兵团接受检阅,美洲印第安人也参加了庆祝仪式,其中包括一度令人生畏的杰罗尼莫④。事实上,这次典礼宣告了第二条边疆的开启。它主要存在于人们的想象当中,持续了近一个世纪。第二条边疆在比尔德的文字和插图里,在美国的家庭农场里,也

---

① 1893年,美国人口普查负责人在一份公告中称,非定居区已经被定居区分割得四分五裂,因而不再能够称作一条边疆,也无法在普查报告中占据一席之地。

② 即西奥多·罗斯福(Theodore Roosevelt, 1858—1919),美国第26任总统。

③ 爱德华·艾比(Edward Abbey, 1927—1989),美国生态文学作家。

④ 杰罗尼莫(Geronimo, 1829—1909),美洲印第安人阿帕切部族首领。

在美国的城区中。虽然在乡村，家庭农场的数量不断减少，但它依旧是美国文化的重要标志。而在20世纪上半叶诞生的大型城市公园，则成为第二条边疆在城区中的标志。第二条边疆的时代也是属于郊野的时代。男孩们仍旧想象自己是伐木工人和侦察兵，女孩们也仍旧渴望住在北美大草原的小房子里，她们建造的堡垒有时比男孩子们建的还要好。

如果说第一条边疆是由贪得无厌的刘易斯和克拉克①开拓出来的，那么第二条边疆就是由老罗斯福浪漫化出来的。如果说第一条边疆的标志是真正的戴维·克罗克特②，那么第二条边疆的标志就是迪士尼影片里的戴维·克罗克特。如果说第一条边疆是筚路蓝缕的年代，那么第二条边疆就是总结和庆功的年代。第二条边疆带来了一种讲求环境保护的新政治，也让美国人沉浸在身边已被驯化和浪漫化的田野、溪流和树林中。

特纳在1893年宣告美国的边疆已不复存在，而在1993年，类似的宣告再次出现。特纳所依据的是1890年的人口普查结果，而新的宣告所依据的是1990年的人口普查结果。令人惊叹的巧合在于，就在特纳和美国人口普查局宣布我们通常认为的美国边疆消失了整整100年后，该局的又一份报告标志了第二条边疆的终结和第三条边疆的开启。按照《华盛顿邮报》的描述，那一年美国联邦政府取消了已经施行多年的农业人口年度调查，这象征着"国家的大转型"。由于农业人口占总人口的比重已经从1900年的40%锐减到了1990年的1.9%，于是针对农业人口的统计已经不再重要。1993年的普查报告，无疑与曾经促使特

---

① 1803年，美国向法国购买了法属路易斯安那的广阔地区。随后，为了探查西部地域，杰斐逊总统派遣了由陆军上尉梅里韦瑟·刘易斯（Meriwether Lewis）和少尉威廉·克拉克（William Clark）率领的探险队，收集了大量资料，史称"刘易斯与克拉克远征"。

② 戴维·克罗克特（Davy Crockett，1786-1836），美国家喻户晓的传奇人物，曾参加对印第安人的战争，战功卓著，后两次当选众议员，主张与印第安人和平共处，激烈反对《印第安人迁移法》。1955年，美国迪士尼公司制作了影片《戴维·克罗克特：荒野边疆之王》（*Davy Crockett: King of the Wild Frontier*）。

纳宣告边疆消失的普查证据具有同等的重要性。《华盛顿邮报》报道称："决定终止对农业人口的年度报告可以让我们见微知著。"

这条新的、象征性的分界线表明，出生于1946–1964年之间的婴儿潮一代可能是最后一批深深地眷恋着乡野水土的美国人。我们这些40多岁或更年长的人大多都熟知郊外的农田和森林，并且有亲戚居住在乡下。即使我们住在城区，我们也很可能有祖父母或其他年长的亲戚仍旧在务农，或是刚刚在20世纪上半叶的城市化进程中从农村来到城市。对今天的孩子们来说，那种在家庭和文化上与农业的联系已经消失，这一点标志了第二条边疆的终结。

今天的孩子们成长在第三条边疆里。

第三条边疆的特点

第三条边疆正在以无论特纳还是比尔德都无法想象的方式，塑造着当下和未来的年轻人对自然的感知。

这条尚未完全成形、同时也鲜有人探索的新边疆至少有5个特点：（1）公众和个人都不知道食物从哪里来；（2）机器、人类与其他动物之间的界限日益模糊；（3）对人类与其他动物之间的关系，理解得越来越抽象；（4）野生动物入侵城市，即使城市中已经难寻荒野，而全都是规划出来的人工自然；（5）一种新型郊区出现。第三条边疆的大部分特征也可见于其他技术先进的国家，但只要与我们过去对边疆的看法相比较，就不难发现这些变化在美国体现得尤为明显。乍一看，这些特征在逻辑上似乎并不一致，但变革时代往往混沌无依。

在第三条边疆的时代中，比尔德对户外玩耍的浪漫描绘显得如此不合时宜，就好像人们在19世纪赞美圆桌骑士一样。在第三条边疆中，那些曾经与荒野联系在一起的英雄们都已不再重要；不仅象征第一条边疆的真正的戴维·克罗克特，就连象征第二条边疆的迪士尼影片中的戴维·克罗克特也已远去，几乎被人遗忘。身穿鹿皮夹克、祖母装的一代人正养育出一代新人，而这代新人关注的所有时尚（比如穿洞、文身等等）都只属于城市。

• 对年轻人来说，食物来自金星，农事来自火星

我有个朋友叫尼克·雷文（Nick Raven），住在新墨西哥州的瓜达鲁普郡。他早先务农，随后成了木匠，后来又在新墨西哥州的一家监狱当了老师。虽然他跟我一起钓了很多年的鱼，但我们是完全不同的人。我曾经说他是个笃定的19世纪父亲，可我却是个骑墙的21世纪爸爸。尼克认为钓到的鱼应该吃掉，我却觉得多数时候还是放掉为好。尼克认为，残忍是不可避免的，痛苦是一种救赎，做父亲的必须让他的孩子们直面残酷，好让他们懂得生活的残酷。我则认为，作为父母，我应该尽我所能保护孩子远离这世上的残忍。

此前我写过一本叫《生命之网》（The Web of Life）的书，我在里面讲述了尼克一家跟动物和食物的关系：

在尼克的孩子们还小的时候，全家住在一片山谷里。山谷里到处是土坯房、棉白杨和辣椒，走一段土路就到了他们的农场。一天，尼克的女儿回到家，发现她最喜欢的山羊（虽然不是宠物，但总是跟着她）已经被剥皮开膛，吊在谷仓里。那时候，尼克的家人缺鞋穿，而且他们吃的肉都来自尼克的屠宰或打猎。可是对他女儿来说，眼前的景象确实太可怕了。

虽然当尼克提起这件事时，他也会承认女儿确实感到痛苦，不过他坚持说自己不后悔：从那一刻起，她一辈子都会知道她所吃的肉来自哪里，知道肉不是一开始就是真空包装的。不过，我不想让我的孩子们经历这种事，因为我的生活经历不同。

没有多少人会怀念获取食物时的残酷一面。但是，对今天大多数年轻人来说，他们的记忆里则完全没有这样的经历可供比较。很多年

轻人都是素食者，只吃健康食品，但很少有人亲自种植作物，养殖动物的就更少了。在短短不到半个世纪的时间里，美国已经从以小型家庭农场为主的乡村时代（那时人们对食物的理解大多像尼克那样），发展到了许多城郊家庭的菜园基本只供玩乐的过渡时期，再到当下食物主要由工厂生产的真空包装时代。从某种程度上说，年轻人对食物的来源是更清楚的。动物权利运动已经让他们对家禽养殖场是什么样子这样的问题有所了解。越来越多的高中生和大学生开始接受素食主义，这可能并不是巧合。可是，这种头脑层面的理解并不能推断出，他们对食物的来源有亲身的感知。

· 物种的绝对边界在消失。我们是老鼠还是人类？抑或两者都是？

在今天年轻人所成长的年代里，物种之间并无绝对的边界，甚至连生命本身的定义也日渐模糊。

1997年的一个早晨，全世界的人们打开报纸，都会看到一张令人不安的照片：一只没有毛发的活老鼠的背上，长着一只像是人类耳朵的东西。这是马萨诸塞大学和麻省理工学院的一群研究者制作的产物。他们把由生物可降解聚酯纤维织物制成的人耳形支架植入老鼠背部，再将人类软骨细胞填充进去，进而培育出了人造外耳。

从那时起，一个又一个新闻标题让人担心不已，或许有一天，机器、人类和其他动物终会难以分辨。美国国际技术评估中心[1]表示，公众在长达20年的时间里，一直都没有意识到上述影响。人类已经把自己的基因（包括与生长和神经功能有关的基因）植入老鼠和灵长类动物体内，进而创造出一种叫作嵌合体的生物。虽然这些新生物将主要用于医学研究，但仍有一些科学家在认真地考虑嵌合体有朝一日走出实验室的可能。2007年，内华达大学医学院动物生物技术系主任及其同事创造了全世界首例人羊嵌合体，它拥有羊的身体，但器官中却含

---

[1] 美国国际技术评估中心（International Center for Technology Assessment）是一家评估技术对社会影响的非营利组织。

有大量人体细胞。这类研究可能会导致人类大量使用动物器官来进行人体移植手术。

想一想，这对于此刻正在成长的孩子们来说，意味着什么？他们对自然的体验和对生活的理解与我们这些成年人会有多么不同？在我们小时候，人是人，老鼠是老鼠，毋庸置疑。但是，一些最新的技术发展却隐含着这样一种假设，即在原子和分子层面，生命体和非生命体并没有本质区别。有些人认为，这是把生命变成商品（即把活生生的人变成机器的文化还原论）的又一大例证。

随着21世纪的到来，美国康奈尔大学的科学家报告称，他们造出了第一台能够运动的真正的纳米机器，这是一种肉眼几乎看不见的机器人。这台极小的机器人装有推进器和发动机，所用的能量来自有机分子。一名研究人员说，这一进展开启了一扇新的大门，让人们"能够制造在细胞里运行的机器"，"它使我们得以将工程设备接入生命系统"。在美国新墨西哥州的桑迪亚国家实验室中，一位科学家进一步预测，未来将有一套"广布智能"系统可以大大提升纳米机器人的组织和通信能力。他说："它们能像蚁群一样集体完成个体无法完成的任务。"大约在同一时期，艾奥瓦州的一名昆虫学家发明了一台将蛾的触角与微处理器结合在一起的装置，当触角嗅到爆炸物的气味时，微处理器便能发出不同音调的信号。美国西北大学的研究人员发明了一种装有七鳃鳗的脑干的微型机器人。马里兰州罗克维尔市的一家公司改造了一种细菌，它能附着在微芯片上，执行某种功能。该公司称这一发明为"芯片生物"。

我们无法再认定，我们文化的核心信念是追求自然的造化神秀。对于前几代孩子们来说，很少有什么东西能像树木那么完美和迷人。然而今天，研究者们却在大规模使用提取自病毒和细菌的遗传物质来提高树木的生长速度或木材品质，抑或利用树木来清洁受污染的土壤。2003年，五角大楼的国防高级研究计划局资助了一项研究，该研究旨在培育一种能在遭受生化攻击时改变颜色的树。而加州大学则大力推广"为树木节育"，通过基因工程培育"专注生产木材而非谈情说爱的太监树"。

对婴儿潮一代来说，这样的新闻像是奇谈怪论，让人既好奇又不安。而对于生活在第三条边疆的孩子们来说，这类新闻则屡见不鲜。

• 对其他动物的认知过度理性化

自从人类进入狩猎和采集时代以来，孩子们从未像今天这样，得知人与动物竟然存在如此多的相似之处，而且我们还采取了一种与以往非常不同的、更为理性的方式来看待这些相似之处。

这种新的理解源自科学，而非神话或宗教。例如，近期发表在《科学》杂志上的一些研究描述了一些动物创作音乐的现象。研究者分析了鸟类和座头鲸的歌声，阐述了它们所使用的某些声学技术，发现它们所遵循的作曲法则与人类音乐家所使用的相同。鲸鱼的歌声甚至包含押韵的副歌和近似的音程、乐句、歌曲长度和音调，押韵的方式也跟我们相同。研究者写道："这是一种记忆手段，可以帮助它们记住复杂的内容。"根据他们的研究，鲸鱼也能发出既无节律也不重复的曲调，因此它们唱歌并非源自生理因素，而是一种主动的选择。

这些知识虽然无法代替人与自然的直接接触，但确实能让我们感受到些许神奇。我希望，这样的研究能让孩子们更有兴趣去了解其他动物。确实，浪漫化的亲密关系（例如在海洋馆里体验与海豚一起游泳）或许能抚慰我们作为人类物种的孤独感。但另一方面，大自然并非如此温柔而友善。无论钓鱼、打猎，还是尼克·雷文屠宰山羊，都不大干净（对一些人来说，这么做在道德上也是不洁的）。但如果孩子的童年生活完全没有这样的经历，那么无论对孩子还是对大自然来说都没有任何好处。

图森市的迈克·图·霍尔塞斯（Mike Two Horses）是美国印第安人消除种族歧视联盟（Coalition to End Racial Targeting of American Indian Nations）的创办者，这个组织支持土著居民，比如美国西北部依靠传统捕鲸活动维生的马卡部族。他说："你看到的这些保护动物权益的孩子，基本上都是心怀不满但仍旧养尊处优的城里人。""那些年轻的动物权利主义者们唯一了解的动物只是他们的宠物和他们在动物园、海洋馆或观鲸馆里见过或摸过的那些动物。他们跟自己的食物来源已经断绝了联系,甚至对他们吃的大豆等植物蛋白的来源也一无所知。"

虽然我不同意霍尔塞斯对动物权益保护运动的贬低,但他的观点也有可取之处。

· 与大自然接触:如此接近,又如此遥远

即便确如霍尔塞斯所言,即便生命本身的定义也尚待厘定,但年轻人在日常中与野生动物接触的机会也可能正在增加。在一些城市地区,人类正在以一种此前近一个世纪以来从未有过的独特方式接触着野生动物,例如在美国境内,鹿的数量已经达到了100年来的最高值。

在《恐惧生态学:洛杉矶与对灾难的想象》(Ecology of Fear: Los Angeles and the Imagination of Disaster)一书中,社会历史学家、城市理论家迈克·戴维斯(Mike Davis)描述了他所谓的"荒野"与"城市"之间新的辩证关系:"在所有主要的非热带城市中,洛杉矶都市区(现在主要以山地和沙漠为边界,而非像过去那样以农田为边界)拥有最长的荒野边界,商品住宅和野生动物栖息地突兀地并存在一起……现在,无所顾忌的土狼已经成为好莱坞和托卢卡湖不可或缺的街区景观。"英国《观察家报》的一名记者写道:"(美国)定居者及其后代用堪比战争的残暴手段来驯服环境。在对原住民进行种族清洗后,他们接着开始灭绝熊、美洲狮、土狼和野鸟……但是,美洲狮适应了下来。洛杉矶可能是地球上唯一拥有美洲狮受害者保护组织的城市。"

在20世纪中叶,数以百万计的美国人怀揣着拥有自己的房子和一片四分之一英亩(约合0.1公顷或1000平方米)边疆土地的梦想移居郊外。那时土地还很多,但如今已经没有这么多空间了。现在,新的主流开发方式是建造千篇一律的购物中心、人造的自然景观,居民受到社区约定和社区委员会的严格制约。这种方式不仅占据了具有风向标意义的南加州和佛罗里达州都市区,而且还对美国大量老城区形成了包围之势。与早期的郊外相比，这种密集的开发方式所提供的户外玩耍空间只会更少，有时甚至还比不上老工业城市的核心区。

尽管美国一向给人边疆辽远、空间开阔的印象，但事实上，与美国的大部分城市或郊区相比，西欧的一些城市反倒拥有从质量到数量都更胜一筹的自然空间。弗吉尼亚大学城市与环境规划系教授蒂莫西·比特利（Timothy Beatley）在《绿色城市主义：向欧洲城市学习》（*Green Urbanism: Learning from European cities*）一书中写道："许多欧洲城市都值得我们学习，这涉及我们对城市的理解。"特别是在绿色设计日益风靡的一些北欧城市，"自然理所当然是城市的要素。而在美国，城市与自然却还是截然不同的两种存在。这或许是因为，我们有丰富的生态资源和广阔的陆地。于是在我们眼中，最重要的自然形式存在于他处，例如国家公园、公共海岸和荒原，但它们往往与居民区相距数百英里之遥"。

以上是美国儿童远离自然的部分原因。因为研究远远不足，它们的未来趋势或许仍跟纳米机器人、嵌合体的发展一样神秘莫测。

3 户外玩耍违规了

> 多年来，我都自封为暴风雪和暴风雨的巡视员。
>
> ——梭罗

想想里克先生居住的社区。

15年前，中学数学老师约翰·里克一家搬到了广受孩子欢迎的斯克里普斯牧场（Scripps Ranch）。斯克里普斯坐落在圣地亚哥北部社区一片郁郁葱葱的老桉树林里。这片社区有峡谷环绕，并有步道穿行其间。在这里，父母们可以想象孩子们像他们小时候一样在大自然里快乐玩耍的景象。现在，这种地方已经很少见了。入口附近的标志牌上写着"乡居生活"。

"我们的人均童子军数量几乎是全国最多的，"里克说，"规划者尽力为孩子们设置了大量的开阔地，也尽力为每一个社区配套了公园。"

搬到斯克里普斯牧场几年后，里克开始在社区通讯上读到有关"违规利用"开阔地的文章。"这里和我们以前住的地方不一样，孩子们确实能在外面的树林里跑来跑去，修建城堡，在玩耍中放飞想象，"他回忆说，"他们架设坡道玩滑板，也拦截水流玩船。换句话说，他们正在做我们小时候经常做的那些事，也正在为自己制造那些为我们所无比珍视的回忆。"但是现在，他们不能再这样做了。"不知道怎么回事，"里克说，"孩子们的树屋现在成了火灾隐患，建造的'水坝'也成了可能导致洪灾的危险因素。"

来自斯克里普斯牧场社区委员会[①]的成年人把孩子们从公共图书馆附近的一个小池塘赶走。可是，在过去的几十年里，孩子们一直在这

[①] 社区委员会（community association），美国的社区自治组织，可监管居民行为。

里钓蓝鳃鱼。为了遵守严格的规定,很多家庭只好装上了简易篮球架,孩子们也把滑板坡道移到了车道上。但社区委员会继续提醒居民,这么做违反了他们在购买房产时所签署的协议。

于是,坡道和篮球架都撤掉了,孩子们也都进了屋。

"他们的脑袋里只剩下了电子游戏,"里克说,"父母们警觉了起来。他们的孩子也变得越来越胖。必须得做点什么了。"于是,在父母们的支持下,一家滑板公园在附近一个较为包容的社区落成了。那个社区在10英里(约合16公里)外。

里克可以自由地搬到别的社区,但是,随着大多数美国城市像大饼一样越摊越大,类似的限制正逐渐变成常规。数不清的社区实际上已经认定非正式的户外玩耍是违规的。这么做通常是为了规避法律纠纷,但同时也折射出人们对秩序的痴迷越来越深。如今,许多父母和孩子都认为,在户外玩耍是被禁止的——即使这种想法不过是人们的感觉而并非法定的事实,但它几乎成为了约定俗成的规则。

这些限制的一大来源是私人政府[①]。近二三十年建造的住宅、共有公寓和经过规划的社区大多受到相关契约的严格约束。这些契约限制或禁止了许多我们小时候所玩的户外游戏。根据社区委员会研究所(Community Associations Institute)的数据,如今,超过5700万美国人居住在由共有公寓协会、合作公寓协会和业主协会所管理的住宅中。1970年,社区委员会的数量只有1万个。今天,这一数字已经迅速膨胀到了28.6万个。这些协会制定了针对成人和儿童的各种规则,既有温和的倡议,也有严厉的规制。斯克里普斯牧场的社区委员会已经较为通融,但他们的工作人员还是会定期拆除孩子们在树木繁茂的峡谷里建造的堡垒和树屋。

有些理由是可以理解的:例如担心临时建筑不结实或引发火灾。但这么做也会在无意中阻碍孩子们在大自然中玩耍。

---

① 私人政府(private government),独立于公共政府之外,社区委员会是其表现形式之一。

与此同时，公共政府也在限制儿童接触自然。哪怕在大多数情况下，判定户外玩耍是违规的，也不过只是进行一些提示，而不会动什么真格。但是在一些社区，那些试图重温父母童年的青少年确实可能面临品行不端的指控，或让他们的父母遭到起诉。宾夕法尼亚州有三个年龄分别为8岁、10岁和12岁的兄弟，用自己的钱，耗时8个月在后院建起了一座树屋。而地方政府却命令这些孩子把树屋拆掉，只因他们没有获得修建许可。在密西西比州的克林顿市，有户人家欢欢喜喜地花费4000美元建造了一幢两层的维多利亚式的精致树屋。在建造时，他们曾向市政当局询问是否需要取得许可，得到的答复是不需要。然而5年后，城市规划部门却严令将该树屋拆除，理由是这家人违反了禁止在房前建造附属建筑的条例。

对儿童户外玩耍进行严格限制的另一大原因是我们的社会想保护自然免受人类侵害。例如，为了保护濒危的阿罗约蟾蜍，洛杉矶国家森林里多达3000英亩（约合1214公顷）的露营和钓鱼区域全年关闭。加州的海洋沙丘（Oceano Dunes）地区禁止放风筝，因为风筝会吓走一种受到保护的滨鸟雪鸻，而这里是适合这种鸟筑巢的几个屈指可数的栖息地之一。禁令实施后，一名公园护林员告知当地居民安布罗斯·西马斯（Ambrose Simas），他不能与曾孙继续在他曾经跟父亲、祖父放过风筝的这片海滩放风筝了，因为风筝会被雪鸻误认为老鹰。在我所在的城市中，"未得到城市管理者书面许可就伤害、破坏、砍伐或移走生长在任何一家市政公园里的任何树木甚或植物"均属违法行为。但是，到底什么是"伤害"？孩子爬树会给树造成严重伤害吗？有些人认为这些都算。另一项法令规定，"捕捉、致死、致伤或打扰任何动物（除非城市管理者宣布其为有害动物）"也属违法行为。

如果人类想要与濒危物种共存，那么成人和儿童的确都需要谨慎行事。但是，那些土地开发的糟糕决策极大地压缩了城市的自然空间，远比儿童的玩闹对环境的破坏更甚。例如，切萨皮克湾流域每年有5.3万英亩（约合2.1万公顷）土地被开发，相当于每10分钟1英亩

（约合0.4公顷）。据切萨皮克湾联盟[①]说，如此发展下去，人类的开发活动在未来25年消耗的切萨皮克湾流域土地将超越以往的三个半世纪。再如，过去20年，北卡罗来纳州夏洛特地区失去了20%的森林。1982-2002年间，该州以每天383英亩（约合155公顷）的速度丧失耕地与森林。美国农业部预计，到2022年，美国的森林面积将从1982年的76.7万英亩（约合31万公顷）下降到37.7万英亩（约合15.3万公顷）。北卡罗莱纳州已开发土地开发的增长速度竟然两倍于该州的人口增长，这是一个令人吃惊的数字。

随着开阔地逐渐缩小，对已有空间的过度使用也在增加。即便是公众眼里那些自然环境保持较好的大都会区也是如此。讽刺的是,那些搬到阳光地带[②]城市的居民原本想得到更多的活动空间，可到头来却往往事与愿违。在美国，10个人口最为稠密的大都会区域有8个在西部。在其中一些城市，典型的开发方式往往是削平山丘，人工造景，搞个墓地大小的所谓庭院，并且几乎不保留天然的活动场所。开阔地的消失让那些幸存的少数天然场所更加不堪重负。当地的植物被践踏。动物死的死，逃的逃。而那些渴望自然的民众则乘坐四驱车或摩托车穷追不舍。与此同时,管理规则也十分明确——在推土机的铲刀下幸存的小块自然只可远观，不可碰触。

过度开发的累积影响、不断增加的公园规定、善意的（通常也是必要的）环境法规、建筑设计规范、社区约定和对诉讼的规避共同给我们的孩子们泼下一盆冷水，让他们意识到，他们在外面的疯玩是不受待见的，唯一"合法"的户外娱乐只能是在人工场所进行某项正式的体育运动。"我们告诉孩子，过去的那些玩法是违反规定的，"里克说，"然而当他们窝在电视机前时，我们又会忍不住唠叨他们，让他们出去玩。可是去哪里玩？怎么玩？再去从事一项正式的体育运动

[①] 切萨皮克湾联盟（Alliance for The Chesapeake Bay）是一家区域性的非营利性组织，致力于保护和恢复切萨皮克湾流域的生态环境。

[②] 阳光地带（Sun Belt），美国南部区域。

吗？有些孩子并不想让自己的生活被'正式'二字填满。他们想随心所欲，想看看小溪能带给他们怎样的惊喜。"

并非每个孩子都循规蹈矩。当里克要求他的学生们记录他们在大自然中的经历时，12岁的洛里写到她特别喜欢爬树，特别是她家附近树林里的那些树。一天，她正跟一个伙伴在那里爬树，结果"有人走过来大喊'从树上下来！'，我们很害怕，就跑回了家，再也没有出来。那时我才7岁，所以很怕那个老头。但是，就在去年，同样的一幕又在我家门前的草坪上发生了，只是这次不是那个老头。我当即决定不理会他，所以接下来什么事也没有发生"。洛里认为，那些人这么做很愚蠢，只是在剥夺她"自由自在，不必总得保持干净，总得装成怕脏或怕疼的女孩"的机会。她接着说："我还是个孩子，要求多一点并不过分。我们应该享有跟大人小时候一样的权利。"

对儿童与自然疏离的研究

过去十年间，一些研究者开始记录和研究儿童与自然疏离的现象及其原因、变化和影响。这几乎是一个崭新的领域，很多问题都未引起足够的重视。例如，户外玩耍逐渐被视作违规，既是这一转变的原因，也是其表现。已有大量研究表明，现代家庭的休闲娱乐时间在减少，看电视和使用电脑的时间在增加，而由于饮食和静态的生活方式，成人和儿童的肥胖人数也在增加。这些我们都已经清楚，但是我们是否了解孩子们与大自然相处的时间具体少了多少呢？我们不知道。积极倡导孩子与大自然接触的肯塔基州立大学环境心理学教授路易丝·乔拉（Louise Chawla）说："我们也不知道孩子们接触大自然的时间长短是否存在地域和阶层差异。"我们缺少高质量的、纵贯数十年的追踪研究。乔拉说："我们没有过去的数据来比较。在三五十年前，谁也想不到要研究这些问题。"

与很多人一样，大多数研究者都理所应当地认为，孩子与自然的联系是天然的。这种天经地义的联系是如何在这么短的时间里发生改变的呢？即使一些研究者提出了这样的问题，其他研究者也会认为这只是在怀旧而已。原因之一在于，研究这样的问题缺少商业回报。多年来，詹姆斯·萨利斯（James Sallis）一直在研究，为什么有的儿童和成人会比其他人更爱活动身体。萨利斯是罗伯特·伍德·约翰逊基金会[①]"活力生活研究项目"（Active Living Research program）的负责人，该项目多年来致力于探索健身设施的设计和社区整体的规划，以此来激发各年龄段民众更多参与体育锻炼。这个项目的研究主要聚焦于城市公园、健身中心、街道和私人住宅等场所。萨利斯说："根据以往的研究，我们确定学龄前儿童身体活跃度的最佳预测指标就是他们参与户外玩耍的时间。经常待在室内的、静态的童年生活状态，会产生各种心理问题。"

问及孩子们如何利用森林、田野、峡谷和空地等非正式的天然场所进行活动时，他却说："我们不研究那些地方。"

如果连罗伯特·伍德·约翰逊这样的基金会都不收集这方面的数据，那么牵扯商业利益的研究更不可能这么做。萨利斯解释说，非正式的户外玩耍的一大好处是不花钱。"因为它是免费的，不牵涉重大的经济利益。那么谁会资助这样的研究呢？如果孩子们只是在户外骑他们的自行车或走路，既不燃烧化石燃料，也不有求于他人，他们就不会让任何人赚到钱……钱是很大的研究动力。"

尽管如此，在美国等地，从20世纪80年代末以来，反映整整一代人脱离自然的证据越来越多。

北卡罗来纳州立大学景观建筑学教授罗宾·摩尔（Robin Moore）首先记录了英国城市户外玩耍空间的收缩，即童年生活的样貌在15年间的改变。来自英国的另一项研究发现，年龄平均为8岁的孩子更容易识

[①] 罗伯特·伍德·约翰逊基金会（Robert Wood Johnson Foundation）是一家美国慈善机构。

别日本卡牌游戏宝可梦（Pokémon）中的角色，而非其居住社区的本地物种。他们对皮卡丘、铁甲蛹和胖可丁的熟悉程度超过了水獭、甲虫和橡树。同样地，日本孩子本就狭小的玩耍空间也变得更加逼仄。日本著名摄影师萩野矢庆（Keiki Haginoya）花费近20年拍摄日本城市里玩耍的孩子。然而近年来，"孩子们从他的取景器中快速消失，以至于他不得不结束这一主题的拍摄，"摩尔说，"或许是室内空间变得更好玩了，或许是室外空间变得不那么好玩了，也或许两者兼而有之。"

研究人员透露，在以色列，几乎所有接受调查的成年人都表示，户外的大自然是他们童年生活中最重要的组成部分，而只有不到半数的8~11岁儿童这么认为。即使考虑到成年人对记忆的美化滤镜因素，这一对比也足够惊人了。荷兰瓦格宁根大学的科学家扬娜·韦尔博姆-瓦西列夫（Jana Verboom-Vasiljev）对7所荷兰中学的学生进行了调查，结果显示，常被认为"自然环境优于一般国家"的荷兰其实已经高度城市化，年轻人"很少接触大自然"。"几乎找不到父母在家中教导孩子热爱大自然的迹象。事实上，大约四分之三的学生认为，他们的家人对大自然只有'一点点兴趣'，还有11%的学生认为，他们的家人对大自然完全没有兴趣。"超过半数的学生从不去自然保护区、公园、动物园或植物园。大多数学生说不出任何一种濒危植物的名字，同时也仅仅知道几种濒危动物而已。谈到研究结果，韦尔博姆-瓦西列夫说："当问到孩子们，假如野生动植物灭绝了，他们会想念其中哪些时，孩子们的回答主要是可爱的哺乳动物以及经常出现在电视节目里的动物……让人惊讶的是，甚至连宠物和人工驯养的动物也忝列其中。"虽然这项研究是在荷兰进行的，但"对于那些城市化水平较高，在文化、经济和社会氛围方面与荷兰大体相当的欧洲其他地区，或许也同样适用"。在阿姆斯特丹，有研究比较了荷兰儿童在20世纪五六十年代和21世纪头几年的玩耍情况，结果发现，今天的儿童在户外玩耍的次数更少，时间也更短；他们的活动范围更狭小，玩伴也更少、更单一。

在美国，孩子们进行户外或其他随意玩耍的时间越来越少。马里兰大学桑德拉·霍弗尔思（Sandra Hofferth）的一项研究显示，在1997-2003年间，9~12岁的孩子参加远足、散步、钓鱼、海滩玩耍和园艺等户外活动的比例下降了50%。同时，霍弗尔思也报告称，在这25年间，孩子们每周的可自由支配时间减少了9个小时。此外，根据纽约州曼哈顿维尔学院（Manhattanville College）教育学教授朗达·克莱门茨（Rhonda L. Clements）的说法，孩子们花在户外玩耍上的时间比他们的母亲小时候还少。克莱门茨和她的同事们调查了800位母亲，结果发现，71%的母亲都表示自己小时候每天都在外面玩，但只有26%的母亲表示她们的孩子每天在外面玩。"令人惊讶的是，母亲们的回答在乡村和城市地区并没有显著的差异，"克莱门茨报告，"英格兰和威尔士的研究也发现了同样的结果。"这些研究结果否定了乡村儿童更常去户外玩耍的假设。他们发现，由于农田的生产用途所限，以及无人看管孩子们的活动，农田并不能为乡村儿童提供更多户外玩耍的机会。

　　一些研究者认为，自然在孩子生活里的缺失，尤以英语国家表现明显。这一点或许没错，但这一现象也普遍存在于发展中国家。2007年3月，在埃塞俄比亚首都亚的斯亚贝巴出版的《每日观察报》（*The Daily Monitor*）呼吁父母督促孩子走出家门，到户外活动，并且指出，"许多埃塞俄比亚人在成长过程中严重缺乏户外经历"。

　　一位美国研究者指出，这一代孩子不仅是在室内长大的，他们还被进一步限制在更小的空间里。马里兰大学运动机能学（研究人体运动）教授简·克拉克（Jane Clark）称他们为"箱子里的孩子"——他们花费越来越多的时间在汽车座椅、高脚椅，甚至婴儿椅里看电视。小孩出门时，他们常被放在箱子（婴儿车）里，再由走路或慢跑的父母推行。把小孩装进箱子大多是出于安全考虑，但这么做却损害了这些孩子在未来的健康。在医学杂志《柳叶刀》里，来自苏格兰格拉斯哥大学的研究者报告了一项关于幼儿活跃度的研究。研究者将小型电子加速度计固定在78名3岁幼童的腰带上，保持一周。结果发现，这些孩子每天的活动时间只有20分钟。爱尔兰乡村地区的幼儿也有类似的表现。显然，在儿童与自然疏离的背后有更大的问题——儿童的活动范围在快速城市化的世界里遭受限制，于是儿童与自然的接触就成了牺牲品。

随着自然在孩子生活里的缺失日益严重，另一些新近涌现的科学证据也发现，与大自然的直接接触对身心健康至关重要。例如，多项新研究表明，接触大自然不仅可能减轻注意力缺陷多动障碍（多动症）的症状，而且可以提高所有儿童的认知能力和承受压力和抑郁的能力。

自然缺失症

由于这类研究非常重要，并且为了与我们所了解的其他文化变迁相区别，我们需要一种简洁的表达来描述这种现象，不妨称之为"自然缺失症"。我们的文化已经充斥了太多的行话，并且过于依赖疾病模型，所以我犹豫再三才引入这一术语。随着科学研究的进展，或许还会有更合适的说法出现。而且，正如我在前面谈到的那样，这一词汇并不代表某种医学诊断。但是，当我与父母和教育工作者谈论自然缺失症时，这一词汇的含义还是非常清楚的。自然缺失症描述了人与自然的疏离对人类所造成的各种不利影响，例如更少使用感官，注意力难以集中，以及躯体和心理疾病高发。这一病症可见于个体、家庭和社区。自然的缺失甚至能改变人类在城市中的行为，最终影响到城市规划。这是因为，长期以来的研究表明，缺乏或无法使用公园等开阔地，与高犯罪率、抑郁症等城市病存在关联。

如同以下几章所解释的，无论在个体还是文化层面，自然缺失症都是可以被发现并得以逆转的。然而，缺失只是硬币的一面，另一面则是大自然的丰富。通过估量自然缺失症的影响，我们也可以更加清晰地认识到，我们的孩子是多么幸运。只要能够与大自然亲密接触，他们在生理、心理和灵性上就都能获益良多。事实上，这类新研究的重点并不在于疏离自然时我们会失去什么，而在于拥抱自然时我们会得到什么。路易丝·乔拉说："我们特别需要让父母了解这类研究，唤醒或激发他们对户外玩耍的积极态度，这是孩子继续体验自然的必要前提。"

这些知识或许能激励我们选择一条不同的道路，一条让大自然和孩子们和好如初的道路。

Part2
为什么孩子（以及我们自己）离不开自然

那些长久注目大地之美的人，一生都会有取之不尽的力量。
——蕾切尔·卡森

玄之又玄，众妙之门。
——老子

4 攀上健康之树

> 只要还能出门,我就打赌能活百岁。
> ——《邦蒂富尔之行》(*The Trip to Bountiful*)片中人物
> 卡里·瓦茨

伊莱恩·布鲁克斯(Elaine Brooks)的银发盘在头上,横穿着一支铅笔,以防松脱,仿佛一只硕大的鸟巢。她爬上一座小山,静静地穿过一片原生植被,其中有黑鼠尾草、桂叶漆树和野生牵牛花。她的手指摩挲着一些她称之为入侵者的外来物种。例如酢浆草,它的黄色花朵在阳光下分外显眼。布鲁克斯与这片被遗忘的土地有一份特殊的联系。她让我想起了作家安妮·迪拉德(Annie Dillard)的话:我们需要"到附近走走,看看风景,如果我们不明白我们何以神奇地降生到了这里,那我们至少也要去弄清楚,这里是什么地方"。

布鲁克斯说:"我来这片野地三年了,但是从没见过有孩子在这里玩,他们顶多在自行车道上骑骑车。"她俯身去摸一片叶子,那叶子像一只瘦猫的脚爪。"本地的羽扇豆[①]是一种固氮植物,"她解释说,"它的根里住着外来入侵者——细菌,细菌能从土壤的空气里收集氮气,再把氮气转化成可供植物利用的氮。"一些地衣(一种由真菌和藻类共生的复杂生物体)也能为邻近的植物提供氮元素,并且能存活百余年之久。

如果这样的土地被推土机推掉,那么羽扇豆和地衣,连同它们所滋养的生态系统,就都完了。她说,这些植物,一起生也一起死。

多年来,身为社区大学教师的布鲁克斯经常会带学生来这里接触

[①] 羽扇豆,也被译作鲁冰花,一年生草本植物,花序挺拔,颜色艳丽。

自然，并且教导他们，是土地塑造了人类。其中许多孩子从来没有过这样的体验。

在加州南部的滨海小镇拉荷亚，布鲁克斯时常探访一片30英亩（约合12公顷）的野地。她用了满满15个笔记本收集了许多植物标本，记录了当地的降雨量，撰写了详细的本地物种观察笔记。这里长满了野草、多肉植物和仙人掌，也是加州难得能在如此靠近海洋的地方找到真正的海岸鼠尾草等稀有当地植物的区域之一。不过，这块野地并不是人类有意规划的结果。20世纪初，曾有一条铁路穿过这片荒野，后来轨道被废弃并移除，这块地就兀自野蛮生长了。到50年代后期，市政当局保留了这片狭长的野地，准备修建一条贯穿这一地区的主干道费伊大道的南延线，但后来计划被搁置。于是，在近半个世纪里，这块土地在周边的蓬勃建设里被遗忘了，只修了一条覆盖在幽灵铁路线上的柏油自行车道。

布鲁克斯身着牛仔裤、旧法兰绒衬衫和登山靴，站在一片长满了野葱、仙人球和本土龙葵的田野里。一片地中海茴香散发出沁人心脾的香料味，这种调味品最早于19世纪由拓荒者带到了加州。野生燕麦是另一种外来植物，它高高地耸立着，与之形成鲜明对比的，是周围那些低矮的本土沙漠植物。如果你是生长在这种环境下的一株植物，那么也会觉得把头放低会更安全些。"看这里，这是本地的风信子。"她指着野菊花旁边长着长茎的紫色花朵大声说。野菊花虽非当地土产，但看上去却跟笑意盈盈的雏菊一样眼熟，惹人喜爱。

你也许会问：为什么会有人花那么多时间在这上面，这充其量不就是一大块空地嘛。

原因之一在于，布鲁克斯是一个怀旧的人，这在她的同行中相当少见。在20世纪四五十年代，博物学作为一门远离俗世纷扰，需要花费大量时间搜集标本并为各种生物命名的科学，逐渐式微。研究热点逐渐转移到了微生物学上，无论理论研究还是应用研究都是如此。类似的情形也发生在环境保护领域——保护者不再是鞋子上沾着泥巴的当地人，而是变成了远在华盛顿特区的环保律师。但布鲁克斯并不属于他们,她作为生物学家和海洋学家在斯克里普斯海洋研究所工作多年,最后成了一位浮游生物专家。

她更喜欢教书。跟许多美国人一样,她认为应该把对自然的热爱传递下去。而在社区大学中任教,也使她有时间了解这些丘陵和田野。没人付钱让她做这种研究,但也没人阻拦她这么做。

布鲁克斯的怀旧还表现在,虽然生态学中的流行做法是保护自然廊道网络,而非那些常被认为无法挽救的生命孤岛,但她只是在原则上认同这一点。在她看来,了解偏处一隅的野地就像了解偏处一隅的人类族群一样,同样是值得做的事。

这一片片充满自然野趣的土地,对生活在周边或邻近社区的年轻人最为重要。布鲁克斯指着推土机在多年前留下的一道道伤疤说,尽管开发商表示会用各种手段去修复,但只要土地被推掉,土壤里的微生物和土壤的底层结构就都被毁了。"只有持续多年坚持人工种草,才能勉强修复。撂在那儿不管是不行的,本地植物根本无法对抗外来植物的入侵。"被推掉的土地在全县[①]随处可见,就连所谓的保护区也无法幸免。布鲁克斯说:"大部分破坏都是因为图方便和无知。"她认为,人们不太可能会珍视他们叫不上名字的东西。她说:"我的一个学生告诉我,每当新得知一种植物的名字,就感觉像是结识了新朋友。叫出植物的名称本身就是一种了解的方式。"

布鲁克斯快步走过一条小径,又翻过一个土坡。一只红尾鹰在上空盘旋。前方的土坡上,生长着一种能阻挡野火蔓延的外来植物——冰叶日中花[②]。这种草已从星星点点渐成排山倒海之势,很快就将吞没整个山坡。但一簇簇本地龙舌兰却誓不言退。龙舌兰是一种类似仙人掌的多汁植物,也是龙舌兰酒的原料。在漫长的一生中,龙舌兰只开一次花。生长20年或更久后,它会拼尽最后的力气,长出一根高度可

[①] 美国的县(county)在行政级别上相当于中国的地级市。

[②] 冰叶日中花是一种原产于南非纳米比亚沙漠等干旱地区的番杏科、日中花属的一年或两年生草本植物。

达20英尺（约合6米）的粗壮花茎。黄昏时分，许多蝙蝠会在龙舌兰周围飞舞，也把花粉带给其他盛开的龙舌兰。

布鲁克斯在一座小土坡下停下了脚步，土坡上长满了本地的丛生禾草。早在西班牙人到来之前，这种草就已经生长在这里了。那时，也还没有引进牧牛，一簇簇丛生禾草像地毯一样铺满了南加州的大部分地区，就像长满高茎草的草原曾经覆盖了整个北美大平原那样——现在植物学家要想在北美大平原上寻找残存的高茎草只能去废弃的拓荒者墓园里了。摸着本地的丛生禾草，了解关于它的一切，那种感觉很美。

费伊大道尽头的随想

就在我们继续步行穿越曾经规划的费伊大道南延线时，布鲁克斯走向了那座最高的土丘。在上面，她可以望见太平洋。她常常独自坐在坡顶，沉浸在大自然的气息和远处的风景中。"一次，我眼角的余光察觉到有东西在动，原来是一只棕色的小青蛙蹲坐在我身旁的灌木上。于是我问它，'你在做什么呢？'"

有时，她会坐在那里想象自己回到了祖先生活的年代。一头饥饿的巨兽近在咫尺，她跳上树枝，爬上一棵高大的树。每当这时，她的视线都会越过连绵的屋顶，直到大海。她说，她看到的不是城市景观，而是大草原，是起起伏伏、孕育无数生命、严酷而又肥沃的非洲大平原。她的呼吸平缓了下来，心情也舒展了开来。

布鲁克斯说："每当爬到一棵树的高处，我们的祖先就会有一种眺望大地的感觉，这种感觉能在一瞬间疗愈我们。"这么做或许曾让我们的祖先得以喘息，让他们体内因逃命而飙升的肾上腺素得以迅速下降。

"从生物学上讲，我们并没有任何改变。面对猛兽，我们身体的反应机制仍旧是战斗或逃跑。从基因学上讲，我们其实也跟祖先并无二致。我们仍旧是猎人和采集者。我们的祖先虽然跑不过狮子，但我们有智慧。我们知道如何捕杀，当然我们也知道如何逃跑和攀爬，以及如何利用环境来发挥我们的才智。"

今天，我们仍旧得时刻保持警惕，在街道上川流不息的的两千磅（约合0.9吨）重的小汽车和四千磅重的越野车之间穿梭。即使我们躲进房子，威胁也仍旧存在，各种令人烦恼不安的画面还会通过有线电视闯进我们的客厅和卧室。与此同时，城市和郊外的景观也在迅速改变，越来越无法让我们重拾内心的宁静。

越来越多的研究者认为，自然栖息地的丧失和人对大自然的主动疏离，很大程度地影响了人类健康和儿童发育。他们说，人接触大自然的程度几乎能在细胞层面影响我们的健康。

布鲁克斯借助"亲生物性"（biophilia）的视角为学生们讲授关于荒野的生态学。"亲生物性"是哈佛大学科学家、普利策奖得主爱德华·威尔逊（Edward O. Wilson）所提出的假说。在他看来，"亲生物性"是"与其他生命形式发生关联的冲动"。威尔逊和他的同事们认为，大自然对人类来说有一种与生俱来的亲和力，这很可能具有生物学意义，是人类个体在成长过程中会自然出现的需求。亲生物假说虽然尚未被生物学家普遍接受，但已经得到了许多研究的支持。这些研究表明，开阔的草地、森林、牧场、河流湖泊、蜿蜒的小径和高处的美景都能让人产生强烈的积极情感。

这类研究曾经以"生态学取向的心理学研究"（ecological psychology）为基础，新近发展为"交叉学科生态心理学"（ecopsychology）的前沿研究。1992年，历史学家、社会评论家西奥多·罗斯扎克（Theodore Roszak）的著作《地球之声》（*Voice of the Earth*）出版，让这一词汇逐渐流行起来。罗斯扎克在书中表示，现代心理学把人的内心世界与外部的物质世界割裂开来，我们压抑了曾经对人类的进化历程具有重大意义的"生态无意识"。近年来，这一词汇的内涵已经将自然疗法包括在内，它不仅关心我们对地球造成的改变，也关心地球对人类健康的影响。罗斯扎克认为，这正是他早先论断的逻辑延伸。

罗斯扎克提到，美国精神医学学会在其《诊断与统计手册》中列出了三百多种精神疾病，其中许多与性功能障碍有关。他表示："心理治疗师已经详尽地分析了家庭和社会关系失调的所有形式，但'环境关系失调'连其概念本身都尚未形成。"他说，《诊断与统计手册》"将'分离焦虑症'定义为'与家庭和依恋对象分离时所产生的过度焦虑'。然而在这个焦虑的时代，没有哪种分离能比我们与自然世界的疏离更普遍了"。他表示，现在是时候"从环境角度来定义心理健康了"。

"交叉学科生态心理学"及其所有正在萌芽的分支学科，支持了威尔逊的亲生物假说，并且对大自然影响人类身心健康的方方面面掀起了新一轮研究。研究城市儿童与自然的国际专家乔拉教授既不同意"亲生物性"名义下的部分断言，也不认为要毫无保留地接受威尔逊的所有主张，认为他和"交叉学科生态心理学"便是真理。她呼吁尊重常识，要认识到"接触自然对健康、专注力和创造性玩耍的积极影响，及其对人与自然发生联结的促进作用，这一联结能够为保护环境奠定基础"。

事实上，认为自然景观（或者至少是花园）能促进疗愈、改善健康的思想古已有之，并且一直延续到今天。早在两千多年前，中国的道家就建造了他们认为有益健康的花园和温室。到了1699年，《英国园丁》（*English Gardener*）一书也建议读者"在花园里度过闲暇时光，例如挖土、整理或除草；没有比这更好的养生方法了。"

在美国，精神医学先驱、《独立宣言》签署人之一本杰明·拉什（Benjamin Rush）博士宣称："挖土对精神疾病有治疗作用。"从19世纪70年代起，宾夕法尼亚州的贵格会之友医院（Quakers' Friends Hospital）就将大片的自然景观和温室用于治疗精神疾病。在第二次世界大战期间，精神病学先驱卡尔·门宁格（Carl Menninger）将园艺疗法引入了退伍军人管理局下属的医院系统。20世纪50年代，更多人认识了园艺对慢性病患者的治疗作用。1955年，密歇根州立大学颁发了园艺/职业疗法的第一个研究生学位。1971年，堪萨斯州立大学创设了第一套园艺疗法学位课程。

如今，作为一种公认的保健方法，宠物疗法也成为了园艺疗法的一部分，对老年人和儿童尤其有效。例如，有研究表明，当受试者借助鱼缸赏鱼时，血压就会显著下降。其他研究也发现，拥有宠物的人较少罹患高血压，而且在心脏病发作后也更容易存活。拥有宠物的心脏病患者的死亡率只有没有宠物的心脏病患者的三分之一。在宾夕法尼亚大学医学、牙科学和兽医学院任教的精神病学家阿龙·卡切尔（Aaron Katcher）花费十余年调查人类与其他动物的社会关系对人类健康和行为的影响。卡切尔和一家住院治疗中心的动物辅助治疗专家格雷戈里·威尔金斯（Gregory Wilkins）一起讲述了一个孤独症孩子的故事。医生先用几只性情安静的狗对这个孩子做了几次治疗，但效果不佳，直到一条名叫巴斯特的小狗出现。这条来自当地动物收容所的小狗正处于青春期，性格十分活泼。起初，孩子并不理会巴斯特。但在一次后续治疗中，"虽然治疗方案没有任何改变，但孩子急切地跑进治疗室，几分钟之后还说出了他6个月以来第一句与以往不同的话：'巴斯特坐下！'"孩子学会了跟巴斯特玩球，学会了用食物奖励巴斯特，还学会了在难过时找巴斯特寻求安慰。

证明花园和宠物有治疗作用的证据很有说服力。但是，我们如何更进一步，证实自然景观和自然体验对人类成长和健康的积极影响呢？几千年前，诗人和巫师就知道这一联系，但直到最近，科学家们才展开相应的探索。

大多数证实自然与健康及疗愈存在关联的新证据都是关于成人的。原埃默里大学公共卫生学院环境与职业健康系主任霍华德·弗鲁姆金（Howard Frumkin）博士在《美国预防医学》杂志里写道，尽管已经有许多研究发现，接触植物或大自然能缩短创伤恢复时间，但这仍然是一个在现代医学中遭到明显忽视的领域。弗鲁姆金引述了一项针对胆囊手术患者的为期十年的研究。该研究对比了病房窗外是树林的患者和病房窗外是砖墙的患者。结果发现，前者能更快出院。此外，也有研究发现，在密歇根州监狱，牢房窗户对着监狱院子的囚犯比窗外是农田的囚犯患病率高24%。与此类似，得州农工大学的研究者罗杰·乌尔里奇（Roger Ulrich）发现，在承受压力后，那些观看自然景观图像的受试者在短短5分钟内就明显平静了下来。他们的肌肉张力、脉搏和皮肤导电性均大幅下降。

华盛顿大学动物学名誉教授戈登·奥利安斯（Gordon Orians）说，这类研究表明，视觉环境对我们的身心健康有巨大的影响。一个物种的神经系统中会留有过往进化历程中的残留经验，这种残留被他称作"幽灵"。现代人类需要正视和理解"幽灵"的重要性。

儿童的户外活动量与身体健康程度存在联系似乎显而易见，但二者之间的关系仍然错综复杂。美国疾病控制与预防中心（CDC）报告称，美国的超重成人数量在1991-2000年间增加逾60%；美国2～5岁超重儿童的数量在1989-1999年间增加近36%。当时，每10个美国儿童中就有2个患有临床肥胖症，这一比例是20世纪60年代末的4倍。在5～10岁的肥胖儿童中，约60%至少有一种心血管疾病风险因素。《美国医学会杂志》（*JAMA*）也报道称，8～18岁的儿童和青少年高血压发病率呈上升趋势。

面对这一重大隐患，儿科医生发出了警告，今天这些孩子的寿命可能要短于他们的父母，这种现象在二战之后还从未有过。世界卫生组织警告，虽然世界上许多地方的儿童都在忍饥挨饿，但缺少活动的生活方式也是全球的公共健康问题之一。缺少活动是非传染性疾病的主要风险因素，它导致了全球60%的死亡和47%的疾病开销。

儿童肥胖可能与多种遗传原因、一种常见病毒，甚至睡眠不足相关。除以上原因外，目前的研究还集中在另外两个影响因素上。第一，电视和垃圾食品与儿童肥胖有关。美国疾病控制与预防中心发现，儿童看电视的时间与他们的体脂含量直接相关。在美国，6～11岁的孩子每周花费约30小时看电视或电脑显示屏。西雅图的医学研究者发现，三个月大的幼儿中，已经有约40%会经常看电视、录影等视频。第二，多锻炼能减少肥胖。

但是，该做哪种锻炼？又该在哪里锻炼呢？父母们被告知要关掉电视、限制孩子玩电子游戏的时间，但我们很少听到孩子们不看电视、不玩游戏的时候该如何锻炼。我们常听到的建议是参加正式的运动，但问题在于，在肥胖症流行的同时，儿童的正式体育活动也迎来了有史以来最大的增长。儿童肥胖专家现在承认，目前的方法似乎都不起作用。那么，如果连包括足球和少年棒球联盟在内的正式运动都没什么效果的话，孩子们缺少的，到底是什么呢？

奇怪的是，"自然"一词过去很少出现在有关儿童肥胖的文献中。好在这种现象现在已经有所改变，然而更为普通的日常活动并未得到讨论。与正式运动相比，儿童在自由玩耍中所得到的身体锻炼和情感体验更为多样，也更不受时间限制。游戏（特别是装扮性的、探索性的非正式游戏）越来越被认为是儿童健康发展所不可缺少的部分。针对户外游戏的研究，常常对各种各样的活动（例如在社区里骑自行车）和接触大自然的玩耍不加区分。所以，我们还需开展更加细致的对照研究，以此来厘清各种相关性和因果关系。不过，只要综合分析最近的多项研究，我们还是能得出强有力的假设。

"在大自然中玩耍似乎有特别的益处。首先，孩子们到了外面会变得更为好动。在缺乏身体活动和普遍超重的时代，这不啻是一大福音。"如今在美国疾病控制与预防中心担任国家环境健康中心主任的霍华德·弗鲁姆金博士如此表示。

最近的多项研究呈现了非常鼓舞人心的证据，表明户外玩耍不仅能控制体重，还对健康有其他益处。而且，这些益处可能只是真正接触自然的玩耍所独有的。在挪威和瑞典，对学龄前儿童的多项研究表明，在大自然中玩耍有许多特殊的益处。这些研究比较了每天在平坦的游乐场里玩耍的学龄前儿童和每天在树林、石头和不平整地面等自然空间里玩耍相同时间的学龄前儿童。在一年多的时间里，在自然空间里玩耍的孩子在运动能力方面得分更高，特别是在平衡和敏捷方面。

成年人似乎也能借助在大自然中"休息"而获益。英国和瑞典的研究者发现，在有树木、树叶和自然风景的天然绿地中锻炼的慢跑者比在健身房等建筑中燃烧同样热量的人感觉恢复得更好，同时焦虑、愤怒和抑郁情绪也更少。研究者们还在继续研究他们所称之为的"绿色运动"。这些研究主要针对成人。

但是，在户外玩耍对孩子们的心理健康有什么影响呢？尽管缺乏身体活动所导致的心脏病等负面影响通常需要几十年才能形成，但不常活动的另一个后果更易显现——孩子们会抑郁。

亲生物性与心理健康

大自然是抚慰孩子心灵创痛的良药，可这一点常常为人所忽视。你会见到各种最新的抗抑郁药物的炫丽广告，但你可能永远也不会见到自然疗法这类的广告。然而，父母、教育工作者和卫生工作者都需要知道，大自然其实能非常有效地缓解身心压力，特别是在当下。

2003年发表于《精神病学服务》杂志的一项调查发现，美国儿童被医生开抗抑郁药的比例在5年内几乎增长了50%，其中增幅最大的是学龄前儿童，高达66%。药品福利管理企业[①]（PBM）快捷药方（Express Scripts）进行了这项调查，其研究主管汤姆·德拉特（Tom Delate）表示："儿童和青少年使用抗抑郁药数量增多的原因有很多，它们独立或共同导致了这样的结果。这些因素包括：各年龄组的抑郁症发病率均有所增加，儿科医生对抑郁症的敏感意识和筛查能力逐渐增强，以及有些人认为对成人有效的抗抑郁药也对儿童和青少年有效。"尽管抗抑郁药之前从未被批准用于18岁以下的儿童，但这类儿童处方的数量却在持续增长，直到2001年，百忧解被批准用于儿童治疗。有研究显示，服用抗抑郁药与自杀行为和自杀念头均存在关联，特别是对儿童来说。一个月后，美国食品与药品监督管理局（FDA）

---

① 通过协调保险机构、药厂、患者、医生、医院各方，在保证疗效的同时降低医疗费用的企业。

要求制药公司在产品标签上明确说明这一点。2004年，美国当时最大的药品福利管理企业麦德科（Medco Health Solutions）通过数据分析发现，在2000～2003年间，精神类药物（抗精神病药、苯二氮䓬类药和抗抑郁药）的使用增加了49%。如果再加上治疗注意力障碍的药物，那么其总量首次超过儿童抗生素和哮喘药物的支出。

尽管无数患有精神疾病和注意力障碍的儿童确实受惠于药物治疗，但借助自然环境的替代疗法、辅助疗法或预防性治疗仍被漠视。事实上，新的证据表明，儿童与大自然的疏离加剧了他们对这类药物的需求。尽管接触大自然可能对非常严重的抑郁症没有效果，但我们已经知道，让孩子体验自然能够减轻可能诱发抑郁症的某些生活压力。我在前面提到过包括罗杰·乌尔里奇的研究在内的一系列针对成人的研究。此外，在《人与自然的关系》（The Human Relationship with Nature）一书中，彼得·卡恩（Peter Kahn）也表示，百余项研究证实，接触大自然的重要益处就是减轻压力。

康奈尔大学的环境心理学家们在2003年的一份报告中表示，窗外有自然风景的房间能帮助儿童减轻压力，而且，居室内部或四周的自然空间似乎是护佑乡村儿童心理健康的重要因素。"我们的研究发现，相比于生活中自然气息淡薄的儿童，自然气息浓厚环境下的儿童更不容易因为生活中的压力事件产生心理压力，"康奈尔大学人类生态学院设计与环境分析学助理教授南希·韦尔斯（Nancy Wells）表示，"对最容易受到伤害的孩子（即正在遭受严重压力事件影响的孩子）来说，附近自然空间的保护作用也最强。"

韦尔斯和同事加里·埃文斯（Gary Evans）评估了乡村地区三到五年级儿童家中及周边自然景观的丰富程度，结果发现，与住处附近缺少自然景观的孩子相比，住处附近有丰富自然景观的孩子在行为障碍、焦虑和抑郁的严重程度上评分更低。此外，用某项全球适用的自我价值指标来衡量，住处附近有丰富自然景观的孩子对自己的评价也高于同龄人。韦尔斯和埃文斯在报告中表示："即使乡村地区的绿色景观已经相对丰富，不过如果想要增强孩子面对压力和逆境的适应力，自然景观也是多多益善。"

大自然有益心理健康可能是因为绿地促进了社会互动，让人得到了更多的社会支持。例如，瑞典的一项研究表明，与因距离遥远而不便参与户外活动的儿童和父母相比，居住地临近自然空间的儿童和父母所拥有的朋友数量高出一倍。当然，大自然的慰藉作用，显然并不仅仅在于促进了社会互动。

大自然也能为人提供有益的独处时光。一项针对芬兰青少年的研究表明，他们经常在苦恼时刻走进大自然；在那里，他们可以理清思路，获得感悟和解脱。我在圣地亚哥大学做过一场关于自然与童年的课堂讨论。讨论结束后，一名叫作劳伦·哈林（Lauren Haring）的20岁学生讲述了大自然对其心理健康的巨大贡献：

我在加州的圣巴巴拉长大，房后有个很大的院子，街对面还有条小溪。我一个人的时候，这样的环境对我特别有帮助。大自然是这样一个地方，就算我的生活全都乱了套，我也仍旧可以去那里，也不用去应付任何人。

我9岁时，我父亲患脑癌去世了。那段日子对我和家人来说特别难熬。到大自然中去，是我得以喘息的一个出口。这么做确实能让我冷静下来，摆脱纷乱的思绪和忧愁。

我真的相信，大自然里有某种神奇的东西，只要投入它的怀抱，它就能让你走出小我，发现更加宽广的天地，进而帮你正确看待问题。而且，大自然是唯一一个不需要我去疲于应付的所在。置身其中能让你在逃离的同时，又不至于与这个世界完全割裂。

理查德·赫尔曼（Richard Herrmann）是一位自然摄影师，他也知道自然的疗愈作用。大自然曾帮他度过了一段凄惨的岁月。他这样对我讲：

最早开始对大自然感兴趣，是我小时候住在加州一座滨海小城的时候，那里离罐头厂街那座失火的罐头工厂不远。记得我当时4岁，眼前是一汪涨潮时留下的海水。水面波光粼粼，小鱼在里面嬉戏，还有海葵和螃蟹到处爬。我被眼前的景象深深地迷住了。我看呆了，就算看几天也看不够。在我眼里，这汪海水是完美和平静的化身。我还记得，父亲从海湾钓鱼回来时，手里提着一袋袋彩色的鳕鱼……我觉得它们如此美丽，它们是大海的珍宝。

我小时候是个坐不住的孩子，所以上学对我来说很痛苦，可大自然却总是能带给我难以言表的平静和快乐。我能一连几个小时钓鱼或抓螃蟹而不感到无聊，哪怕我什么也没抓到。

后来，我14岁时，父亲因车祸去世，我又迫切地需要起这样的平静来。我感到不知所措。20世纪60年代后期，各种诱惑和干扰无处不在，毒品满天飞。我记得，那些日子大多为痛苦与紧张所占据。但是，只要我独自去橡树林散步，看到毒葛下面那些蝾螈、五颜六色的蘑菇，还有地衣，我就能觅得安慰。这一切都能为我疗伤，让我感受到无与伦比的平静。

长大后，我在附近一所高中作报告。我注意到，我能通过展示大自然的图片来让青少年集中注意力并平静下来。亲近自然拯救了我的生命。

有了这样的经历，赫尔曼也鼓励患有阅读障碍的14岁女儿通过接触大自然来恢复健康，减轻压力。他说，女儿在四健会[①]喂养小羊羔的经历给了她很大的安慰，这"真的让她适应了学校的生活"。

在马萨诸塞州的韦尔斯利镇，儿童与青少年发展研究所（Institute for Child and Adolescent Development）的疗愈花园（Therapeutic Garden）获得了美国景观建筑师协会颁发的总统卓越奖。在接受线上专业杂志《马萨诸塞州心理学家》（*Massachusetts Psychologist*）的采访时，该

[①] 四健会（4-H Club），美国非营利青年组织，"四健"（4-H）分别代表健全头脑（Head）、健全心胸（Heart）、健全双手（Hands）和健全身体（Health）。

研究所负责人塞巴斯蒂安诺·桑托斯泰法诺（Sebastiano Santostefano）表示，大自然对人的心理有塑造作用，对遭受创伤的儿童有巨大帮助。他发现，在外面玩耍（不论在河边还是小巷）"是孩子解决问题的方式"。"我们这儿有座小山。虽然只是一个土丘，但仍然意义非凡。对某个治疗阶段的孩子来说，它是个坟墓；换了别的孩子，它又会是一个孕妇的肚子，"他说，"道理很明显，孩子们能理解眼前的景致，并赋予它们以意义，而且同样的景观可以有不同的解释。一般来说，传统的玩偶和游戏存在局限性。警察玩偶通常也是警察，孩子很少会把它想象成别的东西。但是面对风景，孩子们的想象会发散得多，这给了他们表达内心的工具。"

把大自然还给童年

一些卫生专业人士用紧迫的语气表示，现有的信息意味着应该立即采取行动。例如，美国疾病预防与控制中心的霍华德·弗鲁姆金建议，公共卫生专家应该扩展环境健康的定义，使之不只关注有毒物质的排放，也关注生态环境的修复。他建议，研究者应当与建筑师、城市规划师、公园设计师、景观设计师、儿科医生和兽医合作，对环境健康进行研究。另一些人认为，认识到大自然对改善身心健康的积极作用后，我们也应该带着这样的意识去设计教室、房屋和社区。而且，正如后续章节所介绍的那样，持续研究带来的新知或许能帮助我们重新发现体验自然与提升创造力之间的联系，并且可能为注意力缺陷障碍等综合病症提供新的治疗思路。

布鲁克斯在面对社区大学的学生时讲道，在城市环境里，人们要想直接了解自然，并非易事，但唯有如此，才能收到大自然的馈赠——对所有人都是如此，不论成人还是儿童。

一天，布鲁克斯告诉我，虽然我们生活在美丽的加州，"可我们却很少能在现实中与这些自然空间有直接而亲密的接触,我们只是在巨大并不断膨胀的城市中维持生活而已"。这实在讽刺。即使我们开车去山区和沙漠,"通常也是当日往返,只是在沿途停下来喝杯咖啡或者吃点零食。从车里向外观望就是全部的自然体验了"。但是,"从我们降生伊始,大自然的画面、感觉、气味和声响就一直围绕在我们左右。大自然是我们的存在之所,是我们的真实日常生活的基础"。我们这个物种,一边在渴求大自然,一边又任由它被毁灭。

布鲁克斯的学生们和我都非常感念她的教诲。遗憾的是,她本可以率先提醒"大自然没法给我们开保修单",可她却因脑瘤在2003年离开了这个世界。弥留之际,她奄奄一息地躺在床上,逐渐滑向沉睡的深渊。朋友们在她床边的墙上钉上费伊大道尽头那片野地的照片,并轮流坐在她身边陪伴。也许,当她在起起伏伏的梦境中穿行时,她从脑海里那棵高高地挺立在拉荷亚草原上的树的高处,望见了未来。

5 感官的生活：大自然与无所不知的心态

> 我走进大自然，寻求抚慰和疗愈，也让我的感官再次敏锐起来。
>
> ——约翰·巴勒斯

儿童需要自然来开发感官，进而促进学习，提升创造力。这一需要表现在两个方面：一是考察当儿童与自然疏离时，他们的感官如何变化；二是见证儿童乃至青少年、成人在直接接触自然时所获得的神奇感受。

森林之子

克雷斯特里奇生态保护区（Crestridge Ecological Reserve）是一片位于加州南部的埃尔卡洪市和阿尔派恩市之间的山区，占地约2600英亩（约合1052公顷）。十几名拉美裔的城市团（Urban Corps）成员来到了这里，小的18岁，大的25岁，其中只有一名女生。他们在两名中年白人女性讲解员的带领下，穿过了一片片鼠尾草丛和野浆果林。只短短几个星期，这群城市街区男孩就变成了森林之子。

这些年轻人来自倡导自然保育实践的城市团特许学校。在过去的几周中，他们一直在自然保护区里劳作。他们清理道路，拔除入侵植物，向一位拥有传奇经历的前边境巡警学习跟踪技巧，也不时会受到令人惊讶的感官刺激。这些年轻人一身制服打扮，上身是浅绿色的衬衫，下身配深绿色的裤子，腰间扎着军用帆布腰带。两名讲解员，一人戴了顶蓝色的太阳帽，另一人则穿着宽松的T恤，背着背包。

"这里是暗足林鼠的窝。"讲解员安德烈娅·约翰逊（Andrea Johnson）说。她家住在一条可以俯瞰这片土地的山脊上。

她手指着毒葛下方的一堆树枝。林鼠的巢穴跟海狸的巢穴有点像，有多个隔间，例如专用的室内厕所和树叶储藏室。林鼠要等树叶中的毒素分解完毕后才会大快朵颐。巢穴内部可高达6英尺（约合1.8米），所以还常常住着别的虫子。约翰逊说："就是接吻虫[①]！老天！但这是真的。"她说的是一种吸血的虫子。

"所以，很多人并不想跟林鼠做邻居。接吻虫喜欢我们呼出的二氧化碳，因此常常在唇边叮咬，"约翰逊一边给自己扇着凉风，一边继续说，"叮咬时还会伤到周围的肉，我丈夫脸上就留了一大块疤。"

一个男生吓得一哆嗦，他那为了时髦而系得松松垮垮的裤子差点没挂住。

离开林鼠的巢穴，讲解员带领一行人穿过一簇簇加州吊钟花和月桂漆树，走进了一片凉爽的树林。林中，有水从泉眼渗出，形成一条涓涓小流。戴着耳环、剃着光头的卡洛斯是个身高6英尺（约合1.8米）的壮实青年，他敏捷地从一块石头跳上另一块石头，眼里满是惊奇。突然，蹲在地上的他用西班牙语小声惊叹起来，原来他看到了一只两英寸长（约合5厘米）的食蛛鹰蜂。这是一种拥有橙色翅膀和深蓝色身体的胡蜂，是蜇人最疼的北美昆虫之一。这种胡蜂极其凶猛，它会攻击并麻醉体形是其5倍的狼蛛，再把狼蛛拖入地洞，植入一个卵，并在爬出地洞的同时封住洞口。过后，卵会孵化为幼虫，再把狼蛛活活吃掉。大自然美不胜收，但是也有残忍的一面。

这些青年中有几人是在中美洲的乡下或墨西哥的农场里长大的。如今是一名制动技师的卡洛斯这样讲述祖母在墨西哥的农场："她养了一

[①] 又名锥蝽，因喜在人体唇边吸血而得名接吻虫，是美洲地区著名的对人体健康有严重危害的昆虫。在我国华南地区也有少量分布，被本地人称为木虱王。吸血之后，会将粪便排在伤处。粪便中的寄生虫克氏锥虫由伤口进入血液，在心脏处大量繁殖，引发多种疾病表现。锥虫病隐匿期可长达20~30年，有急性和慢性发作，严重者会危及生命。

些猪，也有自己的土地，生活很不错。"虽然他们目前住在城市，但与大多数北美人相比，这些年轻的第一代和第二代移民年幼时有更多机会接触自然。"在墨西哥，人们知道拥有一块土地有多难，所以他们非常珍视土地，也尽力呵护它。可边境线这边的人们就不那么珍视土地了，觉得拥有土地理所当然。我说得可能有点过头。"不过，此时此刻，这些森林之子们却有些玩世不恭。他们开始逗弄一个笑起来有些羞赧的19岁大男孩，他的脖子上有个狼蛛鹰蜂大小的吻痕。

"他又开着窗户睡觉了，"有人说，"女巫布莱尔亲了他一口。"

"不，伙计，"卡洛斯笑着说，"是卓柏卡布拉咬了他。"卓柏卡布拉是南美神话中一种脑袋像蝙蝠、身子像袋鼠、脚爪尖利、吸山羊血的野兽，最近在阿根廷有报道。也或许它实际就是接吻虫。

几个星期以来，卡洛斯一直在仔细观察这些动植物，并把它们描绘到笔记本上。他和同伴见过北美山猫悄悄潜近猎物，听过巢中受到惊扰的响尾蛇发出振动，获得了许多新鲜的感受。"来到这里，我就能放松下来，"卡洛斯说，"在这里，你能听到许多，而在城市，你什么都听不到，因为你的耳朵里灌满了噪音。在城市，一切都了无新意。而在这里，你靠得更近，也见得更多。"

沉睡的感官

曾几何时，年轻人的生活里充满了自然的元素。大多数人都生长在这片土地上，耕作于此，安息于此。那时候，人与自然的联系非常紧密。

如今，我们的生活已经全面电气化了。其中的主角是各种电子产品，比如电视和电脑。但另一些科技含量较低、出现也较早的电器也有不容小觑的影响，例如空调。美国人口普查局报告称，在1910年，美国只有12%的住宅装有空调。那时，人们习惯打开推拉窗，任由晚风和树叶的摩挲声飘进屋里。到婴儿潮一代降生时，装有空调的家庭就达到了大约一半。到1970年，这一数字是72%。到2001年，这一数字进一步达到了78%。

在1920年，大多数农场距离城市都有几英里远。甚至到1935年，美国通了电的农场家庭还不足12%（通了电的城市家庭有85%）。到20世纪40年代中期，美国才有半数农场家庭通电。在20年代，农场居民常常聚集在饲料商店或轧棉机旁听收音机，或者把几户人家连接到一台收音机上，自建有线广播网络。在1949年，只有36%的农场装有电话。

很少会有人把空调换成电风扇，但我们鲜少关注进步的代价，例如感官的沉睡。跟城市街区里的男孩们一样，身为人类的我们需要以直接的方式体验自然，我们需要感官完全打开来真切地感受生命本身。21世纪的西方文化认为，拜无处不在的技术所赐，数据已经将我们淹没。但在这个信息时代，我们却缺少了最重要的信息。英国作家戴维·赫伯特·劳伦斯（D. H. Lawrence）有些晦涩却极为精妙地描述道："这个世界像糖果一样紧紧包裹在透明糯米纸下面，永远遥不可及。"人类需要去嗅、去听、去尝、去看那些隔绝在透明糯米纸下面的东西。劳伦斯在新墨西哥州的陶斯市认识到了大自然对人类感官的慷慨馈赠。在他看来，这一认识是对抗"无所不知心态"的解药，因为这种心态只会让智慧与神奇无迹可寻。他写道：

表面上看，地球只是巴掌大一块地方，所有角落都已经为我们所熟知。这小小的、可怜的地球，游客们绕你一圈跟绕森林公园或中央公园一圈一样容易。没有什么是神秘的。我们哪里都去过，哪里都看过，什么都知道。我们已经把地球了解透了，没什么新东西了。

这话说得似乎没错。从表层和宽度上看，我们确实去了所有能想到的地方，做了所有能想到的事情。对于地球，我们似乎无所不知。但是，我们的表浅认知越多，就越不容易深挖细究。我们大可以把浮光掠影说成是无所不知⋯⋯

事实上，虽然我们的曾祖父们从未去过任何地方，但他们对这个世界的感受要比什么都见过的我们更为丰富。当年他们在乡下学校的教室里看着幻灯片听讲时，会在未知事物面前凝神屏息。而在锡兰搭乘人力车的我们却对自己说："跟我想的一模一样。"我们可真是无所不知。

但是，我们错了。"无所不知"的心态只是我们未能穿透包裹着文明的糯米纸的结果。对于纸面下的一切，我们不仅一无所知，而且害怕去了解。

有些成年人能够意识到自己那种"无所不知"的心态，这要归功于他们的特殊经历。

一次，纸媒编辑托德·梅里曼（Todd Merriman）带儿子去远足，受到了很大的启发。他回忆说："当时我们正在山里穿行。我低头时突然看到地上有新鲜的美洲狮的爪印。我们立即折返，想回到车上。紧接着，我又看到了另一串爪印，刚才还没有。我意识到我们被美洲狮包围了。"在恐惧和兴奋中，他开始密切关注周围的环境。后来他意识到，他已经忘记上回所有感官马力全开是什么时候了。这次险些遇上美洲狮的经历唤醒了沉睡的感官。

终日沉浸于高科技带来的游离体验，他和儿子到底错失了多少生命的丰盛？如今的梅里曼经常思考这个问题，尤其在他坐在电脑前时。

我们无须遭遇美洲狮才能意识到我们的感官已经沉睡了。尽管歌手保罗·西蒙高唱"这是奇妙与魔幻的时代……丛林中的激光"，但所谓的信息时代其实名不副实。我们这种在房子里的生活非常单调，像是丢掉了一两个维度。是的，我们迷恋我们的小玩意儿——我们的手机连接着我们的数码相机，连接着我们的笔记本电脑，连接着佐治亚州梅肯县上空盘旋的卫星应答器。当然，很多人喜欢这些小玩意儿，包括我自己。但我们的生存质量不仅取决于我们得到了什么，还取决于我们为此而放弃了什么。

我们没有缩短工作时间，而是在按照互联网的时间工作。我家附近的高速公路旁有一块宣传网上银行服务的广告牌，上面有个活力满满的年轻女孩坐在电脑前说："我想凌晨3点付账。"电子产品还会进一步占据我们的生活。麻省理工学院媒体实验室的研究者正致力于把电脑融入居所。在纽约，建筑师哈里里姐妹（Gisue and Mojgan Hariri）正在大力推广她们所梦想的以液晶屏为墙的数字居所。

身处电子科技当中，我们对自然充满了渴望——哪怕是人工合成的自然。几年前，我结识了全国连锁店"大自然公司"（Nature Company）的创始人汤姆·弗鲁贝尔（Tom Wrubel）。起初，这家商店的目标客户主要是儿童。1973年，弗鲁贝尔与妻子普丽西拉（Priscilla）发现，自然主题的零售业有一个共同的着眼点——让人到自然中去。"但是，除了打猎、捕捉小动物，你到了山上或者别的什么地方还会做些什么？"他说，"所以，我们关注的是在大自然里用得到的图书和小工具。"

弗鲁贝尔夫妇抓住并推动了这股潮流，用大自然公司总裁罗杰·伯根（Roger Bergen）的话来说，这潮流便是"从20世纪六七十年代的注重活动转向80年代的注重知识"。大自然公司把自然作为一种氛围来营销，最初主要针对儿童。"我们设计了粗重的石壁和巨大的拱门，让你恍入约塞米蒂峡谷。我们在入口处修了几条流水的石头小溪，但它们是现代主义风格的，是建筑师梦中的溪流。"弗鲁贝尔解释道。他眼里的自然洁净而怪诞。顾客们走过琳琅满目的商品，有罩着水晶罩的蒲公英花，有出自设计师之手的喂鸟器，有充气蛇和充气恐龙，有袋装的采自新墨西哥州山间的天然雪松叶，也有展示牌上所称的"等比例铸造的黄铜松果"。空中传来风声和水声，还有鼓虾发出的噪音和虎鲸的撕咬声，它们都是名为"大自然公司的礼物：大自然"的商品，既有磁带也有光盘。店里还售卖"氛围影音光盘"，例如内含47分钟配乐视频的《宁静》专辑。按照宣传册里的说法，它是"一间有助静心的，如云朵、海浪、阳光和绽放中花苞的美丽书房"。

弗鲁贝尔发自内心地认为，他的店激发了人们对环境的关注。也许他想得没错。

如今，这种设计理念已经风靡全美各地的大型购物中心。例如，明尼苏达州的美国购物中心就以这样的方式建造了自己的水底世界。在《从土方工程说开去：景观中的当代艺术》（*Earthworks and Beyond: Contemporary Art in the Landscape*）一书中，任教于哈佛设计学院的策展人约翰·比尔兹利（John Beardsley）写道："你身处北方秋日一片幽暗的森林。沿斜坡下行，你将经过潺潺的溪水和透明玻璃幕墙，墙后的水体里游弋着北方林地特有的淡水鱼。走到坡底，你将踏上一条移动步道，跟随它进入一条300英尺（约合91米）长的透明隧道，任由120万加仑（约合4542立方米）的水体将你包裹。你的身边到处是各种动物，它们来自不同的生态系统，例如明尼苏达州的湖泊、密西西比河、墨西哥湾和某处珊瑚礁。"

商场的宣传语是，你将在那里"与鲨鱼、鳐鱼等奇异生物面对面"。比尔兹利称之为"勾兑的自然"，认为它折射出更大的问题——"自然的商业化"不断加深，即"借助复制或仿造，将自然用作销售噱头或营销策略的商业潮流不断蔓延"。这一现象有时表现得大张旗鼓，但多数时候并不显山露水。正如比尔兹利所言，这种现象其实早已有之，只是影响没有现在这么广泛，对日常生活的渗透也不如今天这么深入。他写道："至少在5个世纪当中，即从15世纪方济会士弗拉·贝尔纳迪诺·卡伊米（Fra Bernardino Caimi）为给无法前往耶路撒冷的朝圣者行方便而在意大利瓦拉洛圣山仿建了圣地的多座神殿以来，这些仿造品，特别是仿造的洞穴和圣山，已经吸引了无数虔诚的信徒。"1915年的旧金山巴拿马太平洋万国博览会配套了一条微型铁路。按照比尔兹利的说法，铁路沿线"装饰了大象模型、有间歇泉景观的微型黄石国家公园和霍皮人村庄模型"。现在，"但凡我们目之所及，商业文化都在重塑自然——无论是否有意。人造岩石、森林视频、雨林咖啡馆，遍地皆是"。

购物中心的上述设计只是通过包装自然来实现特定商业目的的方式之一，更大胆的做法是直接让大自然充当广告媒介。纽约州立大学布法罗分校的研究者正在研究一种基因技术，可以人为选择蝴蝶翅膀上的颜色。这则发布于2002年的消息促使作家马特·里克特尔（Matt

Richtel）突发奇想，创造出了一种全新的广告媒介："将广告从虚拟世界移入现实世界有无数种可能的方式，是时候让大自然出力了。"一些商家已经把广告打在了公共海滩上。资金紧张的市政当局也巴不得企业愿意在公园里放置它们的标志，以此来换取公共空间的维护费用。里克特尔认为，仿造自然或将自然用作广告媒介的做法已经"十分普遍"，以至于我们不得不承认甚至尊重这种做法在文化意义上的重要性。这种做法确实对文化有重大影响，但肯定了人造的自然后，"真实"的自然就不再重要了——它甚至不值一看。

的确，正如伊莱恩·布鲁克斯所说，我们对自然景观的体验"只是从车里向外看"。但现在，即使这一视觉上的联系也变得可有可无。我的一个朋友想买辆豪车庆祝自己的50岁生日，最后看中了一辆带有全球定位系统的奔驰越野车。只要输入目的地，中控屏幕就会显示出地图，一路还有语音提示。她对功能的取舍有自己的主意。她告诉我："当销售人员听到我说不要在后座前面给女儿装屏幕的时候，吃惊得半天合不拢嘴，一定要问个明白才肯放我走。"后座和中控台的"多媒体娱乐产品"正迅速成为最热门的功能配置，打动着一些想要通过花钱来让后排孩子保持安静的父母。这种产品销售旺盛，价格也一路下降。有的产品还配有无线红外耳机。乘车时，孩子们可以借助显示屏看动画片、玩游戏，而不会打扰开车的人。

为什么那么多美国人一边说他们想让孩子少看电视，一边又继续给他们创造这种机会呢？更重要的是，为什么那么多人不再认为真实的世界值得一看？路边的风景可能不如明信片里的漂亮，但是在过去的一个世纪里，孩子们就是在后座上最早见识到了城市与自然的和谐共生——那些街区边缘空荡荡的农舍，星星点点、样式各异的建筑，城乡过渡区外的森林、田野和水域。所有这些景色过去存在，今天依旧。这就是我们小时候目之所及的风景——我们的"车载电影"。

也许有一天，我们会把这些小时候的故事讲给孙辈。

"真的吗？"他们会问。

我们会说："真的，我们当时常常坐在车里看外面的风景。"在车里，我们无事可做，只好一边看着电线杆掠过，一边用手指在起了雾的车窗玻璃上涂画；我们看见鸟儿落在电线上，落在田里的联合收割机上；我们的眼睛直勾勾地盯着被车撞死的动物；我们喜欢数外面有多少头牛、多少匹马、多少只土狼和多少块广告牌；我们带着敬畏的神情凝望地平线，看积雨云和飘摇的雨雾跟随我们移动；我们把玩具小汽车贴在玻璃上，假装它们也在驶向远方；我们有时回忆过去，有时憧憬未来，但更多的时候就看着眼前的一切在眨眼间流逝。

> 毛头小子
> 用肥皂
> 可能就行了
> 但是先生
> 您已经不是
> 当年的小年轻了
> 伯马剃须膏

如今，美国的公路风景真就如此无趣吗？有些路段确实如此，但依然还有不少能给人以教益的路段，或美或丑。

在美联社的一篇关于火车旅行的报道中，休·马利根（Hugh A. Mulligan）引用了小说家约翰·契弗（John Cheever）对郊县火车窗外那种"宁静风景"的回忆："在我看来，渔人、孤身泳者、道口工、沙滩球手、小帆船主，还有在消防站玩纸牌的老人，都在为这个世界补天，而窟窿正是像我这样的人制造的。"即使在购物中心林立的美国，这样的景象也依然存在。在玻璃窗外，仍旧有一个真实的世界，等待着孩子们去张望，只要父母们鼓励他们真正张开双眼。

文化孤独症来了

在远离自然的地方，我们可以看到一种可以叫作文化孤独症的现象正变得日益严重。它的症状包括感觉受限和孤独压抑。我们的体验正越来越被电子屏幕所局限。不过，早在我们被各种新款电脑、高清电视和手机淹没之前，我们的感官就已经开始退化了。城市儿童以及许多乡村儿童，要么由于身边没有公园，要么由于父母没时间或者没钱带孩子走出城市，不得不长期与自然隔绝。而今天的新技术又让这一情形雪上加霜。资深民意分析人士丹尼尔·扬科洛维奇（Daniel Yankelovich）表示："在今天的美国，人们总是醉心于用技术手段解决各种生活问题。"他认为，这一现象不仅表现为对最新机型的追逐，它还是"一套价值，一种思维方式，可能会让人产生错觉"。

已故的富兰克林与马歇尔学院（F&M）心理学副教授爱德华·里德（Edward Reed）是信息时代的坚定批判者之一。他在《体验缺不得》（The Necessity of Experience）一书中写道："社会耗费无数资金和人力来把无关紧要的信息带给世界各地的所有人，却从不或几乎没有帮助我们探索这个世界，这是有问题的。"我们的社会和流行文化都不大看重里德所说的"原初体验"（primary experience），即我们所能直接看到、感觉到、尝到、听到或嗅到的东西。根据里德的说法，我们正在"失去直接体验世界的能力。我们所说的体验一词是空洞的，我们的日常体验也是贫乏的"。笛卡尔认为，物质现实难以捉摸，人只能从个人的角度去理解感官所受到的刺激。一些心理学家和哲学家已经注意到间接体验在后现代社会的泛滥，里德也是其中一位。他写道，笛卡尔的观点"已经成为我们这个世界的一大文化源流"，它们指向另一条路径——生态心理学。这条路径深植于美国著名教育家约翰·杜威的思想。杜威在一个世纪前就警告，童年过于看重间接体验可能导致个性贫乏。

北卡罗来纳州立大学教授罗宾·摩尔指导了一个旨在促使儿童在日常生活中更多接触自然空间的研究项目。他运用里德和杜威的理论检视了后现代儿童的玩耍过程。他写道，对自然的直接体验正在被"电视等电子媒介的二手的、往往已经变形的、只调动两种感官（视觉和听觉）的、单向的间接体验"所取代。摩尔表示：

孩子们活在他们的感觉世界里。通过感官体验，孩子们的外部世界与他们内隐的情感世界相互连接。自然空间是感官刺激的主要来源，因此，花费时间、寻找场地到户外自由探索和玩耍，进而调动各种感官，对个体内心世界的健康发展必不可少……这种发自内心的与自然的自主互动，就是我们所说的自由玩耍。孩子们通过与环境互动、激发自身潜能并冲击我们固有的文化传统，来证明自己的存在。在这一过程中，"环境里有什么"是非常重要的影响因素。如果环境丰富、开放，它就能源源不断地为孩子提供各种创造灵感。而如果环境僵化、乏味，它就会阻碍孩子健康成长。

新技术对儿童心理健康的影响究竟有多少？我们对此知之甚少，但我们已经了解它对成人的一些影响。1998年，卡内基梅隆大学一项颇有争议的研究发现，与不常上网的人相比，每周上网数个小时的人更容易感到抑郁和孤独。前卫的心理学家和精神病学家现在已经开始治疗网络沉迷，即他们所说的网瘾。

随着我们越来越远离自然，人类也越来越疏远彼此。美国心理学会的资深研究者南希·戴斯（Nancy Dess）认为，这一现象影响深远。她说："人与人之间的直接接触并不需要什么新鲜的通信技术，所有新技术都会让我们越来越远离直接的体验。不仅如此，通常禁止或至少不鼓励人们以任何形式进行身体接触的工作和学习场所也在不断强化各类控制措施，这时问题就来了。"研究表明，身体接触是灵长类动物之间和谐相处不可或缺的部分。没有身体接触的灵长类幼崽会夭折，而缺少抚触的成年灵长类动物也会变得更具攻击性。她补充道："与之相悖的是，人类除了握手，大多就再也没有别的身体接触了。"借助技术实施控制的做法普遍存在，身体接触的减少不过是其结果。然而在戴斯看来，这个结果让我们这个联系日益紧密的社会滋生了更多的暴力。

弗兰克·威尔逊（Frank Wilson）是斯坦福大学医学院的神经学教授，也是研究原始人类手脑协同进化的专家。他在《手》（*The Hand*）

一书中表示，离开其中任何一方，另一方都不可能进化到今天的复杂程度。他说："我们，尤其是为人父母者，已经被大加灌输，说什么使用电脑的经验有多么重要。可人类是使用双手的物种。"我们的很多知识得亲自动手制造或者通过双手去感受。尽管很多人并不这么看，但键盘毕竟敲不出整个世界。在威尔逊看来，我们正在自断双手，进而伤害大脑。医学院的教员发现，让学生了解心脏的泵血原理越来越困难。威尔逊说："因为这些学生极其欠缺实际经验，他们没用管子玩过虹吸，没修过汽车，没修过燃油泵，甚至可能没在花园里接过水管。这一整代孩子缺少后院、工具棚、田野和树林里的那些直接体验，而是借助电脑以间接的方式学习。这些年轻人很聪明，从小就伴随电脑长大，我们觉得他们是更厉害的一代——可我们现在发现，他们还是有所欠缺。"

取之不尽的宝库

不足为训的是，当年轻人伴随单调却巨量的感官输入长大时，他们中的许多人形成了一种由互联网撑腰的无所不知的心态。在他们看来，凡是用谷歌搜索不到的东西都不值一提。但是，那个更加丰富、宏大和神秘的世界，那个值得孩子们敬畏的世界，一直在等待我们和孩子们去发现。比尔·麦吉本在《信息遗失的时代》（*The Age of Missing Information*）一书中写道："电视地球村恰好与其词义相反——它是一个极力摒弃多样性、为便利沟通而尽力擦除信息的地方。"他以自己在附近山里的亲身经历作了解释："这座山会告诉你，你的住处多么与众不同。虽然这里面积不大，不过一两平方英里（约合259～518公顷），但我多次探访，也才刚刚略知一二。这里有蓝莓，而那里的蓝莓会更大……小路左右，会有上百种不同的植物，我认识其中大概20种。了解一小段山脉可能会让人用尽一生的光阴，而过去的人们就是这样生活的。"

大自然里的任何地方都蕴藏着无穷无尽的信息,因此,你在其中发现新知的可能性也永无止境。正如博物学家罗伯特·迈克尔·派尔(Robert Michael Pyle)所言:"大自然让我走出自我,走出人类生活的苑囿,这并非因为我不喜欢他人。感受自然是一种仁爱,是爱人类所有邻居的一种方式,是进入更广阔的世界的通道。"

跟初中生、高中生和大学生说起自然时,我们都不可避免地会谈及各种感觉。有时,我会直接提问。也有时候,会让学生们通过课堂或课后论文进而论述。他们的回答往往带着犹豫和试探的色彩。显然,这是很多学生第一次思考这样的问题。在一些年轻人眼里,大自然极为抽象,根本无从感受,例如臭氧层和远在天边的雨林。在另一些人看来,大自然只是一种背景,一种消费品。在马里兰州的波托马克,有个学生说他与大自然的关系顶多算是一般:"跟大多数人一样,我也利用大自然给我的东西来做我想做的事情。"在他看来,大自然"是达到目的的手段或工具,是拿来使用和欣赏的,而不是拿来生活的。对我来说,大自然就像我的房子,甚至像我凌乱的房间。我在里面找些可以玩的东西,想怎么玩就怎么玩,因为这是我的房子"。他压根儿没有提到自己的感觉,既看不到大自然的丰富,也无法理解这种丰富。我欣赏他的坦诚直率。

不过,在我的启发下,也有一些年轻人诉说了自然经历带给自己的感官刺激。例如,一个男孩回忆起野营时的感受:"红色和橙色的火焰在黑暗中舞动,浓烟升起,灼痛了我的眼鼻……"

总有些父母担心强迫孩子去度假会使他们疏远大自然,但贾里德的经历可以让这些父母打消顾虑。九年级的贾里德·格拉诺(Jared Grano)有一位中学校长父亲,但他却桀骜不驯。他抱怨说,放假原本是可以摆脱家人的机会,可"不幸的是,我不得不把他们都带上!我得跟父母、弟弟和妹妹在闷热的汽车里旅行一个多星期。不就是科罗拉多大峡谷嘛,我才不急着去看呢,以后一样能去"。但在一家人到达后,贾里德凝望着"峡谷的雄奇地貌",立刻就被那"如油画一般"的壮丽景色吸引了。"但是,从几处观景台看过峡谷后,我就打算离开了。虽然峡谷很壮观，可我并没有什么特别的感觉。既然如此，它就不过是地上的一个大坑而已。"不过，这时候假期才刚刚开始，贾里德无所不知的心态尚未扭转。离开科罗拉多大峡谷后，一家人又驱车来到了附近规模略逊一筹的核桃峡谷。贾里德觉得核桃峡谷应该跟科罗拉多大峡谷差不多，"可以看看，但估计也没什么特别之处。"

900年前，锡那瓜人曾经在核桃峡谷的悬崖峭壁下筑起家园。这条峡谷长20英里（约合32千米），宽1/4英里（约合402米），深400英尺（约合122米），栖息着麋鹿、野猪和时常翱翔在高空的美洲红头鹫。由于生物带重叠，一些通常不会同时见到的物种却会在这里同时出现，例如仙人掌生长在冷杉脚下。贾里德详细讲述了他们在徒步中见到的景象：低矮的灌木枝蔓丛生，似乎已经在那里生长多年，还有许多高大的青松矗立在峡谷对面。"我们沿着小路进入峡谷时，天色突然变暗并开始下雨。没过多久，雨又变成了雨夹雪，"贾里德写道，"我们躲进一个古代印第安人的洞穴。闪电照亮了峡谷，雷声在山洞里回响。我和家人一边站在洞里等待暴风雨平息，一边聊起了曾经住在这里的印第安人。我们讨论了他们如何在洞里做饭和睡觉以及如何在洞里躲避藏身，就像我们现在这样。"透过雨雾，贾里德望向峡谷对面，"我终于感到自己融入了大自然。"他的生活环境为之一变。他沉浸在了鲜活的历史里，目睹了他无法掌控的自然伟力，进而敏锐地意识到了这一切。此时的他活得无比真切。

当然，这种时刻所留下的不仅仅是愉快的回忆。年轻人不一定非要去冒险或要去非洲度假。只需要一种味道、一个场景、一个声音、一次触摸——或者，像贾里德那样，一道闪电——他们就能重新找回那个正在渐行渐远的感官世界。

事实上，无所不知的心态非常脆弱，只一道闪电就能将它付之一炬，同时让真知显露出来。

6 第八种智能

本杰明·富兰克林在海边长大,他家与波士顿港只隔一个街区。1715年,富兰克林9岁时,他的长兄在海难中丧生,但他并未因此而怕水。他后来这样写道:"我住在水边,熟悉水性,早早就学会了游泳和驾船。跟别的男孩子一起玩船或独木舟时,常常是我掌舵,特别是在遇到险情的时候。"

他喜欢水,也喜欢机械和发明。他有一个早期实验融合了这两大爱好。

一个刮风天,富兰克林在用来驱动磨坊的潮汐塘边放风筝。玩了一会儿,他感到有点热,就把风筝拴到木桩上,脱掉衣服扎进了水里。

"海水清爽宜人,他不愿离开,但他还想再放一会儿风筝,"传记作者布兰兹(H. W. Brands)写道,"正左右为难中,他突然想到自己其实可以二者兼顾。"富兰克林爬出水塘,解下风筝,再次回到了清凉的水中。水的浮力托起他的身体,风筝也在把他拖向前方。他仰面躺着,任由风的力量拖着他穿过水塘。这么做不仅毫不费力,而且趣味满满。"

他用科学家的思维来满足感受,又用他对大自然的直觉来解决问题。当然,今天的许多科学实验发生在电子领域,但我们还是可以肯定地说,这些实验的基础仍旧是富兰克林在任凭轻风拖引自己时所感受到的那种直觉。

自然智能：对细节的敏锐感知

1983年，哈佛大学教育学教授霍华德·加德纳（Howard Gardner）提出了影响深远的多元智能理论。他认为，以智力测验为依据的传统智力概念弊端重重，便转而提出了7种智能类型，以此来更好地描述儿童和成人所拥有的潜在能力。这些智能类型包括语言智能（语文智能）、数理逻辑智能（推理智能）、空间智能（图像智能）、肢体动觉智能（身体智能）、音乐智能、人际智能和内省智能（自我智能）。

最近，他又补充了第八种智能：自然智能。查尔斯·达尔文、约翰·缪尔[1]和蕾切尔·卡森[2]就是这一智能突出的典型代表。加德纳解释道：

自然智能的核心是辨识植物、动物和云、岩石等自然要素的能力。所有人都有这种能力，特别是那些堪称"恐龙专家"的孩子和那些作为猎人、植物学家、解剖学家的成人。虽然进化出这种能力本是用来解决与大自然有关的各种问题的，但我认为，人类已经把这种能力扩展到了各种人造物上。例如，我们善于区分汽车、运动鞋和珠宝，因为我们的祖先必须能够识别各种食肉动物、毒蛇和美味的蘑菇。

加德纳的研究意义重大，重塑了我们的公立和私立教育。加德纳利用神经生理学研究的成果，在大脑中精确地定位了与每一种智能相关的脑区。他认为，人类可能会因为疾病或意外伤害而失去某种特定类型的智能。但自然智能的生物学依据尚未被准确定位。

2003年，加德纳写道："如果我能再活一两辈子，那么我想重新

---

[1] 约翰·缪尔（John Muir，1838-1914），美国早期环保运动领袖。
[2] 蕾切尔·卡森（Rachel Carson，1907-1964），美国海洋生物学家，其名作《寂静的春天》（*Silent Spring*）极大地推动了环保事业在全球的发展。

思考智能的本质，一方面结合最新的生物学知识，另一方面借助于我们对知识体系和社会实践最全面的理解。"

尽管早在几十年前，自然体验就已经在蒙台梭利等教育方法中使用了，但是还没有人从神经科学的角度研究自然体验对儿童早期发展的影响。加德纳对第八种智能的认定，不仅开辟了另一片广阔的研究领域，而且也能立即为教师和家长所用，提醒他们重视自然体验对儿童学习和发展的重要影响。

莱斯利·欧文·威尔逊（Leslie Owen Wilson）教授在威斯康星大学教育学院教授教育心理学和学习理论课程。该校在环境教育方面有一流的研究生课程。虽然她还在等待更加明确的生物学证据出现，但她还是详细描述了第八种智能突出的孩子的一系列表现：

1. 拥有敏锐的感觉，例如视觉、听觉、嗅觉、味觉和触觉。
2. 能熟练运用自己的敏锐感觉发现大自然中的事物并且将它们分类。
3. 喜欢待在室外或参加户外活动，例如园艺、野外远足以及到大自然里探索发现。
4. 很容易发现身边事物的独特之处，例如不同、相似和反常。
5. 对动植物感兴趣并关心它们。
6. 能发现身边环境里别人注意不到的事物。
7. 喜欢收藏与大自然有关的东西或者做相应的记录。例如观察笔记、素描、图片、照片或标本。
8. 从小就喜欢看与自然、科普或动物有关的电视节目、图书或展览。
9. 关心环境和濒危物种的保护。
10. 对自然界里的事物的特点、名称、分类和数据过目不忘。

后面我们会看到，有的教师非常善于利用他们对第八种智能的认识教育孩子。但是，尽管这一系列特征非常有用，但有的教师却可能把它们用在错误的地方。比如他们会把自然智能与对特定类型孩子的刻板印象联系起来，管那些不是抓蛇就是趴在鱼缸（假如教室里有鱼缸的话）上面看个没完的孩子叫作野小子或野丫头。富兰克林的老师们或许并没有把他看作野小子，但我们可以肯定的是，他敏锐的感官和能够洞察事物间联系的能力必定与他在自然中的丰富体验有关。只要孩子们能够在成长过程中拥有适当的体验，他们就能适应各种类型的学习。

加德纳已经让人们注意到了这样一个事实：智能不应被狭隘地定义为语言能力或逻辑–数学能力。他同时强调，儿童可能在不同程度上拥有这八种智能中的几种或全部。威尔逊提出的第一项描述性特征是"敏锐的感觉"。当然，各类智能都能促使孩子集中注意力，但正如我们即将在后续章节里介绍的那样，体验自然的过程本身所包含的某种特质很可能对提升注意力十分有效，而不仅仅是因为大自然多姿多彩。

西弗吉尼亚州的环保人士珍妮特·福特（Janet Fout）告诉我，她常常在她女儿小时候就不断鼓励她关注细节，打开所有感官去感受。珍妮特很早就与大自然结缘。现年50岁出头的她早年在城里的祖母家长大。她的祖母在西弗吉尼亚州的乡村艰难地生活了40年，才搬去城里。在亨廷登市为数不多的一条土路旁边，矗立着一幢朴素的白色房子，这就是珍妮特祖母的家。珍妮特一天到晚跟邻居家的孩子们玩捉迷藏等游戏。祖母家的前院里有一棵水枫，珍妮特能抓着它的一根矮枝爬到树上，在里面躲起来。"那是我可以思考我的人生和未来的地方，没有任何打扰，可以任想象自由驰骋。"她的回忆里充满了丰富的感受和心无旁骛的专注：

为了把我唤回家去，祖母常常不得不威胁用鞭子抽我，而邻家院子里那株身姿婀娜的柳树正好为她提供了现成的工具。哪怕天气"不好"也是如此——我们现在所谓的"坏"天气在我看来恰恰是玩耍的良机——那时的我从不觉得天气有好坏之分，只管享受各种天气的妙处。每当夏天下雨，我都会冲进屋里换泳衣，再冲到外面把自己浇个透。如果找不到泳衣，我就穿着平时的衣服淋雨。雨落在第十二街的土路上会散发出一种十分特别的味道，跟落在沥青、方砖或混凝土地面上的味道完全不同。

雨特别大时，我会去门罗大道。那里的备用排水沟是我的临时"游泳池"，水深能到大腿，是玩水的好地方。水中的树叶像一只只小船，在湍急的"河道"里飘摇起落。大雨过后是玩"泥巴馅饼"的好时候，每当这时，我的创意都会像排水沟里的雨水一样源源不绝。当暴风雨发出天庭震怒一般的电闪雷鸣时，我会壮起胆子，蜷在宽阔前廊上停放着的红色金属滑翔机里，听别人不时地发出各种惊叹或惊叫。也有时候，暴风雨会遭遇冷锋，巨大的雨滴被冻成冰雹，这是最让我兴奋的事。这时候，不仅夏日的闷热一扫而光，而且高尔夫球大小的雹子正好可以充当掷向"敌人"的"炮弹"。

夏夜临睡前，我有时会捉一瓶子萤火虫带回房间。在一团漆黑中，对这些神奇昆虫所发出的明灭不定的荧光惊叹不已。随后，我会放出一只在房间里，再把其余的全部放生。我静静地躺在床上，任凭视线追逐这飞舞的光亮，想着它跟我一样离开了同伴。很快，我就会在小小"信号灯"的催眠和安抚下进入梦乡。

几乎从女儿茱莉亚·弗莱彻（Julia Fletcher）出生的那一刻起，珍妮特就经常带她走进自然。这里的自然不仅指山野，还包括她家的院子。这么做大大提升了茱莉亚的观察力。珍妮特回忆："我们特别喜欢玩的一个游戏是为大自然里不常见到的颜色取名字。看到落日时，茱莉亚会说'那是烛光'。我过去常常逗她说，她可以去为蜡笔公司给新颜色起名字！"

珍妮特和朱莉娅也自创了一些在户外玩的游戏。例如，在林中漫步时，她们会去听"听不见的声音"，例如：

树根吸水的声音
雪花形成和飘落的声音
日出的声音
月出的声音

草叶上露珠的声音

种子发芽的声音

蚯蚓在土壤里穿行的声音

太阳炙烤仙人掌的声音

有丝分裂的声音

苹果成熟的声音

羽毛的声音

木头变成化石的声音

牙齿腐烂的声音

蜘蛛织网的声音

苍蝇撞上蜘蛛网的声音

绿叶变黄的声音

鲑鱼产卵的声音

以及不属于自然界的声音,例如:

指挥家挥动指挥棒的声音

珍妮特认为,虽然茱莉亚才刚刚成年,但幼时对大自然的关注让她的语言、写作和艺术能力受益匪浅。她对细节的敏锐感知还将使她在未来的人生中持续受益。"跟许多同龄人不一样的是,茱莉亚不会轻易迷上一些不好的东西,"珍妮特说,"那些真实恒久的东西,例如从山顶四望的风景、翱翔的猛禽和夏日雨后的彩虹,都已经给她留下了不可磨灭的印象。"当然,珍妮特对女儿的影响力已经没有从前那么大了,女儿的户外活动时间也不比从前。但茱莉亚并没有失去对自然、静谧和简单快乐的热爱。珍妮特说,在她们一起聆听那些"听不见的声音"的年月里,"这些价值观早已深入她幼小的心灵"。

激活感官

罗伯特·迈克尔·派尔是著名的蝴蝶专家。在教孩子们认识昆虫时，他会首先拿一只活蝴蝶放在孩子们的鼻子上，让蝴蝶来传道授业。

"鼻子似乎是完美的歇脚处或日光浴场，蝴蝶常会在上面停留一阵子。几乎所有孩子都喜欢这种感觉——鼻子微微发痒，绚丽色彩近在咫尺，蝴蝶正用它的虹吸式口器在鼻子上搜寻汗珠。但快乐之余也有启迪。曾经有个孩子或许是第一次真正与大自然亲密接触，他眼神里闪现的那种小小感触让人动容。这一幕也可以发生在成年人身上，因为他们也可以借此找回自己在不知不觉中遗忘的东西。"

也许第八种智能是蕴藏在自然中的智慧，只要走进自然就可以获得。

莱斯莉·斯蒂芬斯（Leslie Stephens）也这么看，她认为自然在教育中不可或缺。她是一位对大自然情有独钟的全职妈妈，从小在圣地亚哥长大。她说自己过去是假小子，经常带着她的魏玛猎犬奥尔加去特科洛特峡谷（Tecolote Canyon）转悠。那时候，特科洛特峡谷还是住宅区边缘的一片野地，长满了茂密的树丛和鼠尾草，也有土狼和野鹿出没。夏天，她的家人一般都会在拉荷亚的贝壳海滩度过午后时光。每年八月，她都会去蒙大拿州密苏里河瑞安水坝附近的祖父母家。13岁时，她曾经玩耍的特科洛特峡谷的一部分被推土机推掉了，建成了住宅区。

为人父母后，莱斯莉把家搬到了另一座峡谷鹿谷（Deer Canyon）附近。她说，这是"我们的小小荒野，狭窄而幽深"。她希望她的几个孩子也能像她小时候那样从荒野中汲取智慧。峡谷不仅能振作他们的精神，也能开发他们的智力。她说，在她小时候，她的峡谷不仅拓展了她对栖身之所的理解，也让她"深刻理解了世界的运行方式"：

如果父母允许孩子在大自然里自由玩耍，那么孩子很快就会开始寻找自己的栖身之所。他们会爬进灌木丛查看，以便判断那里能否作为自己的藏身之处。树木，特别是高大的树木，是高大的"城堡"，而理想的枝桠则是"房间"。而要到了洒满阳光的草坡或开阔的田野，他们则会感到自己缺少遮风挡雨的地方。只有接触过这两种截然不同的环境，孩子们才能更加深入地理解其中的差异。

　　大自然也能促使孩子们交朋友。虽然孩子们也能在其他地方交到朋友，但在户外建立的友谊仍旧不尽相同。

　　在我小时候，每逢放学或周末，谁想找朋友玩都会直奔小溪边的那棵老橡树。那是一棵很容易爬的大树，还有人在粗壮的树枝上系了一根结实的绳子。我们会在树下跑跳，也会抓着绳子大幅摆荡，身下就是河床，布满了大大小小的石头。我不记得有谁在那里受过什么伤，这或许是因为，尽管玩得很疯，但我们仍旧有分寸。我们也在不知不觉中形成了某种威望层级。不过，我们首先还是朋友，我们互相接纳彼此，只要能一起玩就够了。这里的蛮荒把我们紧密地联结在了一起，我们之间的情感超越了言语的交流，直达心灵深处。

　　斯蒂芬斯的回忆让我想起了一些可能还没有引起足够重视的研究。这些研究表明，更常在户外玩耍的孩子朋友也更多。确实，深厚的友谊源自共同的经历，特别是当所在环境能够激活所有感官时。一定程度上说，通过多种感官发现或重新发现自然只是一种学习和集中注意力的方式。与考虑做事情时的思前想后相比，一旦真正开始去做，反而会让你更容易集中注意力。

　　成长于20世纪60年代的约翰·里克（John Rick）是一位中学老师。他告诉我，限制孩子在大自然中玩耍的法律和规定越来越多。他小时候，住处附近有一大片原野。当地只有三家电视台，其中一家还讲西班牙语。那时既没有电脑，也没有游戏机。跟别的孩子一样，他也把大把时间花在了那片原野上。里克说：

　　我还记得，以前我父亲经常因为找不到铁锹而生气，那是因为我用它去挖散兵坑了。我会把坑挖得足够深，深到能让我蹲在里面，再盖上胶合板。我们甚至还会用植物和泥土来伪装。坑顶多次塌下来，压在我们身上，不过我们最终还是掌握了诀窍。还有其他玩法，比如在树上荡秋千，用两千英尺（约合610米）长的线放风筝。父亲尽力帮助我们，但多数时候，他还是让我们自己去探索——实验、尝试，然后失败或成功。与每次都有人告诉我们应该怎么做相比，这样学到的东西要多得多。失败能让我们从内在机制上更深刻地理解事物的运作原理。早在上物理课之前，我们就已经了解了许多物理定律了。

树上学堂

大自然可以通过无数种方式激发人的第八种智能（很可能也包括其他所有种类的智能），但树屋在我心里有特殊的位置，它总能教给我一些既神奇又实用的知识。

里克的话让我想起了自己在9~10岁时搭建树屋的经历。那时的我还接不好棒球里的地滚球，但我却能有模有样地爬上大树钉木板。一年夏天，我指挥五六个男孩从附近的建筑工地里"找"了一些"用剩的"木材。这当然是偷，但当时是20世纪50年代，我们并没有意识到自己是在偷。夏天暴雨过后，工地的坑里积了雨水，像一个个小湖。"湖"边堆了许多木料，其中一些还粘着混凝土。工人们对我们视而不见，任凭我们搬走大大小小的木料。我们的口袋鼓鼓囊囊，塞满了从地上捡来的钉子。

我们找了一棵特别高大的橡树，猜想树龄可能有200岁。我们在上面搭了一幢四层树屋。底下的一层是封闭的，只能从第二层地板上的活板门进入。由于高处空间更大，上面每一层都要比下面更复杂，更宽敞。顶层是一间圆柱形的房子，距离地面40英尺（约合12米）高，进去时需要费些周折。你得离开第三层，猫着腰在一根粗树枝上走10英尺（约合3米），再踏上另一根更高的树枝。我们用滑轮、绳子和两只篮子来上下运送东西。这幢树屋是我们的"军舰"和"太空船"，也是我们的"堡垒"。向外张望，近处的玉米地和远处幽深的森林尽收眼底。换作规条繁多的今天，那座树屋一定会让我麻烦不断。

我后来回去，发现老树仍旧非常茂盛，只是树屋只剩下了两三根灰色的旧木条。今天，如果你开车穿越美国中西部或是任何有树林的地方，你都能看到类似的"文物"——过去树屋的框架。但与此同时，新搭建的树屋却没有多少。而且，这些树屋往往出自成年人之手，有时还是为他们自己所建。

现在，搭建树屋已经成了成年人的事，就像万圣节一样。更为恰当的说法或许是：搭建树屋重新成为了成年人的事。因为，早在文艺复兴时期，美第奇家族就建造过大理石树屋。而在19世纪中叶，巴黎附近的一个小镇也因其树屋餐厅而闻名。面向成人的精美图书指导他们：要把树屋建在靠近树干的粗大枝杈上；要用特定的方式固定木条以抵抗大风；要用天然纤维制成的粗麻绳，而不是尼龙绳；地板要稍稍倾斜，以便排水；梯子不能钉到树干上，而是要绑到上面，并且不能倚赖外物支撑，等等。

这些信息确实有用，但没有它们，我也能做得很好。我们建的树屋已经足够满足我们所需了。我的同伴们也没人受伤，至少没受大伤。搭建树屋的过程也是学习的过程，我们经此学会了相信自己和肯定自己的能力。

最近，我与一位建筑师朋友阿尔贝托·劳（Alberto Lau）谈到了树屋搭建的艺术与教育，他也是我所在城市的几所新学校的施工计划负责人。幼时在危地马拉长大的阿尔贝托摇着头说："只有在富足的地方，孩子们才能得到免费的建筑材料。"但是后来，他给我列了一张清单，内容是我和我的小伙伴在搭建树屋时所可能学到的东西：

- 你们了解了胶合板、木条和钉子的常见尺寸。
- 你们可能已经发现，三角支撑能让框架更加稳固，对树屋的墙角和地板来说都是如此。
- 如果你们是用铰链来连接活板门的，那么你们就掌握了铰链的使用方法。
- 你们可能已经知道螺丝钉和钉子的区别了。
- 如果你们是用梯子来连接高低不同的房间的，那么你们就知道怎么用梯子了。
- 你们学会了用滑轮。
- 你们已经发现，在建造框架时，未来的开口部分必须做得结实一点，比如用作窗户和安装活板门的部分。
- 你们可能已经知道，屋顶要建成斜面，你们这么做可能是在模仿真实的房子，也有可能是因为你们已经懂得斜坡有利排雨。
- 你们可能已经知道要让框架上窄下宽，并且已经开始了解"材料的强度"，这是工程学校的课程。
- 你们学会了"用手锯切割"木料。
- 你们了解了关于测量和三维几何的知识。
- 你们明白了身体尺寸与外部世界的比例关系，例如胳膊、腿与树干的粗细比例；人与树的大小比例；腿与梯子横档间距的空间比例；摸高与树枝间距的高低比例；腰身与活板门的宽窄比例；以及你们从树上跳下的安全高度，等等。

"还有，"他补充说，"你们从错误中学到的东西可能比从成功中学到的东西还要多。也许绳子会因为受力太大而断裂，也许木板或木条会因为钉子太短而脱落。你们也从实践中学到了工程学里的基本原则之一——你们能把任何大难题分解成许多容易的小课题。在搭建树屋时，你们或许是这样分解问题的：选哪棵树？怎么爬上去？在树上的什么位置建房子？需要准备什么材料？去哪里找材料？需要哪些工具？去哪里找工具？需要多少时间？需要多少人？如何把材料运到树上？如何切割材料？如何搭建地板？如何建墙？如何建窗户？如何搭房顶？"

人们常常觉得，过去几十年，树屋等户外藏身处主要是男孩们的杰作，女孩要参与其中的话就被看成是假小子——想想看，这其实是个古怪而矛盾的称谓。但事实上，我们并不了解"淑女"的另外一面。我们对孩子们的野外活动还缺乏高质量的追踪研究，所以我们不能否认女孩参与建造树屋、地下"堡垒"或者其他类似的经历。例如，珍妮特·福特虽然没造过树屋，可她在灌木丛里造过精致的茅草屋。

当我向医务社会工作者伊丽莎白·施密特（Elizabeth Schmitt）说起我儿时的回忆，并说搭建树屋是男孩子做的事时，她不以为然，并且给我讲述了她的经历：

我父亲是二战时的海军飞行员。1948年6月2日，他从哥伦比亚大学毕业，转天就和我母亲结了婚。后来，同是纽约人的他们开始了在宾夕法尼亚州的乡村生活。我父亲做了采矿工程师，受雇于伯利恒钢铁公司。我们住在公司所在的小镇上，那里的房子都长一个样，所以我们叫它"玩具城"。我跟所有孩子一起游逛、玩耍，也一起打棒球、建造小屋和树屋，其中有男孩也有女孩。我跟其他男孩一样活泼好动，但我并不是什么假小子。

如今，参加户外活动的成年女性越来越多，女童也是如此。体育用品制造商协会（the Sporting Goods Manufacturers Association）报告，截至2005年，帐篷露营者中45%是女性，背包露营者中36%是女性。如果此刻，孩子们建造的树屋仍旧像伊丽莎白·施密特或珍妮特·福特小时候那么多见，那么我不禁要问，当年那些孩子中有多少会是女孩？

阿尔贝托·劳的女儿艾琳就读于南加州大学，她小时候也曾在斯克里普斯牧场附近的峡谷里搭建树屋。后来，当地的社区委员会开始定期拆除那里的树屋和"堡垒"。即便如此，身在树屋和峡谷中的艾琳仍旧产生了一个梦想：

城市景观中遍布的广告牌和广告，总是想方设法来误导你。但宁静的大自然就不是这样。它不会让你觉得你必须成为某一种样子。它只是在那里，接纳着所有人。

我5～14岁时住在那里，当时可以合法地在外面搭建"堡垒"。总的来说，它影响了我看待现实世界的方式。我读风景园林专业，因为这个世界迫切需要我们把自然景观重新引入不甚理想的人造环境。为何不能把微型生态系统引入城市中心呢？我们能否设计出这样的公园，它们像大自然一样参差多态，夜晚又能安心地漫步其间？

有没有显得过于理想？但倘若不这样做，会怎么样？我们还是希望如此吧。想想本杰明·富兰克林的遭遇：在传记作者布兰兹的笔下，富兰克林喜欢跟朋友们在池塘里捉小鱼，但在水里走动会搅浑池水，影响视线。他们的解决方案是在水中建造一道石堤。富兰克林一边看着附近一处工地里堆放的石头，一边盼咐同伴待工人们一走就行动。布兰兹写道："孩子们等待着，直到工人离去，他们随即开工。忙活了几个小时后，石堤终于建成了，孩子们感到既满意又自豪。但是，第二天一早，工头发现少了石头。一番调查后，他们找到了石头的下落，也明白了事情的原委。随即，这些男孩们遭到了父母的管教和责罚……"虽然小富兰克林"求情说石堤是有益大家的"，但他的父亲表示，公民的首要美德是诚实。

至于孩子们从中学到的是诚实还是自信，我们就不得而知了。但是无论对富兰克林还是艾琳来说，大自然都是一处能够调动所有感官，并且能够通过实践来学习的所在。

7 孩童的天赋：大自然如何滋养创造力

> 我有时会在院子里玩，跟栅栏说话，唱歌，也让野草跟我一起吟唱……
>
> ——伍迪·格思里[1]

艺术评论家伯纳德·贝伦森（Bernard Berenson）回应了人类发展理论之父、心理学家埃里克·埃里克森（Erik Erikson）的观点，认为创造力始于"孩童的自然天赋和'自然精神'"。回顾自己70年的人生，贝伦森这样表示，最幸福的时刻往往是他"几乎完全沉浸在完美和谐瞬间"的时候：

小时候，每当我在外面快乐地玩耍时，心头就会被一种狂喜占据。一层银色的雾霭在许多酸橙树上闪烁，跃动。空气中遍布它们的芬芳。那温暖像是爱抚。我记得……我爬上一个树桩，突然发现自己沉浸在了一种美好当中。我说不出那种感觉，也无须说出。它和我浑然一体。当然，大多数孩子也都会有如此感受。多年来，我一直没有丢掉这份感受力。

游戏与学习环境设计专家罗宾·摩尔应当会同意贝伦森的观点。他这样写道，自然空间能刺激所有感官，也能将非正式的玩耍与正式的学习相结合，对儿童的健康成长至关重要。摩尔认为，儿童运用多种感官体验自然的经历不仅有助于构建"智力持续发育所必需的认知结构"，还能为儿童提供自由的空间和丰富的元素来激发想象力。摩

---

[1] 伍迪·格思里（Woody Guthrie，1912-1967），美国民谣歌手、作曲家。

尔说:"大自然所提供的空间和元素能激发出孩子们无穷的想象力,还能充当发明创造的媒介。对在大自然中玩耍的孩子们来说,发明创造是常有的事。"

该领域的早期理论来自剑桥建筑师西蒙·尼克尔森(Simon Nicholson),他是20世纪英国杰出艺术家本·尼克尔森(Ben Nicholson)和芭芭拉·海普沃斯(Barbara Hepworth)之子。1990年,伦敦《卫报》在尼克尔森的讣告中介绍了他的观点:创造力是所有人与生俱来的,但现代社会在压抑了这一本能的同时,又把艺术家鼓吹成天才。但这些天才只不过是"碰巧享受了所有的乐趣"。尼克尔森的"零散部件"(loose-parts)理论已经为许多景观设计师和儿童游戏专家所接受。尼克尔森这样概括他的理论:"环境中可变因素的数量和种类越多,就越有探索发现的可能,同时发明和创造的程度也就越高。"尼克尔森所说的"零散部件"指的是那些没有固定玩法的玩具。孩子们可以用各种方式来玩,也可以自由地发挥想象力和创造力,把它们与其他"零散部件"组合起来。自然空间里的常见"零散部件"有:水、树木、灌木、花朵和草丛;池塘和其中的生物;沙子(掺了水更好);可以坐上去、坐进去和坐在下面的地方;可供躲藏和观望的地方。树林、田野和溪流包含更多的"零散部件",也能激发更多的想象力。

有人可能会说,计算机编码有近乎无限的可能性,所以拥有的"零散部件"也最多。但是,仅由0和1组成的二进制编码也有其局限。能够激发所有感官的大自然仍旧是"零散部件"的大本营。

"零散部件"理论已被一些研究证实,这些研究比较了孩子在自然空间和人工场地玩耍的不同之处。这些来自瑞典的研究发现,孩子们在人工场地玩耍的情形更容易显得"支离破碎"。而在天然场地中,孩子们所创设的情节则更有整体性,他们能把平日里的见闻重组为完整的"剧本"。

与此同时,瑞典、澳大利亚、加拿大和美国也有多项研究发现,与人工场地相比,绿地里玩耍的孩子创意更多。其中一项研究发现,自然元素更为丰富的校园更利于激发想象力,特别是更能促使孩子们玩能让男孩和女孩平等参与其中的假扮游戏。另一项研究发现,这样的校园环境也更有利于激发好奇心。研究者对创造性玩耍的认定较为宽泛，例如，玩有活动关节的玩偶，想象自己是虚构场景里的特定角色，变着花样跳绳，用"零散部件"搭建筑、造东西，探索发现。丹麦的一项近期研究比较了来自传统幼儿园和"自然主题幼儿园"的两组孩子在一整个学年中的表现。研究发现，整天都在室外玩耍的"亲自然"的孩子更加机敏，运动能力更强，也明显更喜欢以自发的方式玩耍。

研究者还发现，在配备了游戏设施的场地而非天然场地中玩耍时，威信主要通过力气等身体素质来建立。而在植有灌木的开阔草地，即在研究者所说的"植物空间"中玩耍时，情形则大为不同。这时，孩子们会更多运用想象，而威信也更多来自语言能力和创造发明能力，而非身体素质。换句话说，在天然场地，容易在玩耍中成为领导者的是创造力更为突出的孩子。

伊利诺伊大学人类环境研究实验室（Human-Environment Research Laboratory）的安德里亚·费伯·泰勒（Andrea Faber Taylor）和弗朗西丝·郭（Frances E. Kuo）在回顾过往研究时发现，有些研究会让孩子们自己选择玩耍场地。在想要自由玩耍的时候，孩子们可能会选择天然场地。泰勒和郭的研究采用了同样的方式，也让孩子们自主选择玩耍场地。他们还发现，在自然元素更加丰富的环境中，孩子们更容易集中注意力。一项来自丹麦的研究样本只有45个孩子，玩耍场地的设置也较为极端。因此，这些研究还无法证明究竟是在自然空间中玩耍与创造力的提升直接相关，还是只是因为创造力强的孩子更喜欢在大自然里玩。这里引出了一个至关重要的问题——如果创造力强的孩子不再能通过选择天然场地来发挥创造力，那么结果会怎样？

大自然与创想家

我对大自然究竟在那些创想家的早年经历中扮演了怎样的角色十

分好奇，于是唤来十几岁的儿子马修，吩咐他利用暑假在图书馆里搜寻这类传记故事。他愉快地接受了这项任务。我提出付钱给他，可他照例谢绝了。我知道这要花费他不少时间，于是坚持要补偿他点什么，或者除金钱之外的东西？

"《星际争霸》怎么样，爸爸？"

"这是什么？游戏吗？"

"电脑游戏。"

我默许了。他直奔图书馆，抱了第一摞传记回来，接着兴奋地给我看他找到的第一篇文章。这篇文章来自著名科幻小说家阿瑟·克拉克（Arthur C. Clarke）的传记。他也是地球同步通信卫星构想的提出者。克拉克在英国布里斯托尔海峡的海滨小镇迈恩黑德长大，正如传记作者尼尔·麦卡利尔（Neil McAleer）所言，幼年克拉克眼中的"大西洋使他恍惚觉得空间广袤无垠"。麦卡利尔写道，幼年的克拉克就是在那里的海滩"建造了沙堡，了解了潮汐塘"。

冬季，克拉克经常在夜里骑车回家。遇上晴天，星星和月亮便是他的指路明灯。这些繁星满天的夜晚影响了克拉克刚刚萌发的宇宙观。头顶的夜空寂静无语，却激发了他的想象，放飞了他对未来的遐想。他知道，终有一天，人类会踏上月球，随后还会把脚印留在火星的红色土壤上。即便是太阳与其他恒星之间的天壤之别也会得以弥合，人类的后代也会探访它们的行星。

晚年的克拉克坦言，唯一能让他感到完全放松的地方就是海边，或是海水将他轻轻托起的时刻。

我也搜集到了类似的故事。例如，圣女贞德在13岁时第一次感受到上天的召唤，"当时是夏天，接近正午时分，我在父亲的花园里。"两岁的珍·古道尔（Jane Goodall）把蚯蚓放在枕头下面睡觉（不要在家中模仿）。约翰·缪尔写道，幼时住在威斯康星州时，他经常"陶醉在清新的野外"。马克·吐温14岁时做了印刷工人，但每当下午3点工作结束，他都会去河边游泳、钓鱼和划船。可以想象，他就是在那里萌生了关于海盗、捕兽者和侦察员的想象。在密西西比河边长大的诗人艾略特写道："我觉得，在这条大河边长大的感觉是无法为缺少这一经历的人所理解的。"还有，著名博物学家爱德华·威尔逊（他幼年时的绰号是"蛇"）的想象力来自他"对森林和沼泽的悠闲探访"，这一经历使他养成了"沉静和专注的习惯"。

在《爱迪生：发明了整个世纪》（*Edison: Inventing the Century*）一书中，传记作者尼尔·鲍德温（Neil Baldwin）讲述了发生在小爱迪生姐姐家农场的一件事。有一天，爱迪生的姐夫发现爱迪生坐在一小堆稻草上，非常不解。爱迪生解释说："我看到母鸡坐在鸡蛋上孵出了小鸡，我也想坐在鹅蛋上孵小鹅。要是母鸡和鹅能做到，我为什么不能？"后来，姐姐看他裤子上沾了蛋液，脸上也闷闷不乐，就安慰他说："没关系，爱尔（爱迪生的昵称）……如果没人尝试任何事情，哪怕是有些人说的不可能的事情，那就没人能学到任何东西。所以你继续尝试吧，有一天或许会成功。"

埃莉诺·罗斯福[1]是美国历史上富有创新思维的公众人物。在《埃莉诺与富兰克林》（*Eleanor and Franklin*）一书中，约瑟夫·拉什（Joseph P. Lash）讲述了"她从孩提时代到青春期时，各种感官被大自然之美所唤醒"的故事。他这样写道：

于她而言，季节的变换、河面的波光潋滟、树林的色彩和凉爽开始有了不同寻常的意味，并将如此持续到她生命的尽头。半个世纪后，她写道，小时候，"最开心的莫过于让我的一个年轻姑姑答应在天亮前起床，跟我一起穿过树林走到河边，划船5英里（约合8公里）到蒂沃利（Tivoli）的那个村子取邮件，再趁家人吃早餐前划回来"。

树林和田野，她一去就是几个小时，在那里读她的书，写她的

---

[1] 埃莉诺·罗斯福（Eleanor Roosevelt），美国总统富兰克林·罗斯福的妻子。

故事。她的故事里充满了敬畏和大自然的隐喻。拉什在书中转述了埃莉诺的一个想象力非常奇特的小故事《镀金的蝴蝶》（*Gilded Butterflies*），她在其中无意识地讲述了自己的未来。她在故事里这样写道，在一个炎热的夏天，她仰面躺在草丛里。突然，她被几只蝴蝶的说话声吓了一跳。"在好奇心的驱使下，我开始用心听它们在说些什么。"一只蝴蝶脱口而出："哼！我才不要总是坐在雏菊上。我对生活有更高的追求。我要知道很多事情，见很多世面。我才不要待在这里浪费生命，我要趁自己活着多了解一些事情。"对埃莉诺来说，文学、自然和梦想始终密不可分。可想而知，假如小埃莉诺没有在大自然中玩耍的经历，那么结果会如何。当然，柔弱的她在成长当中也需要得到保护，但她也需要时间和空间来倾听内心的声音。

在著名儿童文学作家比阿特丽克斯·波特[1]眼里，神秘的大自然与想象之间的联系更为紧密。她有极强的好奇心和行动力。正如她的传记作者玛格丽特·莱恩（Margaret Lane）所言，比阿特丽克斯和她的弟弟"胆子很大，他们做的一些实验着实吓人，父母若是知道了定会大吃一惊"。

姐弟俩"把数不清的甲虫、毒蕈、死鸟、刺猬、青蛙、毛毛虫、小鱼和剥落的蛇皮偷偷拿回家。没剥皮的要剥皮，剥了皮的要煮熟保留骨头。一次，他们甚至不知从哪里弄来一只死狐狸，悄悄把它剥了皮，煮熟，随后把骨头接了起来"。他们会把带回家的每样东西都画出来，再把画好的画订起来，做成自己的自然百科全书。他们的描绘大体符合事实，"只是在邋遢的书页之间，想象会不时出现。蝾螈的脖子上戴着围巾，兔子站着走路、溜冰，要么拿着雨伞，戴着帽子出门……"

大自然是一个宝库，很多人，不管是名人还是普通人，都能在自然规律和物种联系方面得到创造性的启示。正如摩尔所指出的，在大自然中玩耍的经历能"帮助儿童通过直接体验认识大自然的运转方

---

[1] 比阿特丽克斯·波特（Beatrix Potter），英国作家、插画家，彼得兔（Peter Rabbit）的创作者。

式。这些经历能让孩子了解诸如生态网络、生态循环和进化过程等自然原理。它们告诉孩子,大自然以非常独特的方式不断更新"。理解这些模式对创造力的培养至关重要。当然,创造力并非只有艺术领域才需要,科学甚至政治领域也需要创造力。

理查德·伊巴拉(Richard Ybarra)是加州的公务员,也是已故劳工领袖西泽·查维斯(Cesar Chavez)的女婿。伊巴拉讲述了查维斯强大的精神力量和旺盛精力,以及查维斯的童年生活如何促使他深刻地认识了大自然——包括人类社会:

他对大自然有一种特殊的感情,这要追溯到那些他在吉拉河边的农场长大的日子。他永远忘不了那条河,即使走遍天涯海角,他的心也依旧挂念着他从小生活的那片地方。父亲带他了解大地、土壤、水和世间万物的运行原理,母亲带他认识自然界里的一切动物和植物。从很多方面都能看出,他的才能在很大程度上来自生活中最简单的经历和最基本的道理。无论世事如何复杂艰难,他都总能看个通透。

当然,并不是每个孩子都是以这样的方式来体验大自然的,也不是每个深受大自然影响的孩子都会成为查维斯、罗斯福、波特、克拉克和圣女贞德。创造力也有其他来源。阅读年代更近的名人传记时,我跟儿子马修发现,大自然作为灵感来源的属性弱化了。那些同样拥有丰富创造力但成长于20世纪70年代的名人——其中包括摇滚明星——很少提到他们在大自然中的难忘经历。看起来,人离开自然的影响似乎也能产生创造力。不过,这可能只是影响程度不同。

自然、创造力与"忘我之地"

经济学家索尔斯坦·凡勃伦(Thorstein Veblen)曾将"严肃研究"定义为:其结果"只能让原来有问题的地方产生新的问题"。根据这个定义，伊迪丝·科布（Edith Cobb）是一位优秀的研究者。她贡献了一大箱子"零散部件"，影响了整整一代的儿童研究者。

经过数年的潜心钻研（或许不是严格意义上的科学研究），科布在1977年出版了名作《童年想象的生态学》（*The Ecology of Imagination In Childhood*）。尽管科布在纽约社会工作学院（New York School of Social Work）获得过学位，但她并不是社会学家，她的专业技能主要来自她对儿童玩耍过程的长期观察和记录，以及她多年来对儿童与自然关系的反思。她的分析主要依据约300份对童年生活的自传式回忆录，它们的作者是来自不同国家和年代的富有创新思维的人。她得出结论，她所研究的这些人的创造力和想象力几乎都源自他们幼时在大自然中的经历。

此外，科布通过对儿童行为的观察还认为，儿童"走出自我、超越自我的能力来自他们对环境的灵活反应"。她写道："从诗人和孩子的创造性感知中，我们可以看到思想本身的生物学，其实就是想象的生态学……"她认为，富有创新思维的人会回到记忆中，从源头汲取创造的力量和冲动。用他们的说法，这一源头就是这样一种经验，它的表现形式不仅有意识，也有与外部世界的鲜活亲密感。科布认为，这些经验主要发生在6～12岁。"对自我和世界的早期经验，让人发现存在多种可能性。而对这一发现过程的回忆，散落在各种科学和艺术创造记录中。那些自传中反复提到，发现来自于对自然世界的敏锐的感官反应"。

在科布这本颇有争议的开创性作品出版多年后，环境心理学家路易丝·乔拉在这本书的启发下开始专注研究这一领域。她详细查看了科布的研究，发现她的研究方法虽然存在缺陷，但她提出的问题非常有价值。乔拉进一步考虑了经验对人的影响程度，以此来修正和发展了科布的理论。她写道，所有孩子的意识发展都可能涉及科布所说的与外部世界的鲜活亲密感，"但只在部分孩子身上，这种经验的影响才会剧烈到刻骨铭心，才能对成年后的生活产生影响"。例如，与艺术家相比，企业家和政治家就不那么看重他们在童年早期的自然体验。但这并不是说，童年早期的自然体验就没有对政治家或商业领袖发挥积极影响，他们或许只是较少提及这一点。毕竟，爱迪生和本杰明·富兰克林的传记已经表明，现代工业与设计的基础首先是在孩童时期的湖泊、森林和农田里打下的。

乔拉并没有否定科布的理论，她只是认为，创造力与环境的关系比科布所设想的更为复杂。例如，就算自然空间或城市环境非常诱人，但是假如孩子不能在其中自由自在地玩耍，那么他长大后就不会提及童年的非凡体验。想要获得非凡的体验并不需要风景有多么漂亮，"哪怕是凉台外的一小块草地，或是趁校外活动到大自然里撒欢都能给人这样的体验"。

乔拉的研究还认为，创造力与幼时的自然体验之间存在着某种尚无法辨识清楚的深刻联系。她表示，"我们欣喜地发现，大自然不只有益于未来的天才。"所谓的普通人也有在大自然中获得非凡体验的记忆。"许多因素最终汇聚成创造力，而体验自然就是其中之一。"

在她近期的著作中，乔拉讨论了"忘我之地"（ecstatic places）。在这里，乔拉使用了"ecstatic"的字面意义。这个词现在是喜悦或狂喜的意思，但它的古希腊词根是"ek statis"，即"走出自我"。这些或喜悦或恐惧或兼而有之的"忘我"时刻，往往来自我们幼时与大自然的接触。乔拉称之为"深藏在我们体内、能在我们一生中散发能量的放射性宝石"。

作家菲莉丝·泰鲁（Phyllis Theroux）曾经用动人的笔触记录了她在家中凉台经历的"忘我"时刻。当时，她看到一簇被晨光照亮的草丛，那些苍耳子"像在竖琴的琴弦上颤抖的大黄蜂……一束束抢眼的、半透明的金黄色小麦。阳光从麦穗一直照到根部，把积聚在那里的露珠变成了一团清凉的火焰。我的双眼凝视着苍耳草，至今也不知该如何形容。我只是在床上支起脑袋，盯着眼前的景象，出神地发呆。我也不知自己为什么会这样"。泰鲁继续写道：

> 有个喜欢思考的稳重成年人问，是不是我们长大后都会遭遇类似

的情景来帮助我们走出困境？在苦苦挣扎的时候，我们是否都会本能地回想起一些东西，从中得到一些启示，然后继续向前？

在总结"忘我"记忆形成的各项条件时，乔拉"十分感慨于获得这些条件的艰难之处"。"忘我"记忆的形成需要空间、自由、探求和"对五种感官的强烈刺激"。如果这些条件能够得到满足，那么即使是城市里的自然空间也能将我们滋养。这些条件的背后是"虽然难以描述但却无比丰富的美好……但这些条件是很难同时具备的"。"忘我之地"能够给予孩子和我们的东西要比科布所设想的还要多。乔拉解释说，"忘我"记忆能给我们"许多有意义的图像、内心的宁静、与大自然的交融感，以及于一些人而言的创造力。这些益处大多能够被所有人享用，不论我们是否是成功的创新思考者"。

诗人的游乐场

今天的大多数孩子不是与电子游戏作伴，就是被怕孩子惹是生非的父母关在家里，于是很难发展出好奇心。问及最喜欢哪些地方时，孩子们常会提及他们的房间或阁楼，总之是个清静的所在。乔拉强调，这些场所的共同特点是寂静无声。虽然在大自然之外培养好奇心也不是不可能，但电子设备和水泥房子确实无法给孩子提供大量触手可及的"零散部件"和可供自由探寻的物理空间。

多年前，我采访过日产国际设计公司（Nissan Design International）的创始董事兼总裁杰里·赫什伯格（Jerry Hirshberg）。这家公司是日产在美国的设计中心。日本多家汽车厂商在加州沿岸建立了不少类似的设计中心。我问赫什伯格为什么要这样做时，他解释说，日本人和美国人各有优势，日本人擅长有序、高效地制造，而美国人擅长设计。日本人认为美国人的创造力主要来自于其自由和空间——包括身体的空间和心灵的空间。虽然他没有提供什么学术研究作为佐证，但他的话很有道理，多年来一直萦绕在我的心头。我们何其有幸，在成长过程中可以拥有广阔的自然世界和想象空间。

美国人的天赋来自大自然的培育，大自然为我们的身体和心灵提供了广阔的空间。如果我们的后代在重重限制下失去了伸展的空间，那么这个国家的内生创造力和经济繁荣会怎样变化？有人可能会说，就创新空间而言，互联网已经取代了森林的位置。可是，没有哪种电子环境能刺激人的所有感官。到目前为止，微软的产品还无法媲美大自然。

大自然是不完美的完美。那里有数不清的零散部件和各种各样的可能性，有泥巴和灰尘，有荨麻和天空，也有无可匹敌的感受和擦破的膝盖。如果童年生活变得一成不变，如果孩子们不再有时间和空间在院子里玩耍，在晚上披星戴月骑车回家，穿过树林去河边玩，在酷暑时节仰面躺在草地上，看晨光照耀下的苍耳草，结果会怎样？

创造力难以界定和衡量，各人看法殊异，所以很难去科学地探究。有些富有创新思维的人很少去大自然中探秘，比如有些诗人、画家或哲学家。与人工环境相比，大自然可能会催生出不同类型的灵感和艺术作品。华兹华斯[①]等浪漫主义诗人都曾从瑰丽的大自然中汲取想象和节奏。但当代城市诗人已经远离了这种方式，他们对艺术的新鲜表达来自人造环境、街市和电脑。这种都市化或电子化的创新表达，面向的是现代人的眼睛和耳朵，并且有其独有的想象和节奏。

如果有的父母希望孩子成长在有利于培养现代或后现代创造力的环境中，那么这些父母大可以让孩子去接触电子世界，但他们也不应让孩子远离大自然。

无论是苍茫严酷的大自然，还是绮丽绝美的大自然，他们都能给予孩子街道、封闭式社区或电脑游戏所无法给予的东西。大自然能让

[①] 威廉·华兹华斯（William Wordsworth），英国浪漫主义诗人，他认为大自然是人生智慧和快乐的源泉。他写过很多描写自然风光或自然与人类关系的诗歌。

孩子意识到自身的渺小,能激发他们思索无限与永恒。孩子可以在月明星稀的夜晚从布鲁克林的某处屋顶凝望深邃的星空,感受无限与无穷。在大自然里,孩子能直接接触为人类进化立下汗马功劳的各种元素——土地、水、空气和其他大大小小的动植物。正如乔拉所说,少了这样的经历,"我们就会忘记我们的立足之地,就会忘记我们生命所依托的根本"。

8 自然缺失症与有助疗愈的环境

一名毕业生即将怀着理想和惶恐成为一名教师,可她过去所接触的教育环境却让她深深困惑与不安。"学校里有各种各样的考试,却没有时间上体育课,更不用说去户外玩了,"她说,"在我待过的一家幼儿园里,体育课只是让孩子们跑到篱笆边再跑回来。他们只有水泥地和两架秋千可玩。"她不明白孩子们的体育活动为何如此保守,不明白操场为何不能设计成大自然的样子,让孩子们自由玩耍。对于这一点,很多教育者都有同感。

至少,她所在的学校还给孩子们安排了玩耍的时间。在21世纪的头一个十年当中,美国联邦政府、州政府和地方学校董事会为提高考试成绩煞费苦心,以致近四成美国小学已经或正在考虑取消玩耍时间。如今,教育改革唯考试是瞻,教育者日益害怕担责,于是在许多学区眼里,玩耍既浪费学习时间,还容易产生风险。《体育画报》专栏作家史蒂夫·拉欣(Steve Rushin)评论道:"在莱文沃斯,就连犯人的放风时间也还要更多些。"学校的体育教育已经在走下坡路。从1991-2003年,参加体育课的学生比例从42%下降到了28%。一些州现在允许学生通过网课获得体育学分。校外的实地考察也遭到了削减。许多学区不仅削减了学生在教室外的活动时间,甚至还延长了他们的上学时间。讽刺的是,教育活动与现实世界的脱节不仅伴随着儿童肥胖比例的急剧升高,而且越来越多的证据表明,身体活动和自然体验都与思维敏捷度和专注水平密切相关。

我们再来看一些好消息。多项研究表明,大自然可能是治疗注意力缺陷多动障碍（多动症）的有效方法，既可以与药物或行为治疗一起使用，也可以在适当的条件下代替药物或行为治疗。一些研究者建议家长和教育者多让多动症患儿接触大自然，特别是有绿色植物的地方，以此来帮助他们提升注意力，减轻症状。事实上，这类研究带火了一个更为广义的名词——"自然缺失症"。这一称呼能帮助我们更好地理解许多孩子的现状，而不论他们是否被贴上了多动症的标签。我在这里再次强调，我并不是在科学或临床的意义上使用"自然缺失症"这一名词。当然，目前还没有学术研究者使用这个词汇，他们也没有把注意力缺陷多动障碍完全归因于自然体验的缺失。但是，随着相关的科学证据越来越多，我认为"自然缺失症"这一概念或假设仍旧是妥当和有益的，普通人可以用它来解释孩子注意力问题背后的可能原因。

我们首先来谈谈注意力缺陷多动障碍目前的诊断和治疗方法。在美国，有近800万儿童患有精神障碍，多动症是其中较为普遍的一种，常在7岁前发病，在8~10岁间确诊。顺便说一句，有些人用"注意力缺陷障碍"（ADD）来表示没有多动症状的多动症，但"注意力缺陷多动障碍"（ADHD）是更为常见的诊断名称。患有该症的儿童焦躁不安，难以集中注意力、倾听、听从指示或专注地完成任务。他们也可能具有攻击性，甚至有反社会的倾向，并可能在学业上遇到困难。或借用美国精神病学会的说法："与处于同等发展水平的个体相比，注意力缺陷多动障碍的基本表现是，其注意力不集中和/或多动、冲动的行为更为频繁、更为严重，持续时间更长。"一些不明真相的公众容易把注意力缺陷多动障碍引发的不成熟行为归因于养育不善等社会因素，但许多研究者现在认为，多动症是一种与儿童大脑形态异常有关的器质性病变。

批评人士指出，处方中常见的兴奋类药物，例如哌甲酯（利他林）和安非他命（迪西卷），尽管在很多情况下是必要的，但其滥用程度或许已高达10%~40%。哌甲酯是一种中枢神经系统兴奋剂，具有安非他命、甲基苯丙胺和可卡因的许多药理作用。与国外的医疗实践形成鲜明对比的是，在1990-1995年间，美国服用这类兴奋剂的人数增加了600%，并且还在持续增加。幼童的情况更为严重。在2000-2003年间，用于学龄前儿童多动症的支出增加了369%。在接受药物治疗的儿童中，大约90%是男孩。而且，这些治疗通常是在校方的建议下进行的。

有儿童精神科医生这样解释："以我的一孔之见，女孩极少出现与典型的多动症男孩相似的症状。"注意他说的是"一孔之见"，从很大程度上说，注意力缺陷多动障碍仍旧是医学和政治领域的未解之谜。

其实，注意力缺陷多动障碍的诊断与治疗的大幅增加，可能只是一个认知问题——它一直存在，一直都在给孩子和他们的家庭带去痛苦，只是被冠以了不同的名称或没有引起重视。另一个原因是，我们现在有了有针对性的药物。这些用于治疗多动症的药物在30年前还鲜为人知，既没有被制药公司大力宣传，也没有得到医生的完全信任。我们只是此刻才"有幸"用到它们。但是，这类药物的使用和多动症的病因仍旧存在争议。在写下这段文字的时候，电视又成了多动症的新晋祸首。第一份将看电视与这种疾病联系起来的研究报告发表于2004年4月。西雅图儿童医院（Children's Hospital and Regional Medical Center）认为，学龄前儿童每天每多看1小时电视，他们到7岁时出现注意力缺陷障碍症状的可能性就会增加10%。

这是个令人不安的消息。然而，电视只是我们此生所遭遇的环境或文化变迁之一，是我们从乡村文化急剧转向城市文化的表现。人类历史的大部分时期，都是探索、定居、狩猎和采集的年代。在这样的乡村社会中，体力充沛、精力旺盛的男孩凭借他们的力量、速度和敏捷而大受欢迎。我们在前面提到过，直到20世纪50年代，大多数家庭仍旧与乡村存在某种联系。这些家庭中的许多儿童，不论男孩女孩，仍旧在以建设性的方式运用他们的精力和体力——干农活、捆干草、在水塘里戏水、爬树、在沙地上打棒球。他们在大自然中无拘无束地玩耍。

"有助疗愈的环境"

即使没有确凿的证据或研究，也有许多父母发现，当孩子在外面玩耍后，他们的压力水平和多动症状都会发生显著的改变。一位母亲告诉我："我儿子还在吃利他林，但他在野外就平静许多，所以我们正在认真考虑搬到山里居住。"这只是因为他需要更多地活动身体吗？"不是，体育运动已经让他活动了身体。"她说。同样地，一份《旧金山》（San Francisco）十月刊的封底有一张动感满满的照片。上面是一个小男孩，两只睁得大大的眼睛透着兴奋和快乐。他正在加州广阔的海滩上跳跃奔跑，身后是裹挟着暴风雨的云层和汹涌的海浪。一段文字简短地解释道，这个孩子得了多动症，被学校开除了，他的父母束手无策。但是他们发现，大自然特别能吸引他的注意力，还能让他平静下来。于是他们经常带儿子去海滩、森林、沙丘和河流，让大自然来疗愈他，持续了多年。

这张照片摄于1907年。上面的男孩就是日后著名的摄影师安塞尔·亚当斯（Ansel Adams）。"我们的大脑所适应的是一种农耕的、自然的生存方式……"家庭治疗师、著有《好儿子》（The Good Son）和《男孩的思维方式大不同》（The Wonder of Boys）的畅销书作者迈克尔·古里安（Michael Gurian）说，"从神经学上讲，人类尚未跟上如今这个充满了各种刺激的环境。人类的大脑既强大又灵活，所以七八成孩子适应得还不错。但其余的孩子就不行了。如果能让孩子们回到大自然中去，那么结果可能会大不相同。虽然我们还不能证明这一点，但我们知道这么做肯定是有用的。"

新近的多项研究或许能证明这一点。

这些研究建立在注意力疗愈的成熟理论上，该理论的提出者为一对夫妻研究者——斯蒂芬·卡普兰和雷切尔·卡普兰（Stephen and Rachel Kaplan）。卡普兰夫妇是密歇根大学的环境心理学家，受哲学家和心理学家威廉·詹姆斯影响很深。1890年，詹姆斯区分了两种注意——自主注意和非自主注意。20世纪70年代早期，卡普兰夫妇为美国国家森林局开始了一项为期9年的研究。他们追踪研究了一项野外拓展活动的多名参与者，这些参与者需要在野外生活两周。在活动期间和之后，受访者都报告说，他们感到非常平静，思维也更加清晰了。他们还报告说，单单置身自然之中获得的疗愈效果，就要胜过攀岩等各类常见拓展活动中的体能项目。

卡普兰夫妇所称的"有助疗愈的环境"所产生的积极影响远远超出了他们的预期。根据他们的研究，过多的自主注意会导致他们所说的"自主注意疲劳"，其表现为冲动行为、焦虑、愤怒和无法专注，其原因是神经抑制机制在反复阻断竞争性刺激后出现疲劳。正如斯蒂芬·卡普兰在《美国心理学会通讯》（*Monitor on Psychology*）里解释的那样，"如果你能找到一个能使注意力自动集中的环境，也就是能激发非自主注意的环境，那么你就可以让自主注意休息了。"充满神奇的大自然有疗愈功效，它能舒缓自主注意的疲劳。事实上，根据卡普兰夫妇的说法，大自然或许是这类疗愈性放松的最有效的途径。

在1993年提交给美国心理学会的一篇论文中，卡普兰夫妇调查了1200多名企业和州政府雇员。与看不到树木、灌木丛或大草坪的雇员相比，能够看到这些景象的雇员所感受到的挫败感要少许多，同时工作热情则要高许多。与有关舒缓压力的其他类似研究一样，这项研究也表明，人并非必须生活在野外才能从大自然那里获得心理上的好处，例如能够更高效地工作和更清晰地思考。

后续研究支持了卡普兰夫妇的注意力疗愈理论。例如，瑞典乌普萨拉大学（Uppsala University）住房与城市研究所（Institute For Housing and Urban Research）的应用心理学副教授特里·哈蒂格（Terry A. Hartig）等研究者对三组背包客进行了比较研究。进行了野外徒步的受试者在校对能力上获得了提升，而没有或仅仅进行了城市徒步的受试者在校对能力上没有获得提升。2001年，哈蒂格证实，大自然不仅有助于疗愈人的"正常心理磨损"，还能提升人集中注意力的能力。哈蒂格强调，他并没有测试极端的情形，例如拿山区和城市作比较。相反，他的多项研究都只针对他所说的"典型当地条件"。正如《美国心理学会通讯》中所描述的那样，哈蒂格要求受试者花费40分钟完成一系列任务，以此来消耗他们的主动注意力。完成任务后，哈蒂格又随机分配受试者花费40分钟"或者在当地的自然保护区散步，或者在市区散步，或者安静地坐着看杂志，听音乐"。过后，那些在自然保护区散步的受试者在标准校对任务上的表现显著优于其他受试者。同时，他们的情绪更好，愤怒也更少。

天然"利他林"

注意力疗愈理论适用于所有人，不论年龄大小。但它适用于儿童，特别是多动症患儿吗？

纽约州人类生态学院（New York State College of Human Ecology）助理教授南希·韦尔斯（Nancy Wells）写道："绿地或许能通过提升孩子们的专注力来帮助他们更清晰地思考和更有效地应对生活压力。"韦尔斯于2000年进行的一项研究发现，一般来说，亲近大自然有助于提升孩子的注意力。韦尔斯表示，他们比较了孩子们从环境较差的住房搬到环境较好能够临近自然和绿地的住房前后的认知能力差异，"即使排除住房本身的影响，他们的注意力仍旧出现了巨大的提升"。

瑞典研究者比较了两家托儿所里的孩子。一家托儿所的游戏场地非常安静，四周有高楼环绕，也有低矮的植物和一条砖道。另一家托儿所的游戏场地以"全天候户外"为主题，设在一处环绕着牧场和树林的果园里，毗邻一座满是高大树木、岩石和杂草的花园。研究表明，户外主题托儿所里那些不论天气如何每天都在外面玩耍的孩子有更好的运动协调能力和更强的专注力。

伊利诺伊大学人类与环境研究实验室已经完成了该领域的一些重要研究。安德里亚·费伯·泰勒、弗朗西丝·郭和威廉·沙利文

（William C. Sullivan）发现，绿色的户外空间能激发儿童在玩耍中发挥想象力，促使儿童与成人积极互动，并缓解注意力缺陷障碍患儿的症状。孩子所处的环境越贴近自然，他们的感受就越轻松。相比之下，看电视等室内活动和在户外的铺装地面、人造环境中玩耍则会加重这些孩子的症状。

研究者在一项针对7~12岁多动症患儿家庭的调查中，请父母或监护人写出那些使患儿的症状明显加重或缓解的课外活动或周末活动。这些活动的场地被分作"自然""非自然"和"中性"三类。例如，露营和钓鱼属于"自然"类，看电视、玩电子游戏和做作业属于"非自然"类，而滑旱冰等活动则属于"中性"类。除活动场地外，这项研究还有其他控制变量，因篇幅有限不再赘述。总之，研究者已经认真考虑了各个变量。他们发现，孩子日常生活中的自然要素，哪怕只是窗外的一丁点绿色，也能明显缓解注意缺陷的症状。虽然户外活动在整体上是有帮助作用的，但有树有草的环境尤为有益。正如他们在《环境与行为》（*Environment and Behavior*）杂志中所报告的那样，"与在室外铺装地面和室内玩耍相比，在绿色的自然空间中玩耍，对孩子注意力的提升作用要大得多。加重症状的活动更有可能发生在室内或没有绿色植物的室外空间。"

除此之外，他们还发现，居所附近的自然空间在注意力方面对6~9岁女孩的积极影响或许大于对同龄男孩的积极影响。一般来说，女孩在家中看到的绿色越多，她的注意力就越容易集中，冲动行为就越少，延迟满足的时间就越长。自然空间能帮助女孩提升在学校的表现，处理来自同龄人的压力，避开危险的、不健康的或有问题的行为，或按照研究者的说法，更可能以有助于获得成功的方式行事。一些心理卫生专业人士认为，女孩在遗传上不像男孩那样易患多动症。如果是这样，那么她们的症状或许会表现得更为温和，她们对药物疗法和自然疗法的反应或许也会更为积极和显著。

根据这项研究，伊利诺伊大学面向父母等看护者发布了关于养育女孩的非正式建议。这些建议也适用于男孩：

- 鼓励孩子在能看到大自然的房间里学习和玩耍。
- 鼓励孩子在户外的绿地玩耍，在学校的绿地休息。这么做或许能大大提升孩子的注意力。
- 在家里种树养花，或者鼓励房东这样做。
- 珍视并爱护社区里的树木。爱护树木就是爱护人类。

除在芝加哥市中心参与住房项目外，人类与环境研究实验室还研究了大自然对中产阶级多动症患儿的影响。患儿父母报告说，在绿地中待一阵子后，孩子的多动症状减少了。弗朗西丝·郭说："你可能会说，生活环境里有更多绿地的孩子只是来自富裕家庭罢了。但这并不能解释，在绿地中待一阵子后，即使是富裕家庭的孩子的表现也会得到改善……"报告中这样写道：

研究者请患儿父母说出绿地对孩子的注意力产生积极或消极影响的经历。一位父母说，她每天早上先带儿子去附近的公园玩30分钟，然后才送他上学，因为天气很好，而且他们"时间宽裕"。她继续说："细细想来，我发现他对上学的态度变得更积极了，他这一周的功课也更好了。我觉得这是因为，在公园里玩能让他获得快乐、平静和安宁。"

另一位父母说，他的儿子可以一连几个小时打高尔夫球或钓鱼。在这当中，他"非常放松"，注意力缺陷的症状也非常轻微。"看到你们的研究结果，我才恍然大悟，"他对研究者说，"是的，确实是这样的！"

我访谈过的一些父母也这样认为。他们发现，孩子的多动症症状在自然空间里得到了缓解，于是他们下意识地鼓励孩子多去外面玩。我把伊利诺伊州大学的研究结果告诉他们后，他们也觉得自己的做法得到了印证。

泰勒和弗朗西丝·郭的近期研究成果同样令人兴奋。根据一项未发表的研究（泰勒强调这是一项"正在进行中的研究"），在自然环境下的公园散步20分钟后，未经药物治疗的多动症患儿在注意力方面的表现要比他们在整洁的市中心和住宅区散步后更为优异。

接下来的难点是提升认知，并将知识应用于实践。尽管目前治疗多动症的常用药物确实能带来一时的疗效，例如提升注意力和学习效率，可这些药物或许无法促使孩子获得长远的成功。由美国国家心理卫生研究所（National Institute of Mental Health）资助的一项大型随机实验发现，这些药物也有一些恼人的副作用，例如妨碍睡眠、引发抑郁和抑制生长发育，让孩子每年少长高半英寸。另一类疗法是行为治疗，这类疗法会教孩子一些方法来监控自己的注意力和冲动行为，但疗效尚不明确。

让孩子花更多时间接触大自然，同时少看电视，多运用感官，多接触有教育功能的环境，这么做或许可以大大减轻孩子的注意力缺陷，同时还能让他们获得更多的乐趣。人类与环境研究实验室的研究者认为，根据他们的发现，自然疗法可能是药物疗法和行为疗法之外的第三种疗法，既可以与药物疗法、行为疗法联用，也可以单独使用。例如，自然疗法与行为疗法联用时，患儿或许能学会在需要平复情绪的时候回想他们在大自然中的积极体验。谈及自己偶尔会陷入轻度抑郁的情形，一位专治儿童多动症的精神科医生说："我小时候经常在密歇根湖钓鱼，那是我平复心情的方式。所以，一旦我的情绪开始低落下来，我就会借助自我催眠回想我在湖边的情景，唤起那些记忆。"他称之为"草滩记忆"。虽然他也主张正确使用现有的药物来治疗多动症，但他也欣喜地看到，自然疗法或许可以成为他的另一大利器。而且，正如弗朗西丝·郭所言，让多动症患儿接触"绿地"还有其他益处——"绿地"随处可见，没有副作用，能避免给孩子贴标签，还花不了多少钱。

如果自然疗法确实能减轻多动症的症状，那么这话反过来讲或许也是对的，即多动症的一系列症状可能就是因为与大自然接触少才加重的。这样看来，虽然药物在很多时候是有效的，但问题的根源并不是孩子本身，而是社会强加给孩子的人造环境。从这个角度看，让孩子脱离自然的社会肯定是有问题的，哪怕这么做是出于善意。让孩子远离大自然，不让他们在大自然中玩耍，这么做或许相当于夺走他们的氧气。

注意力疗愈理论还可以运用在居所、教室和课程的设计当中。纽约中央公园是美国第一座由专业人士设计的城市公园，设计者的初衷就是要让它成为公民意识和公共健康的必要依托。于是它成为了这样一个场所：所有纽约人，不论阶层、年龄和健康状况有多么不同，都能在那里呼吸到新鲜空气。如果确如我们所想，自然缺失症不仅影响多动症患者，而且会影响所有孩子以及成年人，那么自然疗法就必定能让整个社会和大量个体广泛受益。

自然体验会影响到包括注意力障碍在内的各种关乎儿童健康和发展的方方面面，但人们对这一情况的研究刚刚开始，于是相应的研究结果很容易受到质疑。处在这一研究领域前沿的部分学者首先发现了这一点。泰勒和郭在一篇研究综述中写道："很多人都凭直觉认定，大自然对孩子有好处。除此之外，我们其实还需要有一些坚实的理论论据来解释为什么人类（当然也包括儿童）在整体上，都可能生来就有亲近自然的需要。"是的，我们确实还需要去做进一步的研究，但我们并不是必须要等一切都研究清楚了才去改变。泰勒和郭表示："鉴于已经有很多得自科学统计的研究结果都指向相同的方向，这些结果包括不同亚群的孩子和不同的场景，那么就算研究设计存在缺陷，我们在一定程度上也仍旧可以接受这样一个简单的事实，即大自然有利于孩子的健康成长。"就像日益增多的研究证据所显示的那样，如果"亲近大自然对孩子的重要性等同于良好的营养和充足的睡眠，那么当下儿童日益远离自然的趋势就必须得到重视"。

即使是最全面的研究也不太可能囊括人与自然直接接触的所有益处。而且，有的益处根本无法测量（我们会在后面谈到这个问题），例如大自然对孩子和成人的精神生活的滋养。爱因斯坦在普林斯顿大学的办公室里有这样一句话，"不是所有重要的东西都能计算，也不是所有能计算的东西都重要"。我们无须等待进一步的研究来验证我们的常识，促使我们把大自然作为礼物送给孩子——即便现在开始这样做，也似乎有些迟了。

拿一根棍子捅到天

一个周日下午，6个十几岁的孩子聚集在辩护律师丹尼尔·伊巴拉（Daniel Ybarra）的办公室，那里离我住的地方不远。这些孩子正在缓刑期间，有几个得了多动症。他们看上去就像是常见的问题少年。一个男孩曾经是帮派成员，头戴白色丝网无边帽、身穿黑色短袖衫；一个女孩染了橙色的头发，指甲咬得不成样子；另一个男孩戴着黑色无边帽，头上系着头巾，脖子上还挂着个海豹皮做的特林吉特人[①]式的药袋。

"你要用这个来装公交币吗？"一个孩子打趣道。

他们刚刚在监护人的陪同下，在阿拉斯加州东南部沿海地区与原住部落居民一起生活了两周。那是一个小岛，每5天才有一班渡轮。这一安排来自一名高级法院法官的判决，这位法官希望用更有建设性的方式实施惩罚。

多年来，伊巴拉一直梦想着把高危儿童从城市里拉出来接触大自然。在这位法官的帮助下，他采取了行动。他说服阿拉斯加航空公司提供廉价机票，还从法学院的同学、一名职业橄榄球运动员和美国国内工人联合会（United Domestic Workers）那里筹集了捐款。

这些孩子从没去过山里，也没去过远方。其中一个女孩最远从市中心去过一次郊区。然而转眼之间，他们就被带到了一个到处是冰川和风暴的地方，那些不知从哪里吹来的疾风足够把森林夷为平地。不过，他们也看到许多灰熊散落在海滩之上，海象在海峡里时隐时现，

[①] 北美洲西北部、太平洋沿岸的印第安人。

无数白头海雕栖息在树枝上,像麻雀一样普通平常。

特林吉特人的村庄面朝大海,几千年来都是如此,人们的吃穿用度也依旧指望着海洋。尽管这些原住民也有滥用药物的问题,但他们仍旧保留了如今许多年轻人错过的东西。头顶黑色无边帽的男孩说:"我从没见过那么黑的夜晚。我看见了海豹、熊、鲸鱼,还有从水里蹦出来的鲑鱼。我捉螃蟹和牡蛎,捉到就吃掉。我觉得自己好像回到了过去。"一个穿着新嬉皮士衣服的女孩补充说:"我以前从没见过熊。我怕熊,可是我看到它们的时候一点也不害怕。我很平静,很自由。你知道最棒的是什么吗?是摘浆果,摘得上瘾,像抽烟一样戒不掉,"她笑了,"我就待在灌木丛里,一个劲儿地摘。"

其中一个孩子说,他差点就不坐飞机回家了。回来后,他决心成为一名专攻环境法的律师。

他们置身于大自然,跟从未与大自然分离的人交往,从中体会了"沙啊呀迪达那",即特林吉特人所说的"自尊"。

"我遇到了一个小男孩,跟他待了很长时间。"房间里的一个年轻女孩说。她有一头长长的黑发和一双清澈的眼睛。"有一天,我从户外进屋前,他突然问我:'你能拿一根棍子捅到天吗?'我回答他:'不能,我太矮了。'他一脸不屑地看着我说:'你太没用了!如果你连试都不试,你怎么知道你不能用一根棍子捅到天?'"说到这儿,年轻女孩的眼睛亮了起来,"我第一次遇到4岁孩子这么跟我说话。"

乘飞机返回后,她的妈妈没有去机场接她。她一个人回到了空空如也的家里。

"昨天晚上,我看着窗外的那些树,想起了那座小岛。"她说。

跟成瘾者或帮派成员打过很多交道的任何人都知道,这些人有多么圆滑和狡诈。但在这个下午,我却没有在他们的眼神里看到一丝狡黠。至少今天、这周、今年,甚或今生,他们都已经被改变了。

Part3
善意：
为什么约翰尼和珍妮
不再出去玩了

我们的孩子不再亲身去阅读自然这本大书，
也不再伴随四季的轮回玩得花样迭出。
他们不知道水来自何方，又流向何处。
我们已经不再追随上天的脚步。
——温德尔·贝里（Wendell Berry）

9 日程表与焦虑

既然我们已经知晓亲近自然有诸多好处，那么现在就该深入探讨是什么障碍阻止我们这样做了。有些障碍源自文化或制度，例如诉讼越来越多，大自然在教育中的作用日渐减小。有些障碍源自生活环境，例如人类生活在精心规划的城市中。有些障碍与个体和家庭有关，例如满当当的日程表和内心的焦虑。这些障碍有一个共同的特征，即它们的存在往往出自善意的初衷。

在我儿子贾森9岁时，有一天下午放学后，我带他去隔壁公园玩抛接球。草地上有很多支踢球的学生队伍。我们走到公园边上，找了一片没人的场地开始玩。这时，贾森一个同学的母亲走了过来。我认识她，她很喜欢运动，也非常关心孩子的学习和体育。她对自己的要求更高。

"在忙什么？"她笑着问，"在等别的队伍吗？"

"不是，就是跟孩子玩玩球。"我一边回答，一边把球扔给了贾森。

"唉……多浪费时间呀。"她说。

在公园里玩球怎么就成了浪费时间？当然，这位母亲也是好意。我们大多数人都心怀善意。然而，尽管我们的生活节奏，特别是孩子们的生活节奏越来越快，尽管我们越来越努力地改善学校教育，提高生产力，积累财富，让孩子学习更多的科学知识，可我们有时并不能得偿所愿。

我们的生活也许更高效了，但创造力却不比从前。在努力把日程表填满时，我们中的一些人或许也在无意中扼杀了孩子的梦想。在忧心孩子安全的同时，我们做的一些事情或许也正以某种方式威胁着孩子的安全。过去，许多学校经常组织孩子去户外玩耍。可现在，它们的一些做法却会在客观上把孩子与大自然分离。甚至，一些环保组织也在加速这种分离，给环保事业的未来和地球的健康蒙上一层阴影。当然，这不是它们有意为之，它们的初衷是好的。

好了，我们接着聊刚才那一幕。

我讲这件事不是说足球不重要。毋庸置疑，正式的体育项目能让孩子们走出家门，而且它们各具特色。可是，我们也需要帮助孩子在参加正式体育项目、保持生活节奏和亲近自然之间找到平衡点。要做到这一点确实有点难，但是只要肯下功夫就可以做到。

80%的美国人生活在大都市区，其中的公园往往屈指可数。而且近几十年来，公园短缺的情形更是雪上加霜。例如，根据公共土地信托基金会（Trust For Public Land）的数据，只有30%的洛杉矶居民在住处附近有步行可及的公园。

更重要的是，如罗宾·摩尔所言，这些公园越来越喜欢"将玩耍商业化"。摩尔描绘了这样一幅广阔的"国际风尚"，即"将公共资金投入体育领域，而非可供人自由玩耍的不限定用途的空间"。他补充道："营利性的室内游戏中心正在全世界遍地开花。然而到目前为止，它们对大肌肉运动技能的提升作用仍旧十分有限。"与此同时，空地却在不断消失，而郊区的开发方式也在悄然改变。在过去的几十年里，郊区有许多地方是可以自由探访的，可现在却成了高密度的开发项目，里面有因禁令森严而修剪整齐的草坪。摩尔表示："多数国家甚至连一套关于玩耍空间配置的总体指导方案都没有。"

在1981-1997年间，孩子们花在正式体育项目上的时间增加了27%。1974年，美国青少年足球协会大约有10万名成员。如今，这一数字已经达到近300万名。对运动场地的需求在上升，而用于公园的支出在下降。建造公园时，设计师一心想着如何规避责任，却不大考虑如何鼓励孩子用创造性的方式玩耍。一块平坦的草地或人造草皮（例如西雅图市的几家公园所使用的）可能是正式体育项目的完美场地，可它并不适用于非正式玩耍和亲近自然。公园里修了运动场确实能提高孩子们的足球技能，可孩子们也失去了自由玩耍的天堂。事实上，研究表明，如果任由孩子自由活动，吸引他们注意力的将会是这类公园里的偏僻角落、深沟斜坡和野生植物。公园或许可以打理得整齐而美丽，可孩子们曾经玩耍的荒僻之处却可能再也无迹可寻了。

讽刺的是，我们在前面提到过，在正式的儿童体育运动迅速发展的同时，儿童肥胖症的发病率却在大幅攀升（缘自一系列非常复杂的原因）。当然，这不是说肥胖的原因是正式体育项目，但充斥了计划和安排的童年生活却可能是罪魁祸首。缺少了大自然的童年是不完整的。

要想真正地体验大自然，孩子们就需要许多时间，许多放松的、没有特定目的的、让想象纵情驰骋的时间。可这类时间正在被许多无形的力量所消耗，加之我们当下的文化并不重视亲近自然，所以倘若父母不够警觉，这类时间就会损失殆尽。在全国各地开展"童年未来"研究期间，我访谈了圣地亚哥一所小学的五年级和六年级学生，询问他们的日程安排。一个女孩的回答很有代表性：

我真的没有太多时间玩，我得上钢琴课，我妈妈让我每天练习一个小时。弹完琴还得做作业，又是大概一个小时。接下来还得踢足球，从5点半踢到7点。这样就没有时间玩了。周末经常有足球比赛，我还得练钢琴，弹完琴还得打扫院子，做家务，剩下的时间才是我自己的，差不多两三个小时。大概就是这样。

孩子们对玩的界定方式给我留下了很深的印象。在他们眼里，玩通常不包括踢足球和上钢琴课。做这些事情更像是完成任务。

在可以自由安排的时间里，孩子们的感受如何呢？

"我感觉很自由，想做什么就能做什么，那种感觉特别好，"一个男孩告诉我，"我知道我不用做家庭作业，也不用练足球等等之类的事情。我能到野外玩或者骑车，那种感觉真的特别好。"

在迈阿密市肯伍德（Kenwood）小学的一间教室里，我问学生是否害怕将来上不了好大学或者找不到好工作，结果半数以上的孩子举起了手。他们还只是四年级的学生啊。一个戴着眼镜、神情严肃的小女孩皱着眉头解释说："嗯，你不能看窗户外面，也不能想别的东西，你应该关注的是学习。因为如果你不这样做，你就永远也上不了大学。"这里有一个重要的问题——父母如何在时间安排方面为孩子树立榜样？他们对时间抱有什么样的看法？在马里兰州波托马克市的一间教室里，九年级学生考特妮·艾文斯（Courtney Ivins）清楚地说明了这一点有多么重要。她推测，随着年龄增长，大自然的壮丽会"越来越不起眼"。"下雪不仅能充当逃学的理由，还为冒险提供了机会……例如堆雪人，垒冰屋，打雪仗。"但是对许多成年人来说，"下雪只是生活里的众多麻烦之一。雪天路滑，交通拥堵，还得到外面去扫雪。"

那么，时间都去了哪里？近年来，一些研究对时间的使用情况做了相当清晰的描述。马里兰大学的研究者发现，在1981-2003年间，孩子每周可以自由支配的时间（即在上学、上幼儿园之外的时间）减少了9个多小时，而室内和室外的非正式玩耍时间也在减少，同时电脑使用时间翻了一倍。密歇根大学社会研究所进行的时间分析研究表明，在1981-1997年间，12岁及以下美国儿童的学习时间增加了20%。写作业和学习时间的增加，与正式体育运动时间的增加一样，都不一定是坏事，但问题在于，不断加码的压力往往会蚕食非正式玩耍和亲近自然的时间。

电视仍旧是时间的头号杀手。凯泽家族基金会（Kaiser Family Foundation）发布于2005年和2006年的多项研究发现，近三分之一6个月到6岁的孩子生活在电视从不关闭或很少关闭的家庭当中。8～18岁的孩子每天花在电子媒介上的时间平均为6.5小时，即每周45小时，甚至多于成人一周的工作时间。这些研究还发现，孩子们在大约四分之一的时间里同时使用两种及以上的电子媒介，以至研究者将他们称呼为"媒介世代"（Generation M）。

至于父母们，随着互联网日益普及，成年人在家中的工作时间越来越长，而他们在办公室的工作时间却没有减少。随着城市的扩张，美国人需要在通勤上花费更多时间。在1990–2000年间，日通勤时间超过30分钟的上班族人数增加了14%。美国人平均每天在车里待101分钟，是他们锻炼时间的5倍。与日本人和欧洲人相比，美国人假期更少，工作更努力。（在2000–2005年间，德国、法国、丹麦、奥地利、瑞典和一些东欧国家的工作时间都呈下降趋势，法国已立法规定每周工作时间不得超过35小时。）周末已不再是休闲时光，而是要去处理积压了一周的琐事。一项加拿大的重要研究发现，父母双方都在削减睡眠时间来承担家庭事务。他们连睡觉的时间都没有，哪有时间赏雪？

　　或者至少看起来是这样。

亲近自然不是休闲娱乐

　　我们似乎经不起电视遥控器的诱惑，这一点当然是导致我们时间吃紧的一大原因，但其他因素也在发挥作用，例如雇主拼命压榨雇员的精力，休闲娱乐设施不足，以及低收入社区治安欠佳。美国儿科学会（AAP）官方刊物《儿科学》（*Pediatrics*）在2007年报道，第一，多数家庭要么是单亲家庭，要么是双职工家庭。第二，大学入学压力在向童年传导。第三，越来越多的父母认为，优秀的父母应该尽量让孩子多掌握技能，多培养能力。该报告的作者肯尼斯·金斯伯格（Kenneth R. Ginsburg）表示："看着别人都在快车道上飞奔，即使是佛系父母也会担心自己的孩子被落在后面。"

　　这些压力难以抵挡，特别是在家庭的经济状况似乎会长期紧张的时候。父母的出发点是"一切为了孩子"，如果延长工作时间能帮助父母做到这一点，他们就会这样做。如果让孩子上小提琴课能培养他们的音乐才能和自律能力，他们也会这样做。

这一冲动是可以理解的，但不断涌现的证据已经证明，儿童的健康发展离不开大自然。现在，我们可以不把亲近自然当作休闲娱乐，而是当作对孩子健康（也是对我们自身健康）的一项重要投资。美国的父母们已经习惯于被媒体批评为自私的奋斗者，说我们更关心自己的汽车而不是孩子。然而，大多数父母都有一种强烈的责任感，强烈到把自己和孩子的放松和休闲娱乐统统视作放纵自我的奢侈。把自然体验从休闲娱乐领域划拨到健康领域后，我们才更可能带孩子去远足——或许还能从中获得乐趣。这一观念的转换至关重要，影响也很深远，特别是当孩子长到十几岁时。托尼娅·伯曼（Tonia Berman）是我所在城市的一位高中生物老师，她介绍了青少年的一系列常见问题。她看到有的孩子在家里吃不饱饭，有的孩子放学打架。她还发现，越来越多的孩子正在承受"超级孩子症候群"的折磨。"我们都听说过'超级妈妈'，"她说，"这样的妈妈试图把所有事情都做得完美无缺，她们从事竞争激烈的职业，为家里的晚饭而绞尽脑汁，用记忆卡片训练孩子，还急匆匆地参加各种慈善活动，不一而足。"育儿杂志里充斥了超级妈妈和超级爸爸如何不堪重负的警示故事。"可那些同样在枯燥生活里飞速旋转的孩子们怎么办，何况他们的节奏有时还要更快？"

伯曼让学生写一篇关于生活压力的文章，一个十几岁的孩子列出了她的时间表，同时也写出了她的感受。这份时间表的部分内容有："在网球赛季期间打网球；在社区服务俱乐部担任主席；参加关于残疾人服务的社区学院课程；担任社区志愿者，在宗教场所协助照料幼儿；参加6门高级课程来作为申请大学的额外学分；做别人的好朋友，给同伴出主意、想办法，因为我不想让朋友和其他人失望。"

在寒假和春假期间，这名学生继续做她的志愿工作，并且提前开始了新学期课程的学习。她为自己的诚实而自豪，可当她看到其他作弊的同学得到更高的成绩时，心里就会很难受。她这样写道："我是一个心里特别不安的人，是那种谨小慎微、凡事都要考虑半天的人。"经过特别紧张的几个星期后，她陷入了一种让她感到害怕的消沉状态。如果她无法让生活回归正轨该怎么办？会发生什么事情？

"我想过自杀。我真的不关心自己。我宁愿伤害自己，也不愿伤害父母或朋友。我承受痛苦，这样他们就不必知道我所经受的东西——我的弱点、我的失败、我对这个世界的憎恨。"这些话不仅反映了与青少年永恒相伴的焦虑，而且可以在一定程度上解释青少年自杀和自杀未遂现象日益增多的原因。她能向父母求助吗？她觉得她做不到。"他们不管真实的我是什么样子，只看他们想看的东西。"她说，如果不是像她的生物老师伯曼夫人这样的人及时向她伸出援手，她可能这会儿就已经不在这里了。

让孩子学会自律固然重要，但创造力和好奇心的培养也不能忽视。了解关于亲近自然的诸多好处后，父母们可能会更容易在两者之间找到平衡。当然，许多家长也担心管孩子太严，渴望采用不同的方式。身为母亲的蒂娜·卡夫卡（Tina Kafka）很想知道她上大学的孩子们能否记住她为他们安排的大部分事项：

每次回忆起自己小时候，我就会想到那些特别的时光：爬树，在屋后的小河边玩海盗游戏，或者坐在一张硬纸板上顺着河岸滑下去。但我现在意识到，我在小河边玩耍的机会其实并不多。因为我听母亲说，我童年的很多事情都是她安排的，比如让很多朋友来家里玩，等等。可是，我在小河边玩耍的那些情景仍旧历历在目。我跟孩子们之间的互动也是如此。我也常常惊讶地发现，我精心安排的一些事情他们并不记得，反倒是他们自己玩了什么记得清清楚楚，而我对那些事情又完全没有印象。作为成年人，我们可以为孩子们安排一万件事情来帮助他们成长，但这些东西到底能不能触动他们的心，我们是无法控制的。有时候我会想，我们那么喜欢控制到底是什么原因。

10 妖魔症候群归来

> 一旦离开自然，人心就会变硬。（拉科塔族人）知道，如果我们不再尊重那些鲜活的生命，很快就会沦为不尊重人类自己。
>
> ——路德·斯坦丁·贝尔[①]

焦虑是父母不让孩子像他们小时候那样自由玩耍的头号阻力。正是父母的焦虑情绪让成长中的孩子无法得到大自然所给予的既全面又不可或缺的"营养"。父母们担心交通安全和人身伤害，担心一切陌生的东西，乃至自然本身。

孩子们的生活空间越来越狭窄。2002年载于《美国人口统计》（*American Demographics*）的一项全国性调查显示，56%的美国父母表示，他们在十岁时可以步行或骑车去上学，但只有36%的父母表示自己应当允许孩子做同样的事情。这种现象也存在于美国之外。例如，研究者莉娅·卡斯滕（Lia Karsten）比较了几十年间孩子们在阿姆斯特丹的活动空间。她发现，在20世纪五六十年代，"玩就等于到外面玩"。孩子们很自由，可以自己到处走动，活动范围很大，常常是在城市的公共空间。而且不同种族和经济背景的孩子们往往一起玩。而到了2005年，孩子们在外面玩耍的时间和次数双双下降，能够自由活动的范围也变得更小。同时，不仅玩伴的数量更少，而且背景也更为单一。英国研究者发现，在所拥有的行动自由方面，1990年的9岁半孩子与1971年的7岁孩子处于同一水平。

[①] 路德·斯坦丁·贝尔（Luther Standing Bear, 1868—1939），美洲印第安人拉科塔族酋长，同时也是作家、教育家、哲学家和演员。

谈到孩子的身心发展，家庭活动范围的逐渐收缩并不是一个小问题。虽然让孩子待在家里或汽车后座上确实能避开一些危险，但这么做也会增加其他危险，例如损害身心健康、人际能力、自信、审美，并削弱了识别真正危险的能力。儿童心理学家埃里克·埃里克森认为，儿童（特别是6～12岁的儿童）需要摆脱大人的控制，建立自我概念，所以"城堡"等藏身之处对他们而言有特别重要的价值。在"亲生物性"领域卓有建树的耶鲁大学社会生态学教授斯蒂芬·凯勒特（Stephen Kellert）认为，儿童在住处附近，特别是在住处附近的自然空间里玩耍，有助于提高认知成熟度，例如提升分析、综合和评价能力。他写道："通过系统地评估客观事物来发展理解和解释经验的能力，是童年的一大课题。事实上，在孩子的生活中，没有别的事情能提供如此稳定而丰富的机会来促使孩子批判性地思考和解决问题了。它对儿童的身心发展有着长期的益处。"

1980年，当景观建筑学者罗宾·摩尔研究旧金山湾区时，他结合一份各国研究综述和自己的观察，得出了"一个绕不开的结论"：干道和非干道交通的增多"是限制儿童活动范围的最常见因素，进而阻碍了儿童对社区环境（包括其自然特征和细节）的认知"。其他研究者也提到，公园环境越来越差，房子越来越大，而房子里也充斥着越来越多的电子玩具和电子设备。

不过，我并无科学依据的直觉是，自1980年以来，我们对陌生人的焦虑，以及更加泛化的、弥散的焦虑，已经超越了我们对交通安全的焦虑。由于所有这些原因，许多孩子从未有机会去了解他们的社区、公园或周边幸存的自然空间。

早在"9·11"恐怖事件显著放大我们的广泛性焦虑之前，我曾去宾夕法尼亚州的斯沃斯莫尔拜访菲茨西蒙斯一家。他们住在一幢维多利亚风格的房子里，门廊上的秋千随风轻摆，嘎吱作响。斯沃斯莫尔是一个田园小镇，到处都是大树和宽阔的人行道，也有很多小孩子。贝丝·菲茨西蒙斯（Beth Fitzsimmons）后来告诉我，这里有一条规矩：任何人都不得毁坏树木或伤害孩子。简而言之，这里的父母应该不会因为孩子而焦虑了。可贝丝却说：

> 我小时候，门前的街道尽头是一片树林，我会早上六点钟起床，去那里玩两三个小时。我还在那里采蓝莓，只有我一个人，从来没有人担心我……但现在的情形已经完全不同了。现在我们不让孩子做一些事情，是怕枪和毒品。外面还有很多坏人。即便我女儿伊丽莎白只是去学校后面的小溪玩，我也会让她带上狗。我还要确保至少有一个朋友跟她一起去。

我也惊讶地发现，堪萨斯州的父母跟宾夕法尼亚州的父母一样焦虑。有位父亲这样说道：

> 我有个原则：必须要一周7天、一天24小时地随时知道我的孩子在哪里。我要知道孩子在哪里，在哪座房子里，在房子里的什么位置，如果有事情打哪个电话号码。这就是我解决问题的方式。我跟我的两个孩子都讲过，这个世界上有很多坏人。事实也是这样，到处都有不正常的人。有的需要接受多年的心理治疗，有的则需要关起来。他们开着车在外面乱跑，座位上就放着枪。他们就在那里，你必须面对这种情况。我可不愿意让我的孩子一个人去公园。所有人都会跟你说，永远不要让你的孩子一个人待着。

同样在堪萨斯州，一位和蔼可亲的中年教师不无难过地说起了焦虑情绪对日常生活的影响：

> 我有一天在机场排队的时候，一个小孩走到一边，向柜台后面张望。这时他妈妈对他说："你想让坏人把你拐走吗？不要离开我。"我就站在他们身后，我不禁自我审视：我看着可不像人贩子。可问题在于，如果我们从小教育孩子提防一切，他们就会失去本该有的童真。我那些七年级学生必须去面对我们成年后才知晓的事情。教孩子

在陌生人面前保持警惕固然重要，让孩子对有虐童倾向的人说"不"也必不可少，但我们也需要理性地看待危险。这是一个所有人都期待有更多交流的社会，但如果你要求孩子不跟其他成年人说话，这本身就会造成伤害——这对孩子是什么影响呢？

难以理解的是，许多美国人重返蒙昧，再次对树丛充满了疑神疑鬼的非理性恐惧。

吓怕了

20世纪90年代初，时任加州州立大学弗雷斯诺分校（California State University, Fresno）社会学系主任的乔尔·贝斯特（Joel Best）教授研究了恐惧陌生人（特别是万圣节虐待狂）的现象，即害怕陌生人在糖果中掺杂毒品、别针、剃须刀片或毒药的心理。他回顾了1958-1984年间刊载于《纽约时报》《芝加哥论坛报》《洛杉矶时报》和《弗雷斯诺蜜蜂报》（*the Fremo Bee*）上的76则报道和谣言。他说："我们找不到一例儿童因为吃了被做了手脚的糖果而死亡或发生重症的情形。万圣节虐待狂只是一则都市谣言。"2001年，在特拉华大学任教授的贝斯特在其《卑鄙谎言与统计数字》（*Damn Lies and Statistics*）一书中更新了先前的研究成果。"自1950年以来，遭到枪杀的美国儿童人数每年都会翻番。"这句被广为引用的话出自20世纪90年代中期儿童保护基金会（Children's Defense Fund）的一份报告。贝斯特称之为史上最不准确的社会统计数据。他写道："如果这个数字每年翻一番，那么就一定意味着：1951年有两个儿童遭到枪杀，1952年就会有4个，1953年就会有8个，以此类推。"那么到了1983年，遭到枪杀的美国儿童人数将达到86亿（大约是当时地球人口的两倍）。这样翻倍下去，仅1987年遭到枪杀的美国儿童人数就会超过人类有史以来的全部人口。贝斯特称之为"妖魔化炒作"。

我也在同时期提出了"妖魔症候群"（Bogeyman syndrome）的概念。

在上一次儿童失踪恐慌大蔓延的时候，即十年前，一些失踪儿童组织声称，每年有4000名儿童被陌生人绑架杀害。新罕布什尔大学家庭研究实验室（Family Research Laboratory）主任戴维·芬克尔霍尔（David Finklehor）说，这一数据是错的。1990年，芬克尔霍尔与司法部进行了全国儿童失踪事件研究（National Incidents Study of Missing Children），得到了该领域最全面也最准确的研究报告。该报告显示，首先，大多数绑架者并非陌生人，而是家人或与家人相识的人。其次，发生陌生人绑架事件的实际数量是每年200～300起，至今仍然如此。

根据杜克大学于2007年发布的儿童与青少年幸福指数，到2005年，针对儿童的暴力犯罪发生率已经下降到了不及1975年的水平。2006年，纽约州刑事司法服务部门所发布的失踪儿童报告描述了这样一幅图景："绑架案件在所有案件中约占1%，由家庭成员实施绑架是最常见的绑架形式。"虽然陌生人绑架这种事有1例也嫌多，但是纽约州整个2006年也只有3名儿童遭到陌生人绑架。尽管纽约州报告的撰写者们警告说，鉴于现有的统计方式，以上数字可能存在低估。但即便考虑这一因素，该数字之低也远远超过了大多数人的想象。有人可能会说，这是因为孩子们一般都待在室内。这么说或许有一定道理，但相关的影响因素还有很多，例如青年男子在人口中的占比下降、社区警务改善等等。对孩子们来说，最大的危险其实来自其他方面。杜克大学儿童与青少年幸福指数的编制者表示，报告中"最令人不安的发现"不是暴力犯罪或绑架，而是"儿童的健康状况下降到了该指数发布30年来的新低，这主要是因为肥胖儿童的数量大幅增加，同时儿童死亡率的下降幅度较近年来的水平也有所收窄"。

如今，芬克尔霍尔把这种陌生人绑架恐惧症称作"视错觉"，这种错觉来自泛化的社交焦虑、失踪儿童团体的影响力扩大和媒体的推波助澜。加州大学洛杉矶分校政治学教授、美国政治与公共政策研究中心副主任弗兰克·吉列姆（Frank Gilliam）对20世纪90年代的洛杉矶本地新闻节目进行了为期5年的研究。他发现，地方电视新闻在公众的头脑中制造了一种强大的"犯罪叙事"，往我们头脑中存入了一幅歪曲了的画面。他说："夜间新闻比纸媒更加深入人心、更有感染力，实际上宣扬了种族主义和暴力。现在的观众会自动把种族与犯罪联系起来。"

电视不就应该告诉我们那些不愉快的事实吗？"不，"吉列姆说，"涉及种族的暴力犯罪报道占比过高，已经让本地新闻变了味。"在洛杉矶，电视对暴力犯罪的报道频次远远超出了事件本身的发生频次——对谋杀案而言，这一比例高达30比1。一些电视新闻努力深挖犯罪行为背后的相关信息。但吉列姆坚持认为，对暴力犯罪的大力报道使我们形成了"针对少数族裔的消极刻板印象"，进而影响了公共政策，散播了言过其实的恐惧。

实际上，这样的恐惧可能会让我们的孩子陷入更加不安全的境地。1995年，一项"害羞调查"显示，48%的受访者认为自己害羞，而在20世纪70年代中期，这一比例只有40%。临床心理学家、斯坦福大学访问学者林恩·亨德森（Lynn Henderson）表示："社交互动其实没有人们想象的那么危险。"她担心，随着越来越多的父母把孩子关在家里或者对他们严格管控，孩子们将没有机会去提升自信和辨别力，与邻里互动和学习如何经营人际关系——但这一切只是缘于父母们对抗反社会者的一种防御手段。

过度恐惧会改变一个人，永久性地改变他的行为方式，也改变他的大脑结构，甚至让整个文化发生变迁。如果孩子们生活在满是各种约束的环境中，例如周围是高墙、大门和监控系统、有诸多管理规定、不能随意养花种草的公寓和商品住宅，那么结果会怎么样？我们不禁要问，在这种控制文化中长大的孩子成年后将如何看待自由二字？

现在的父母可能会买一只颜色鲜艳并且配备全球定位系统的手环来给孩子戴上。如果这样的防水手环被剪断或强行移除，它的实时信号就会触发警报，并且通知制造商的紧急情况响应人员。初看上去，抵制这样的全球个人追踪服务不仅徒劳无功，而且显得不近人情——

毕竟我们爱我们的孩子，想要保护他们。但是，要获得这种确定的但只存在于想象中的安全，我们就必须承受危险。想想未来的孩子们，他们在成长中只能任由电子手段来随时随地跟踪，只能生活在一个崇尚安全的"新世界"。这样的技术或许在眼前有效，但它也可能炮制出一种虚假的安全感，导致劣币驱逐良币，让那些已被证实有效的对抗犯罪的途径——活跃的社区、街上随处可见的雪亮目光和充满自信的孩子——消失殆尽。

大自然成了妖魔

与陌生人有关的危险并不是父母们管束孩子活动范围的唯一原因。孩子和大人甚至开始把大自然看作我们的天敌或者妖魔，它成了一些不易分辨的恐惧对象的替罪羊。

我们与大自然的关系是否发生了逆转，或者更准确地说，发生了倒退？早期的美国人并不认为他们能轻松地在野外存活：人类开始侵占野生动物的领地时，确实偶尔会遇到野生动物的攻击。所以，我们的许多先辈才会把大自然视作威胁。

公园曾被认为是城市病的避难所，可现在也越来越让人不放心——至少在媒体上如此。几年前，一名汽车旅馆勤杂工向联邦调查局承认，他在约塞米蒂国家公园外杀死了三名观光客，后来又在公园里砍下了一名博物学家的脑袋。近期的其他报道也可能动摇美国人对大自然的信心。1998年，华盛顿奥林匹克国家公园发生了82起砸汽车车窗的偷盗案件、47起破坏公物案件、64起吸毒和酗酒案件、1起性侵案件和1起使用了武器的恶性袭击案件。现在，公园的护林员已经开始携带半自动武器。同样是1998年，在大雾山国家公园，一名喜欢唱福音歌曲的精神病园林设计师枪杀了国家公园管理局的护林员乔·科洛兹基（Joe Kolodski）。另外，两名护林员在俄勒冈州的奥斯瓦尔德西部州立公园遭到枪击，其中一人身亡。

这一恐惧心理也被许多电影所利用。1999年上映的以森林为背景的《女巫布莱尔》等当代恐怖电影远比20世纪30年代的《狼人》更为恐怖。

杰里·谢德（Jerry Schad）是一位著名的博物学家，也是一系列介绍南加州风光的指南图书的作者。他孜孜不倦地努力，只为引导儿童亲近大自然。他这样写道：

每学期，我都会邀请梅萨学院物理科学概论课的学生们去拉古纳山天文台。我也会要求他们写一篇简短的报告来介绍他们学到了什么，或者什么给他们留下了最深刻的印象。一年年过去，对圣地亚哥以东一小时车程的地方有大致概念的学生越来越少。在到达天文台之前，很多学生还没见过银河系。大多数学生对他们看到和学到的东西印象深刻，但也有相当多的学生认为这次旅行非常可怕。有些学生甚至认为那里的一些景象像是恐怖片《女巫布莱尔》中的画面。

大自然中确实存在危险，但这种危险已经被媒体过分夸大了，脱离了现实。例如很多人害怕公园，但乔·科洛兹基只是美国国家公园管理局成立82年以来第三位在执勤中丧生的护林员。正如《西雅图时报》所报道的那样，考虑到奥林匹克国家公园每年接待460万名游客，那么这里的犯罪率"并不算高"。同等人口规模的城市犯罪率也比这个高。

事实上，大多数郊野公园的犯罪率正在不断下降。在1990-1998年间，国家公园的抢劫案从每年184起下降到了每年25起，谋杀案从每年24起下降到了10起，强奸案从每年92起下降到了每年29起。事实上，约塞米蒂国家公园是全美最安全的公园之一。虽然那位年轻的博物学家在约塞米蒂公园遇害实属悲剧，但该案却是当地十年来绝无仅有的一起谋杀案。

你担心狮子、老虎和熊吗？然而它们极少攻击人类。你担心西尼罗河病毒吗？可是夜里喜欢灯光的蚊子也会把这种病毒带入室内。还有，褐隐蛛通常比响尾蛇毒性更强，它们更喜欢待在室内。这种蜘蛛喜欢藏在扔在地上的衣服里，一旦被挤在人的皮肤和衣服之间就会咬人。我们或许害怕大自然，但待在家里的孩子通常也面临着更多的危险。环境保护局警告我们，室内空气污染是健康的头号环境威胁，它比室外空气污染严重2~10倍。待在室内的孩子更容易受到有害物质的影响，例如长在长毛绒地毯下的有毒霉菌的孢子、家里的虫子所携带的细菌或过敏原，还有一氧化碳、氡和铅尘。新式的密封建筑里的过敏原水平可能比老式建筑高出200倍。《儿科护理》（*Pediatric Nursing*）杂志报道，那些设在快餐店的室内海洋球池可能会传播严重的传染病，"尽管这些商业食品企业必须遵守美国食品与药品监督管理局在卫生和食品保护方面的规定"，但它们的操作规范里没有一条遵循"美国疾病控制中心所制定的对儿童玩耍区域进行清洁和消毒的推荐做法"。

吊诡的是，一代痴迷于健身的父母却养育了一代身体孱弱的孩子。三分之二的美国儿童无法通过基本的体格检查。近期来自总统体质与运动委员会（the President's Council on Physical Fitness and Sports）的一份报告显示，在6~17岁的儿童中，40%的男孩和70%的女孩无法完成一个以上的引体向上，40%的孩子表现出了心脏和血液循环疾病的早期迹象。

那么，最危险的地方究竟在哪里？是户外、树林和田野？还是电视机前面的沙发？毯子裹得太紧也会造成伤害。其一就是，我们最终教给孩子的可能会是，生活太危险，要时刻防范。2001年，《英国医学杂志》（*British Medical Journal*）宣布不再允许"意外"（accident）一词出现在刊物中，理由是，只要防范得当，伤害原本可以预见和避免。这种绝对论思维不仅是妄想，而且十分危险。

11 博物学知识欠缺：教育阻碍孩子亲近自然

> 对于一个不了解博物学的人来说，他在乡间或海滨漫步就像是穿过一个挂满了精美油画的画廊，只是十分之九的作品都面朝墙壁。
>
> ——托马斯·赫胥黎

戴维·索贝尔（David Sobel）经常讲这样一个故事。一个世纪前，一个男孩沿着海滩奔跑，手拿一支用铅管手工制成的枪，不时停下脚步瞄准一只海鸥射击。换作今天，这种举动是要进少管所的，但对小约翰·缪尔（John Muir）来说，这只是他亲近自然的方式。（需要说明的是，缪尔的枪法很不好，显然一只海鸥也没有打到。）后来，缪尔成了现代环保运动的先驱。

索贝尔是安蒂奥克大学新英格兰分校研究生院地方教育中心的主任。他说："每当我给学生们讲缪尔用枪打海鸥的故事时，他们都很惊讶，不敢相信这是真的。"他之所以举这个例子，目的是想说明孩子与大自然的关系发生了多么巨大的变化。保护心理学（研究人成长为环保主义者的过程）和生态心理学（研究生态与人类心理的相互作用）这两个新领域的实践者发现，随着美国人日益城市化，他们对动物的态度也在以一种矛盾的方式发生转变。

对城市居民来说，食物来源和自然现状正变得越来越抽象。与此同时，城市居民却更加热衷保护动物，也更害怕它们。好消息是，如今的孩子们已经不太可能通过残杀动物来取乐。而坏消息是，今天的孩子们已经与大自然严重脱节，于是他们要么将大自然理想化，要么对它心存恐惧——这不过是同一枚硬币的两个面，因为我们更容易恐惧或浪漫化我们不了解的东西。索贝尔是教育与自然领域的重要思想家。在他看来，问题的根源之一就是"生态恐惧症"（ecophobia）。

生态恐惧症

根据索贝尔的定义，生态恐惧症是对生态恶化的恐惧。它还有另一个意思，指对家的恐惧。这两种解释都是正确的。

索贝尔在《超越生态恐惧症：在自然教育中重拾心灵》（*Beyond Ecophobia: Reclaiming the Heart in Nature Education*）一书中写道："如同民族植物学者到热带森林里寻找新的药用植物一样，环境教育者、父母和老师也开始教二、三年级的孩子们认识起热带雨林来。从佛蒙特州的布拉特尔伯勒到加州的伯克利，孩子们都在观看讲原住民因为伐木和石油勘探而流离失所的影片。他们了解到，从上午休息时间结束到午餐开始的短短两个小时里，地球上就会有多达一万余英亩（约合4000余公顷）的雨林遭到砍伐，为用于制作快餐和汉堡的牛让路。"

从理论上讲，这些孩子"会知道，他们可以通过回收他们的书本和牛奶盒来帮助拯救地球"；等到他们长大，也将成为负责任的地球守护者，"投票支持有环保理念的候选人，购买节能汽车"。可将来的情形也未必会如此。索贝尔说，那时的情形也许恰恰相反。"如果课堂上讲的都是破坏环境的例子，我们或许就会在不知不觉中制造出一种割裂。在鼓励孩子们了解环境问题并付诸行动的同时，我们也从根本上切断了他们与大自然的联系。"由于缺少对大自然的直接体验，孩子们开始把大自然与恐怖和灾难联系在一起，而不是把它与快乐和惊奇联系在一起。他认为，这种割裂就像是，遭受身体和性虐待的孩子会学会把自己与痛苦隔绝，把情感通道关闭。"我担心的是，我们那些宣扬环保理念的课程体系最终只会让孩子们远离大自然，而不是将两者拉近。于是大自然兀自被破坏着，孩子们却没有动力去解决问题。"

一些环保主义者和教育者认为这是一种狡辩，甚至亵渎。而在其他人看来，关于生态恐惧症的说法还是有些道理的。孩子们确实学习了关于热带雨林的知识，可他们却通常不了解自己身边的森林，或如索贝尔所言，"甚至连教室门外的草地也不了解"。他指出："对孩子们来说，花栗鼠和马利筋[1]这些随处可见的生物学习起来很方便，可要弄懂它们的生命周期仍旧相当困难。以这些知识为基础，孩子们才能逐渐搞懂豹猫[2]和兰科植物[3]。"

从生长发育的角度看，普及热带雨林知识的课程更适合中学生甚至高中生，而非小学生。对此，一些教育工作者可能不完全赞同，但他们确实同意索贝尔所依据的假设，即环境教育存在失衡。这个问题是教学方式，特别是科学课程的教学方式的争论焦点。一位老师告诉我："国家和地方教育委员会为了科学课程的教学方式吵来吵去，教学方式在亲身体验和照本宣科之间来回摇摆。"

如果教育工作者想要帮助孩子们修复他们与大自然之间的纽带，我们就必须着手应对过度抽象的科学教育所造成的两个意外结果，一是生态恐惧症，二是博物学研究的消亡。同样重要的是，20世纪90年代末盛行的应试教育改革浪潮几乎没有为孩子们的亲身体验留下空间。尽管一些意识超前的教育工作者正在逆风而行，例如联合全世界同人共同推动自然教育在课堂内外的发展（我将在后面的章节里详细述及），但许多教育机构和当下的教育思潮仍需作出改变。

---

[1] 一种萝藦科植物，多年生直立草本，聚伞花序顶生或腋生，喜温暖阳光。原产拉丁美洲的西印度群岛，广植于世界各热带及亚热带地区，是美国常见的野生植物，我国南方地区也有栽培种植。

[2] 豹猫，一种主要栖息于山地林区、郊野灌丛和林缘村寨附近的小型野生猫科动物。在我国广泛分布（除了北部和西部的干旱区），被列入《中国国家重点保护野生动物名录》二级。除我国外，其分布区从阿富汗，经印度次大陆，延伸到东南亚、俄罗斯和朝鲜，其中部分亚种属于《世界自然保护联盟濒危物种红色名录》（IUCN）中的"易危""极危"种群。但对美国读者而言，豹猫属于非本土的、并未得到广泛认知的野生动物。

[3] 兰科植物对其自身所处生态系统的变化非常敏感。生态系统的破坏可能导致其传粉者和菌根真菌都受到严重影响，进而影响兰科植物的自然生长与繁育，因此它们往往成为生态系统破坏后首个消失的物种。

硅信仰

在第3章开头讲社区限制了孩子的户外活动时，我们提到过一位叫作约翰·里克的数学老师。他热爱教育事业，不惜从工程学领域转行教八年级数学。让里克忧心忡忡的是，除了讨论环境灾难以外，大自然已经从课堂上消失了。

我请里克讲讲他心中什么样的课堂有利于了解大自然并能提供实际体验机会。"我总是忍不住想到那种缺乏自然气息的课堂，"他回答，"不幸的是，这种课堂现在随处可见。我们的课堂已经彻底工业化了，彻底到了不给大自然保留一丁点空间的地步。"以学校改革为名的课程标准已经把许多地区的教学限制在了阅读、写作和数学这些基础科目的范围之内。当然，这些科目都很重要，但在里克看来——我也同意他的看法——教育改革已经与过去那种追求全面发展的教育偏离甚远。里克继续解释道：

我们把孩子送往的是一个消费社会。约翰·缪尔、蕾切尔·卡森或奥尔多·利奥波德（Aldo Leopold）[1]的作品很少在公立学校讲授。即便是在自然占据了重要地位的科学课上，学生们也是在以一种枯燥而机械的方式来了解自然。蝙蝠的回声定位系统是如何工作的？树木是怎么长大的？土壤是如何帮助农作物生长的？在孩子们眼里，大自然就像个实验室。

怎样比较好呢？我设想的课堂是敞开的，敞开二字不仅是象征，实际也是如此。大地将成为课堂，建筑将有开阔的视野，而花园将覆盖整座校园。博物学家们的作品将成为阅读和写作课教材，数学和科

---

[1] 奥尔多·利奥波德，美国科学家和环境保护主义者，被称作美国新保护活动的"先知""美国新环境理论的创始者""生态伦理之父"。《沙乡年鉴》是他的自然随笔和哲学论文集，也是土地伦理学的开山之作。

学将成为探索自然奥秘的工具,成为满足人类需求的依托,以及成为理解万物相通的钥匙。全面教育将意味着学习基础知识,将来成为珍视自然和增进人类福祉的社会成员。进步不一定要体现为专利,还可以体现为我们与自然的互动和我们对自然的保护。我们能否教孩子们一边赏花,一边想到它所代表的一切——美、生态健康和疗愈力?

公共教育迷恋甚至痴迷于一种把高科技视作救世主的短视做法,这或许可以称之为"硅信仰"。2001年,马里兰州学院公园市的非营利组织"儿童联盟"(the Alliance for Childhood)发布了一份名为《愚人之金:电脑对童年影响之批判》(Fool's Gold: A Critical Look at Computers in Childhood)的报告。该报告得到了超过85位神经病学、精神病学和教育等领域专家的支持,其中包括前美国教育部长助理黛安娜·拉维奇(Diane Ravitch)、美国儿童和青少年精神病学学会候任主席玛丽莲·贝努瓦(Marilyn Benoit)和灵长类动物研究者珍·古道尔。报告称,对于计算机与儿童学习,30年来针对教育技术的研究只发现了一条明确存在的联系,即,在一些标准化测试中,"电脑辅助学习似乎对提高分数有一定帮助作用,但作用不及一对一辅导那么大,花费也更多"。该报告的联合署名人甚至呼吁,在美国公共卫生局确认电脑是否对幼儿健康有害之前,应暂停在儿童早期教育中使用电脑。公众的反应令人吃惊。报告发布后,微软全国有线广播电视公司(MSNBC)对订阅用户进行了在线调查,询问他们是否支持这一禁令。在3000名受访的互联网用户中,有51%表示了支持。

电脑的问题不在于电脑本身,电脑只是工具。问题在于,我们对电脑的过度依赖取代了从艺术到自然的其他教育形式。我们向教育类电子产品投入大量金钱和关注,同时却冷落了那些虽然不够时尚但却更为有效的教育工具。例如,我们都知道艺术教育能有效促进学习。美国大学理事会(CB)于1995年发布的一项研究显示,接受4年以上艺术教育的学生在"学术评估测试"(SAT)数学部分可以多得到44分,在阅读部分可以多得到59分。然而,在过去十年里,有三分之一的公立学校取消了音乐课。而在同一时期，学校每年花在电脑辅助学习方面的支出则增加了两倍，达到62亿美元。来自美林公司的数据显示，从1999年初到2001年9月，电脑辅助学习领域吸引了近10亿美元的风险投资。一家软件公司甚至把出生仅一天的婴儿也列为了目标客户。与此同时，许多公立学区却继续在艺术教育方面缩减开支。还有更多学区完全不提供任何类似体验教育和环境教育的教育形式。一些立法者建议，公众必须在教室内的环境教育和教室外的体验教育之间做出选择。但这样的建议是有问题的——两者都应得到更多的支持。主张学校应强化艺术教育的人士提供了一套很好的做法。在一些地区，他们成功地论证了美术和音乐训练能促进数学和科学的学习，进而推动美术和音乐教育的发展。同样地，我们此刻也可以提出这样一个观点——自然教育能推动认知学习，提升创造力，同时改善注意力缺陷。

然而，我所在的圣地亚哥县也同样普遍缺失自然教育。圣地亚哥县的面积和人口比一些州还要大，是美国生态和社会的典型代表。事实上，在美国大陆的所有县当中，这里的濒危物种是最多的。联合国也宣布它为地球上25个生物多样性"热点"地区之一。然而此刻，该县的43个学区竟然没有设置一门与本地动植物有关的选修课，只有本地自然博物馆的讲解员等志愿者在做一些力所能及的努力。纵观全国，此类缺失比比皆是。

博物学之死

尽管当下的学校改革对自然并不友好，但在父母、自然博物馆讲解员等志愿者的帮助下，哪怕没有机构或官方来推动，教师个人仍旧可以做很多事情来改善现状。但是，要想真正起到实效，我们就必须再向前迈进一步，质疑学生远离大自然背后的假设和社会氛围。我们应该倾尽所能来推动方兴未艾的体验教育。我们还应该去改变我们当下之所以如此对待自然的一些深层原因，例如对自然丧失敬畏和博物学在高等教育中的消亡。

几年前的一天，我走进了加州大学伯克利分校脊椎动物博物馆名誉教授罗伯特·斯特宾斯（Robert Stebbins）凌乱的办公室。幼时的斯特宾斯喜欢在加州南部的圣莫尼卡山漫游，还学会了用两只手围成喇叭来"召唤猫头鹰"。在他眼里，大自然仍旧无比神奇。20多年来，斯特宾斯写作并绘制插图的《西部爬行动物和两栖动物野外指南》（*A Field Guide to Western Reptiles and Amphibians*）一直是爬虫学界无可争议的圣经，激发了无数年轻人对蛇的热爱。在他看来，我们与大自然渐行渐远是因为价值观发生了改变。

十几年来，他和学生们经常驾车深入加州的沙漠地区记录动物的活动踪迹，也常常看到有人在那里开全地形越野车。斯特宾斯发现，越野车所到之处，90%的无脊椎动物，例如昆虫、蜘蛛等节肢动物都会在车轮下殒命。交谈当中，他把几十张幻灯片放进了一台旧幻灯机。"看，"他说，"这是十年前后的对比照片。"那些车辙的影响会持续好几个世纪。粗大的胎纹将沙漠的地表破坏，搅起黑漆漆的沙尘；一只沙漠陆龟被枪打死后被轮胎碾过，龟甲碎裂；摄于加州布莱斯附近的航拍照片显示了古老而神秘的原住民巨型地画，画面大到只有从空中才能看清其轮廓，但画面中一幅鹿状图形的局部却被越野车留下的辙印所破坏。"但愿这些人知道他们都干了些什么。"斯特宾斯说。

不过，最令他感到不安的并不是已经发生的破坏，而是即将到来的破坏，以及他在一代代子孙身上所感受到的对大自然的敬畏甚或仅是尊敬都越来越少。"有一次，在观察那些全地形越野车的时候，我看到两个小男孩正在费力地往一个沙丘上爬。我追上去，想问他们为什么不玩车。我想，也许他们在寻找别的什么东西。结果，他们说他们的车坏了。我问他们是否知道沙漠里有什么动物，有没有见过蜥蜴。'见过，'一个男孩说，'但是蜥蜴看见我们就跑掉了。'两个孩子有点不耐烦，他们对蜥蜴完全没有兴趣。要是他们了解其中的乐趣就好了。"

即使是经常在大自然中玩耍的孩子也不一定有保护大自然的意识。我去加州阿尔派恩的一个小学班级里访谈了一些小学生，当时是科学课。我发现，他们在户外玩耍的时间要远远超过其他地区的大多数孩子。不少学生都见过山猫在山脊上出没；一个男孩还看见一只美洲狮从他家的田里穿过。许多孩子的父母希望他们能跟大自然有更多的接触，所以才让他们在远郊山区长大。一个男孩说："我妈妈不喜欢城市，因为这里有一块难得的绿地，所以爸爸妈妈才决定搬到这里的公寓。我奶奶住得更远，家里有很大一块地，大部分是草地，也有一部分有树。我喜欢去那里，因为有一只小美洲狮会到她的院子里。一次周日我在那里的时候，我们正要出去喂山羊，结果看到一只山猫正在抓鸟。特别有意思。"

当发现有一群孩子似乎跟我小时候一样喜欢大自然时，我可真高兴。可是听着听着，我就发现，近半数孩子最喜欢与大自然打交道的方式是骑摩托，就是那种小型的四轮全地形越野车，或者叫"沙滩摩托"。"我爸爸跟我在沙漠里越野，多数时候都不走现成的路。我爸爸喜欢越野。他说走现成的路很好玩，因为你还是可以看到动物——不过越野也很好玩。"另一个男孩说："每年八月份，我们都会去犹他州。我妈妈在那边的朋友有三辆沙滩摩托；骑摩托很好玩，但更好玩的是晚上能看到鹿和臭鼬之类的动物。还有，如果你把鱼内脏扔到外面，晚上出去就可能看到五头黑熊出来。特别酷！"第三个男孩说："我们每周末都去沙漠，他们会赛车玩。有座小山没人开上去过，因为石头很多。我们把石头清理掉一些，就能开上去了，然后再颠簸着开下来。那上面有蛇洞和蛇，天热的时候，我们就下车捉蜥蜴。"一个女孩直白地补充道："我爸爸有一辆四驱车，我们去沙漠，并不是为了去看什么动物。"

下课铃响了，学生们离开后，在这所学校当了5年教师、从前是社会工作者的简·史密斯（Jane Smith）激动地摊开两只手。"我总是纳闷，大多数学生都意识不到全地形车和土地是格格不入的。我们做过一周的节能活动，可他们根本不明白为什么要这样做，过去不理解，现在还是不理解。每到周末，阿尔派恩就空空荡荡，家家户户都奔向了沙漠和沙丘。情况就是这样。"

　　一些孩子和他们的父母很可能更熟悉全地形车的品牌，而不是沙漠中的蜥蜴、蛇、鹰和仙人掌。正如我的朋友、生物学家伊莱恩·布鲁克斯所说："人们不太可能会珍视他们叫不上名字的东西。"同样地，人们也不太可能会珍视他们没有体验过的东西。如果查尔斯·达尔文成天关在办公室的小隔间里盯着电脑屏幕，而不是去厄瓜多尔的加拉帕戈斯群岛去深入探索，那么结果会怎样呢？如果森林里有棵树倒了，但没人知道这种树的名称，结果又会怎样？有人会知道它的存在吗？

　　"现实说明一切。现实是外面正在发生的事情，而不是你脑中所想或电脑屏幕上所显示的东西。"保罗·戴顿（Paul Dayton）说。多年来，他一直在为一件事而愤愤不平，即科学领域，尤其是高等教育领域，在介绍和描绘自然时对海洋的变化着墨甚少。这么做将歪曲未来世代对自然和现实的感知。戴顿是拉荷亚斯克里普斯海洋学研究所（Scripps Institution of Oceanography）的海洋学教授，是蜚声世界的海洋生态学家。他因为自20世纪60年代开始对南极海底生物群落进行了开创性的生态研究而闻名。美国生态学会授予戴顿及其同事份量极重的库珀生态学奖。这是该奖项首次颁发给针对海洋系统的研究，因为这一研究探索了"关于海底生物群落在……扰动下的可持续性等一系列基本问题"。2004年，美国博物学家协会授予他爱德华·威尔逊博物学家奖。

　　此刻，戴顿坐在自己的办公室里，凝视着春雨中的斯克里普斯码头远处阴暗而冰冷的太平洋。他的房间里有一个玻璃容器，里面养着一只叫卡洛斯的大蜈蚣，戴顿喂它老鼠吃。在自然面前，戴顿怀着一种敬畏与尊重，但他也没有把自然浪漫化。他在覆盖着冰雪的伐木工棚里长大，如果父亲不打猎，全家都会饿肚子。戴顿身强体壮，头发开始花白，带着迷人的微笑。他的皮肤被冷风和烈日打磨得闪闪发亮。他肯定偶尔会觉得自己像是刚刚穿越了北极漫长而严酷的极夜，醒来之后猛然进入了一个陌生的未来世代：熟悉的事物已不再有人提起，自然在商店中被兜售并被解构为纯粹的数字。他告诉我，哪怕是他的海洋生态学里的优秀研究生，也大多"没有接受过任何类型的博物学训练"。生态学各个方向的高年级学生或海洋生态学本科生"甚至连节肢动物或环节动物这样的主要生物分类都一无所知"。

在他几英尺开外，坐着来自卡布里奥国家公园（Cabrillo National Monument）的美国国家公园管理局海洋生物学家邦妮·贝克尔（Bonnie Becker）。她说，戴顿讲得很对。尽管她之前接受过相应的专业训练，但她近来依旧意识到，她只能认出生活在洛马角附近的一千多种海洋无脊椎动物当中的少数物种。于是，她组织了一个非正式的学生互助辅导小组。"消息已经传开了，"她说，"交流也开展起来了，比方说，来杯啤酒，把你对帽贝的所有知识都告诉我吧。"然而，给这些动物命名的人，甚至只是知道它们名字的人，正在迅速消失。在圣地亚哥和奥兰治，能说出许多海洋无脊椎动物名称的人屈指可数，他们主要是博物馆工作人员和讲解员，以及一些监测废水处理和污水排放的地方政府工作人员。这些人几乎没有机会把他们的知识传递给下一代。戴顿说："几年之内，我们将无人熟知几大海洋生物群体。但愿我是夸大其词。"

我们叫不上名字的东西可能会伤害我们。"有人从卡达利那岛给我发来了他发现的一只蜗牛的照片，"戴顿说，"这种蜗牛正在向北方扩散，那里本不该有这种蜗牛。要么是蜗牛变了，要么是环境变了。"全球暖化？也许是吧。"但假如你不知道它是入侵物种，你就完全不会察觉到任何变化。"我们很容易把这种普遍性的无知归咎于公立学校，但戴顿认为，这个问题的主要原因是分子生物学在高等教育中占据了统治地位。他并非对分子生物学或支持其发展的教授专家抱有成见，但是，用他的话来说，现代大学科学教育的新原则就是要让下面这些"学科"，比如无脊椎动物学、鱼类学、哺乳动物学、鸟类学和爬虫学，"回到它们所属的19世纪"。这次交谈过后不久，戴顿在美国博物学家学会（ASN）的专题研讨会上发表了一篇传看甚广的论文，他在其中强调了更为严重的威胁：

> 上个世纪，生态环境发生了严重的退化：许多物种种群数量急剧下降，其所生存的生态系统也发生了巨大的改变……在出现环境危机的同时，自然类的相关学科也逐渐退出学术舞台，进而导致年轻学者和公众都没有机会学习相应的基础知识来预测种群水平和复杂系统在环境变化下的反应……分子生物学和理论生态学的研究者已经在他们的研究领域里取得了巨大进展，并且已经展开了许多细分领域的研究。这些学者在各自领域里取得了许多重要的突破。然而……这种还原论的研究方式却对解决日益严峻的全球性问题（例如种群数量下降、物种灭绝和栖息地破坏）贡献甚少。我们必须在所有学术机构中恢复自然类学科课程，以确保学生们能够亲身体验自然，同时掌握多个自然类学科的基础知识。

我问戴顿可以采取哪些措施来改善现状，他的态度并不乐观。"我们对博物学存在严重的精英主义偏见，同时又偏好微生物学。而且即便算经济账，改变也很难发生，因为好的博物学课程必须小班教学。"不过尽管如此，他仍旧希望公众能够了解整整一代人所遭遇的自然缺失，进而鼓励政客们"开始要求大学讲授生物学的基础知识，并且将真正的博物学明确包含在这些基础知识当中"。

遗憾的是，想要找到拥有丰富博物学知识的人来讲授这类课程将十分困难。戴顿建议，大学应"设置课程，同时聘请有志于这一领域的年轻教授"，同时还应组织人数正日益减少的老一代博物学家来指导"从未有机会学习博物学"的年轻学生。好消息是，西部博物学家协会（the Western Society of Naturalists）已经开始提供相应的支持来培养年轻的博物学家。如果我们的教育系统和社会继续有意或无意地阻止年轻人亲近自然，那么科学本身也将承受高昂的代价。今天的科学家大都是从孩提时代开启他们的职业生涯的，幼时的他们不仅追蛇、玩虫子、抓蜘蛛，也对大自然心存敬畏。如果这种看似不够"卫生"的玩耍正变得少之又少，那未来的科学家们又该如何了解自然呢？

"恐怕他们无法了解，"戴顿凝视着消失的地平线说道，"甚至没有人意识到，我们的学生们已经不再了解这个世界了。"

拉希德·萨拉赫丁（Rasheed Salahuddin）是一所高中的校长，负责我家所在学区中为期一周的户外教育项目。他发现，孩子们对自然的恐惧有很大的副作用。他说："太多孩子把大自然与恐怖和灾难联系在一起，于是不去亲近自然。"萨拉赫丁带着一些六年级学生来到山上，让他们领略大自然的神奇。"其中一些孩子来自东欧、非洲和中东。他们认为户外和森林是危险的地方，与之相关的是战争和躲藏。他们也会从实用性的角度看待自然，把它当作收集柴火的地方。"

他说，这并非种族原因，城里的孩子反应都差不多。有的孩子从没去过山里或海边，甚至动物园，即使这些地方就在住处附近。有的孩子对外面的世界充满恐惧，于是把整个童年都封闭在公寓里。在他们眼里，自然就是隔壁的公园，里面有各种坏人。"这样的情形对我们的未来意味着什么？"萨拉赫丁问道，"自然已经被一群毫不在意它的坏人占据了。我们得把自然夺回来。"

12 未来的自然守护者将来自哪里

跟连鹪鹩都没见过的孩子谈秃鹰灭绝有什么意义呢?
——罗伯特·迈克尔·派尔[①]

最近,我访谈了一位专注于环保事业并且做出了很大成绩的环保人士。他曾经推动了加州南部背山面海的圣迪吉托河公园的建立。我的问题是:公园建成后,广阔的土地和水域都得到了保护,那么孩子们会在里面玩什么呢?

"嗯……他们会跟父母去远足。"他顿了顿说道。

孩子们能在里面无拘无束地玩耍吗?还有,比方说,能在里面搭树屋吗?我的这位朋友陷入了沉思。

"不行,我想不行。我的意思是,亲近自然的方式有许多种。"而当我问他小时候如何亲近自然的时候,这位环保人士只好尴尬地回答:"我搭堡垒和树屋。"

他明白这其中的悖论,可又束手无策。人类过去对大自然做的许多事情都有一定的破坏性,于是一些人就认为,在树林里搭树屋或堡垒跟在野外开沙滩摩托没什么分别。这里的"细微"区别是:第一种方式激发感官,第二种方式用噪音和尾气麻痹感官,还给地球留下千年难愈的伤痕。

要想搞清楚这其中的分别,并不是一件容易的事。可是,随着关爱自然越来越成为与户外的愉悦体验无关的抽象概念,你就不得不面对这样一个问题:未来的自然守护者将来自哪里?

如果环境保护团体和童子军等传统户外组织想要把它们的理念传

[①] 罗伯特·迈克尔·派尔(Robert Michael Pyle),美国昆虫学家。

递下去，想要感召更多的人来继续关爱地球，他们就不能忽视儿童对探索和体验的需求，就必须想方设法消除那些让孩子们越来越远离自然的恐惧。

到目前为止，大多数环保组织对儿童的关注都只是象征性的。它们对此缺乏热情，原因或许在于，它们在无意识中对儿童抱有一种矛盾的心理，因为儿童与人口过剩紧密相关。正如一句祷词所言：我们遭遇的敌人，正是我们的后代。《地球之声》（*The Voice of The Earth*）的作者西奥多·罗萨克（Theodore Roszak）表示："总的来说，环保主义者在过去30年里屡试不爽的手段就是激发人的恐惧和羞愧……我怀疑这种反复激发恐惧和羞愧的做法能否长久……正如心理医生所说，成瘾患者已经感到羞愧了，你不能进一步羞辱他们。"

环保主义者需要来自儿童的善意，这似乎是不言而喻的。可是，很多时候，儿童被看作是成年人拯救世界的工作的道具，或者与之完全无关。他们往往看不到，儿童是未来的民意基础。将来他们关注什么，支持什么，还是未知数。这些事情说到底更加取决于儿童的亲身经历，而非理性思考。

我们来说说我们的那些国家公园。

欢迎光临虚拟国家公园

在年青一代看来，去约塞米蒂国家公园露营这种想法会显得比较过时，它勾起的只是我们对电视剧里的一些老旧画面的回忆。一些著名国家公园报告，游客人数近些年来出现大幅下降。这一趋势早在9·11恐怖袭击事件之前就已经形成。对人满为患、尾气肆虐的公园来说，游客减少是好消息，但这当中也蕴藏着长期的潜在危机。

先来看数字。从20世纪30年代开始，整个国家公园系统的游客人数一直稳步增长。然而在1987-2003年间，这一数字却下降了大约

25%。2006年，约塞米蒂国家公园接待了300万~400万名游客，与10年前的高峰期相比减少了近20%。而且在同一时期，该园所在的加州还增加了700万居住人口。大峡谷国家公园、黄石国家公园和俄勒冈州火山口湖国家公园的游客数量分别在1991年、1992年和1995年达到顶峰。雷尼尔山国家公园的游客人数从1991年的160万下降到了2002年的130万。自20世纪80年代末以来，卡尔斯巴德洞窟国家公园的游客数量锐减近半。

我认为，游客人数减少的首要原因是儿童与自然的分离，即体验对象从真实的自然转向了虚拟的自然。2006年，伊利诺伊大学芝加哥分校的保护生物学家奥利弗·佩尔加姆斯（Oliver Pergams）和研究助理帕特里夏·扎拉迪克（Patricia Zaradic）分析了这一现象。他们发现，游客人数之所以下降，97.5%的原因是美国人在电子产品上花费了更多的时间。2003年，美国人在电子产品上花费的人均时间比1987年多出了327个小时。佩尔加姆斯和扎拉迪克提醒我们提防他们所说的"视频癖"（videophilia），即喜爱的对象从大自然换成了屏幕。不过，北亚利桑那大学（Northern Arizona University）的一项针对国家公园的研究认为，游客人数减少有两大原因，一是人们陪伴家人的时间减少，二是人们普遍认为公园只是用来观赏风景的。其他原因还有：假期缩短；美国人公路旅行天数下降（从3.5天缩短到2.5天）；公园预算缩减，服务项目减少；公园门票涨价。在写作这本书的当下，每辆车的公园门票费用高达25美元。

去国家公园工作的念头曾经让许多美国年轻人的心里充满了朴素的浪漫主义情感。但如今，这种观念或许已不复存在。2007年，《洛杉矶时报》报道了一种新的现象，"约塞米蒂国家公园、大峡谷国家公园和黄石国家公园的管理者每年都要从东欧、南美、亚洲和非洲南部引进数百名外籍工作者。据他们所说，这么做是因为他们招不到美国年轻人来填补公园餐厅和酒店里最狼藉的蓝领岗位。"

公园管理者们所说的"隔着挡风玻璃的旅行"正在取代露营。2001年，在国家公园露营的游客数量下降了近三分之一，创造了25年来的新低。露营次数的减少在30岁以下的年轻人中尤其明显，这可能是因为他们幼时没人带他们去露营，所以他们也不会带自己的孩子去露营。俄勒冈州的记者迈克尔·米尔斯坦（Michael Milstein）引用了加州的一项调查，该调查发现，八成露营者在童年时期就对户外活动产生了兴趣——但超过一半的受访者都没有带孩子。

但公园还适合孩子们玩耍吗？对科幻一代来说，户外活动中所蕴含的许多神秘和刺激已经被定点消除。随着公园管理人员努力使公园变得更安全舒适，户外活动也变得更像是游览迪士尼乐园，而非荒野探秘，一些孩子甚至还因为公园不像迪士尼乐园而大失所望。当中学生向我反馈他们对大自然的感受时，一个男孩说，他游览了犹他州的彩虹桥国家公园。这家公园有全世界最大的天然桥梁，由大自然的神工鬼斧历经数千年雕刻而成。可这个孩子却写道："这座桥有点让人失望。它不像宣传册上写的那么厉害。"于是，他的父母只能租用水上摩托车来弥补他的失落。

这类现象里潜藏着巨大的危险。如果公园和森林的游客人数随着游客年龄的增长而停滞不前，那么未来的选民会如何看待公园和国家森林公园呢？如果单单是游客数量下降，问题倒也不严重。但这一现象发生的时间似乎就在开发建设和能源开采的利益集团正向大自然肆意进犯之际。

濒临灭绝的环保主义者

环保事业的接续问题更为严重，特别是环保主义者、自然资源保护者等保护人员的数量不断下降。

1978年，艾奥瓦州立大学环境研究教授托马斯·坦纳（Thomas Tanner）进行了一项对普通人成长为环保主义者的影响因素的研究，想弄清促使他们投身环保运动的原因。为此，他调查了多家大型环保机构的工作人员。坦纳表示："受访者最常提及的原因是他们幼时对乡野等相对荒僻环境的体验。"他们中的大多数人在小时候几乎每天都可以在野外自由地玩耍和探索。

此后，在英国、德国、瑞士、希腊、斯洛文尼亚、奥地利、加拿大、萨尔瓦多、南非、挪威和美国进行的相关研究，证实并丰富了坦纳的发现。2006年，康奈尔大学的研究人员南希·威尔斯（Nancy Wells）和克丽丝蒂·莱基斯（Kristi Lekies）进一步对居住在城市中的18～90岁成年人的样本进行了研究，结果发现，成年人对环境的关心和保护行为与他们11岁之前参加的诸如在林中独立玩耍、远足、钓鱼和打猎等"野外活动"直接相关。研究还表明，在大自然中自由玩耍，远比成人强制孩子参加活动效果更好。这意味着，野外活动的组织者既要努力放手，同时又要尽可能地去引导。解决这一"两难"并非易事。

当然，孩子们确实需要引导。环境心理学家路易丝·乔拉访谈了许多著名的环保人士，她发现，很多人之所以投入环保事业，大多因为他们在儿童或青春期受到了两大因素的影响，一是他们经常在野外玩耍，回想起来历历在目，二是曾经有成年人教导他们敬畏大自然。

乔拉写道："许多环保人士都曾在某位家人的带领下走进树林或花园，并且看到他们认真观察那里的动物和植物。他们没有表现出害怕，也没有漫不经心地对环境造成破坏。即使跟随家人打猎或钓鱼，他们的父母也对大自然表现出了一种并非完全出于功利目的的关注。"她提到："一位来自肯塔基州的律师是反对在风景优美的红河上修建大坝的环保运动的组织者，他深入地思考了他与那些支持修建大坝的人的异同。他说，他们当中的许多人一定也像他一样，小时候经常在肯塔基州的森林和田野里钓鱼和远足。'也许这与跟谁一起钓鱼或者远足时跟谁说话有很大关系。'他说。以他为例，当他和父亲一起钓鱼时，父亲会花很多时间去'了解那里的一切'。他不只捕捞鱼饵，还会观察各种昆虫和蠕虫，关注身边一草一木的细节。"乔拉称之为"有感染力的专注"。

幼时的耳濡目染，直接激发了这些环保人士和博物学家投身环保事业。"亲生物性"理论之父爱德华·威尔逊在他的回忆录《博物学家》（*Naturalist*）一书中谈到了这一点："大多数孩子都要经过一段喜欢玩虫子的时期，而我则从没走出这一时期。要成为一名博物学家，最需要的不是系统的知识，而是成长敏感期的亲身体验。哪怕并不了解动植物的学名和解剖细节，只要能做一阵子未开化的野蛮人，能在相当长的一段时间里专注于探索和梦想，就是最好的了。"

埃德蒙·莫里斯（Edmund Morris）在描述大力支持环保事业的美国总统西奥多·罗斯福童年时代时，也谈到了这一点：

喜欢读书的小罗斯福开始察觉到在树林里搭窝棚、采山核桃、摘苹果、捉青蛙、割草、收庄稼、在林中小径赤脚奔跑等等的"巨大乐趣"。尽管只有小小年纪，但罗斯福的博物学知识已经相当丰富。毫无疑问，相当多的知识来自冬天的阅读……但还有许多知识来自每年夏天他对身边动植物的专注观察。

小罗斯福对所有"新奇事物和生物"的兴趣，给大人们带去许多麻烦。在有轨电车上遇见汉密尔顿·菲什太太（Hamilton Fish）时，他心不在焉地摘下帽子，几只青蛙从帽子里跳了出来，令所有乘客大吃一惊……在女仆的抗议下，小罗斯福被迫把他的"博物馆"搬出了卧室。"把一只鳄龟拴在水槽腿上，我怎么洗衣服呢？"女仆抱怨道。

可能正是因为那只鳄龟，我们才有了约塞米蒂国家公园。跟罗斯福一样，作家华莱士·斯泰格纳（Wallace Stegner）小时候也喜欢抓捕各种动物，而不管这么做是否会伤害动物，当时的社会风气就是这样。他在《找到那个地方：迁移不定的童年》（*Finding the Place: A Migrant Childhood*）一文中描写了他童年生活的地方——加拿大萨斯喀彻温省的一个草原小镇。他的宠物（或者叫临时房客）有几只穴鸮、喜鹊和一只黑足鼬。童年时的他经常"捕捉、射击、毒杀或水淹聚集在我家麦田里的地鼠……没人像我那样一门心思、不顾道德地搞破坏。但其中也蕴含着我对自然的爱"。

从某些方面来看，环保组织正面临着与报纸一样的艰难情形，因为报纸的读者年龄也越来越大。美国报纸订阅者的平均年龄在50岁左右，且还在上升；订阅率也随之下降。而环保组织谢拉俱乐部（the Sierra Club）成员的平均年龄如今已接近50岁，同样也还在上升。美国的年轻人在文化和种族上正变得越来越多元化，不同族群看待自然的方式迥异；但环保主义者正在日益衰老，并且越来越局限于白人。因此，环境保护组织必须加倍努力以争取年轻人的支持——我们会在后面的章节里讨论这一话题。然而最紧迫的问题是，这些组织必须首先自问，他们的具体做法和文化风格是否正在不知不觉地加剧年轻人与大自然的疏离。

其他旨在推动儿童亲近自然的组织也必须回答同样的问题。

未来的童子军

马杜·纳拉扬（Madhu Narayan）刚从印度移民美国之后不久，她的父母便带她去参加了第一次露营，那时候她只有三个月大。几年后，他们开车穿越美国西部，沿途一路露营。在纳拉扬看来，她的父母并不富裕，而露营则是他们游览自己所选国家的一种较为经济的方式。"我们经历了许多好天气，然后开始下雨。"她说。在一场雷雨中，大风吹走了他们的帐篷。他们只好睡在车里，听外面狂风大作，暴雨咆哮。即使到了现在，已经30岁的纳拉扬在忆及这一幕时仍心有余悸。

这些儿时的经历及其神奇之处塑造了她的性格。如今，作为一家女童子军的地区（包括加州的帝国县和圣地亚哥县）户外教育主管，纳拉扬希望自己能够为女孩们提供体验自然的机会。但问题在于，人们过去对童子军活动的看法是：大自然是主角、是组织原则、是存在之理由；但现在，这一理由正在式微。

圣地亚哥有一家创建于1916年的城市营地巴尔博亚营地。在设于其中的童子军总部，纳拉扬和地区女童子军理事会副执行理事凯瑞·奥布莱恩（Karyl T. O'Brien）翻开一叠资料，其中介绍了他们为3万多名女孩提供的丰富多彩的活动项目。尽管活动内容十分精彩，但在过去三年里，即便该地区人口急剧增长，他们的会员人数却始终止步不前。该理事会大力推销自己，提供的活动有夜宿圣地亚哥市自然博物馆、为期一天的小博物学家项目和广受欢迎的夏令营活动。但是绝大多数女童子军项目都与自然没什么关系，例如宽容教育、拒绝烟草、高尔夫培训、自我成长、科技节、实用防身术和理财培训。在"首席执行官营地"项目中，组织者把商界女性请到野外去为女孩子们讲授求职面试、产品开发和市场营销技巧。

在城东山里的女童子军营地中，我们能直观地看到传统营地和新式营地的区别。传统营地的露天木屋和帐篷藏在树林里，而新式营地则像郊区小镇，还有街灯。奥布莱恩说："我听说我们的营地不允许女孩子爬树时吓了一跳。"我们需要担负的责任越来越重。"我小时候，摔倒了就爬起来，没什么大不了。你会学会应对不同的状况。这条胳膊我伤过两次，"纳拉扬说，"现在的情形是，既然父母把孩子好好地送了过来，你就得给他们好好地送回去。他们都是这样想的。我得对他们负责，所以必须注意这一点。"

童子军组织还必须尊重，或者说忍受，保险费的大幅增加。这不只是美国才有的现象。2002年，澳大利亚的童子军组织"女童军"（Girl Guides）和"澳大利亚童子军"（Scouts Australia）报告说，保险费在一年内的上涨高达5倍，以至澳大利亚童军组织的执行董事发出警告，如果保险费继续上涨，童子军活动将可能"无法维持"。

尽管来自社会和法律的压力不断增加，但童子军组织仍旧在继续推动儿童亲近自然，这样的努力是值得赞扬的。纳拉扬表示，在参加夏令营的2000名女孩中，大多数人都会为大自然而深受触动，哪怕是间接的触动。"但我们现在觉得，得在营地里设置实验室，或者在自然中心摆放电脑,因为人们已经习惯了这样的生活。"奥布莱恩说。
童子军活动还面临着与公立学校相同的压力:随着亲子和休闲娱乐时间的减少,美国人希望这些机构能够做得更多,例如承担更多的社会、道德和政治责任。随便问一家童子军组织,你就会知道这样做起来有多难。

不论是非对错,美国童子军的公众形象已经从男孩们穿戴整洁地打绳结、搭帐篷,变成了成年领队禁止同性恋和无神论言行。跟女童子军一样,男童子军也在努力跟上时代,迎合市场。在得克萨斯州欧文市新落成的国家童子军博物馆中,组织者借助虚拟现实技术来让参观者爬山、划皮艇顺流而下,或者骑着山地自行车模拟救援。善待动物组织(PETA)多方努力,终于说服童子军组织取消钓鱼奖章。2001年,《达拉斯晨报》(Dallas Morning News)报道,全国各地的部分童子军理事会正在出售野外营地来支付账单。

对男童子军和女童子军组织来说,要让孩子亲近自然已经困难重重。

今天的父母们正在迫使童子军组织提供更安全、更富有科技元素的活动。童子军努力迎合市场,成为一站式商店,面向几乎所有人来提供产品和服务。这可能是很好的营销策略,也可能不是。一位精明的图书编辑曾经告诉我,"一本为所有人写的书却不适合任何人。"随着童子军在活动内容上不断拓展,他们对自然的关注却在逐渐收缩。但少数父母和童子军组织者也在提倡回归自然。"他们通常是年龄偏大的父母,"奥布莱恩说,"他们还留存着过去的记忆。"这些父母是否是潜在的市场机会呢?实际上,童子军组织既不必随波逐流,让活动日益远离自然,也不必为了活动的纯粹性而将远离自然的项目一概舍弃,他们还可以依托这样的父母设计全新的自然类童子军活动。这是个不错的方向,奥布莱恩说。事实上,这么做不仅是营销战略(即定义细分市场并专注从事),同样也是使命担当。

许多童子军领导者都强调,童子军是一个教育项目,它教导年轻人培养性格、建立信仰、服务他人、健康生活和终身学习。童子军创始人贝登堡勋爵(Lord Baden-Powell)必定知道,接触大自然能帮助孩子培养性格，强健体魄。实现这些教育目标（从营销角度说即复兴童子军运动）的最佳方式，就是回归以自然为核心的运营方向。许多父母和童子军领导者都支持这样做。

纳拉扬也如此。她说："我的第一份咨询工作是在另一家组织，在那里工作期间，我曾带着一些从未离开过城市居住区的艾滋病患儿去山里。一天夜里，一个9岁孩子叫醒我，她要去洗手间。我们走出帐篷，她抬起头往天上看，接着发出一声惊叫，同时紧紧抓住了我的腿。她以前从未见到过那么多星星。那天夜里，我看到了自然在一个孩子身上所展现的巨大力量。她完全变了。从那一时刻起，她开始关注身边的一切，甚至还看到一只别人完全没注意到的施展了保护色绝技的蜥蜴。她的感官苏醒了。

依恋理论

环保事业不仅需要相关的组织贡献力量，还需要年轻人和自然之间建立起高质量的关系，或者说，需要年轻人对自然形成依恋。

我常常想，我生活在南加州，我依恋这里的什么呢？好朋友？好工作？好天气？当然，我所依恋的绝不是人造环境，或者说大部分人造环境。这里的风景已经被切割得支离破碎、面目全非。但我喜欢这里的公园和老街区，特别是它们在晨雾中的样子。我也喜欢这里的海滩，抗拒改变的太平洋仍旧是喜欢冲浪的南加州人的最后港湾。它无比可靠，总是坚守在那里。但是与此同时，太平洋里也潜藏着未知与危险，有些生物长得比人类还大。我不冲浪，但我理解冲浪者对大海的感情，那种依恋一旦建立就将留存一生。

当我驱车向东进入山区，穿过梅萨格兰德、圣伊莎贝尔和朱利安时，我就知道，这些地方已经进入我的心灵，它们拥有一种别处所没有的特殊神秘感。但是，我的心里却总有个声音在提醒，不要太过依恋。由于城市不断扩张，我害怕我喜欢的田野、溪流和山脉可能会在我下次开车经过时消失，所以我必须控制自己的情感。我担心，孩子们要么从未依恋自然，要么很早就学会主动回避这种依恋。

在过去的25年里，心理学家玛莎·法雷尔·埃里克森（Martha Farrell Erickson）及其同事一直在运用一种儿童成长生态模型，即他们所说的"依恋理论"，来对亲子互动进行追踪研究，并对特定父母进行预防性干预。家庭环境的健康越来越牵动埃里克森的心，而家庭环境的健康程度与社区环境的健康程度息息相关。

"谈及亲子依恋时，我们常常这样讲，即使父母难以信赖、反应冷淡或反复无常，我们也很少见到亲子依恋为零的状况，但依恋的质量却大不相同。例如，如果父母长期对孩子反应冷淡（比如父母有抑郁症），孩子就会疏远父母，对父母漠不关心，以此来保护自己免受被拒绝的痛苦。这样的孩子对父母所形成的依恋就是我们所说的焦虑-回避型依恋。"

我对她说，与依恋质量低下相关的一些反应或症状，同样也发生在我们对土地缺少依恋的时候。根据我的观察，我所在的地区开发速度过快，很难让人对这里的山山水水产生依恋。对许多在这里生活了几十年的外乡人（比如我来自堪萨斯州）来说，南加州只是留住了他们的人，却没有留住他们的心。在儿童发展领域，依恋理论认为，在孩子和父母之间建立紧密的亲情心理联结是复杂的心理、生理和精神过程。没有了这种依恋，孩子就会感到失落，未来还容易受到各种疾病的侵袭。我认为，类似的过程也能将成年人与一个地方的水土联系在一起，进而给予他们归属感和意义感。如果成年人对某一片土地没有形成深深的眷恋，那么失落就可能爬上心头。

埃里克森说："从依恋理论的角度来研究孩子与自然的关系，这很有意思。"她继续说：

在儿童发展研究领域，儿童的自然体验似乎在很大程度上遭到了忽视。但研究儿童的早期自然体验，并且追踪这些体验如何影响儿童在大自然中的长期舒适感和儿童对大自然的尊重将非常有趣——舒适与尊重是研究亲子依恋的核心概念。考虑到大自然对忙碌的我们有镇静和抚慰的作用,那么研究家庭与大自然的联系如何影响家庭关系的总体质量也将非常有趣。就我的经验而言,多年来,我和家人在大自然中共度的时光一直在积极地影响家人之间的关系。例如跟孩子一起体验翻开石头找到巨大甲虫的惊奇,一起划着我们的独木舟在附近的小溪里漂流,以及一起去爬山。

依恋土地不仅对孩子有好处,对土地也有好处。正如博物学家罗伯特·芬奇(Robert Finch)所言:"当我们不情愿地意识到我们不再那么在乎时,当我们不得不承认我们的周遭、我们的城镇或整片土地都已经面目全非时,我们与这片土地的关系……就变得重要起来。"这时,在他看来,当地的景色就不再"鲜活和美丽,而像是患了不可救药的脑死亡,虽然仍有一口气——例如使用污水处理厂、'补偿性'湿地、投放甲壳动物、酸化池塘石灰治理、水域除藻、海岸恢复项目、封闭鸟类保护区和指定保护区域等手段来维持生命——但它已经无法活动,或者只能被动地活动"。

如果一个地方的快速变化伤害到了它的自然环境,那么孩子们幼时对土地的依恋就会受到威胁。如果孩子们对土地没有了依恋,他们就无法从大自然中获得心理和精神上的益处,也无法对自然和那片土地产生长久的感情。这种依恋的缺失反过来又将损害自然环境,如此恶性循环,直到我们的孩子与大自然渐行渐远。

我并不是说现实已经无可救药。实际上,环保组织和一些传统的童子军组织已经开始意识到自然缺失症对自然的威胁。正如我们即将看到的,一些组织正走在让大自然和儿童重归于好的道路上。他们已经认识到,虽然学习大自然的知识至关重要,但只有热爱的无穷力量才能帮助我们拯救仅存的自然遗产,帮助我们借助新兴的绿色城市主义重建失去的土地和水域。热爱不是光看视频就能获得的,它还需要亲身接触来培养。热爱得自孩子们沾满了泥巴的双手,得自孩子们浸透了露水的衣袖。如果我们想要拯救环保事业和大自然,我们还得拯救一种濒危的标志性物种——在大自然中玩耍的儿童。

Part4
大自然与儿童的重逢

我重获了健康,我在山间的清风和净水中苏醒……
——约翰·缪尔

每一年都是惊喜。
发现自己几乎忘了所有鸟儿的歌声,
再次听闻,如梦如幻,
恍惚回到从前……
大自然的声响,总将我点燃。
——亨利·戴维·梭罗

13 把大自然带回家

> 带孩子亲近自然时,感受远比了解重要。
>
> ——蕾切尔·卡森

父母很难只靠自身的力量改变孩子不再依恋自然的现状。但是,包括父母在内的所有监护人、家人,都可以在家庭内外做出改变。除此之外,我们还有教育者、城市规划者、青少年自然活动组织者和环保人士,他们将决定第三条边疆的演进方向:要么使自然体验终结,要么让它以新的形式重生。父母们可以鼓励各种机构来做出改变,但绝对不能被动等待。

父母们已经在尽力平衡工作和家庭生活,他们可能不愿继续往长长的待办清单里添加项目,这是可以理解的。所以,我们不妨换个角度来看待这件事,把大自然当作一剂良药,用它来减压、保健、静心、休闲娱乐、提升创造力,甚至过上更安全的生活。只要让自然走进孩子的生活,家庭成员就有机会获得这些益处。

热爱是最珍贵的礼物

几年前,杰里·谢德(Jerry Schad)邀请我和两个儿子(一个5岁,一个11岁)跟他们父子俩(他的儿子4岁)沿圣地亚哥东部山区的棉白杨溪徒步旅行。我们把车停在公路旁,沿着一条崎岖不平的小路走向下方一个幽深的山谷。这是一条穿越茂密树丛的"隧道",由无数徒步旅行者踩踏而出。他们大多是因为读了谢德所写的徒步旅行指南才来到这里，目的是寻找谢德所说的棉白杨溪瀑布。

不过，在我带你踏上这趟旅程之前，请允许我谈谈父母们所承受的压力。简单说，我们中的许多人必须克服这样的想法：有些事必须要能做得完美才值得带孩子一起做。如果带孩子到大自然中是为了寻找完美，或者只是应付差事，那么快乐就会无迹可寻。为了给孩子讲解关于大自然的知识而去学习是一件好事，但大人和孩子一起了解自然是更好的选择，而且整个过程还要有趣得多。

我们沿着蜿蜒的小路曲折前行。每到难走处，我的大儿子贾森就会拉起弟弟马修的手。谢德的儿子汤姆则一直跑在前面。谢德谈起了他在圣克拉拉峡谷（即如今大名鼎鼎的硅谷）长大的经历。他小时候没有露营的经历，可是从12岁起，一到夏天，他就到后院里睡觉，并且对夜空产生了强烈的兴趣，这一经历甚至让他日后成为了天文学教授。如今，他仍旧喜欢在荒野的星空下席地而睡。

他满怀敬畏地讲述着圣地亚哥一些荒僻所在的神秘之处，也谈到夜空，比如金星有时会在沙漠地带投下奇怪的阴影。由于年龄偏小，汤姆和马修对土狼的粪便比对金星的影子更感兴趣。他们拨弄着它，给它起了各种各样的名字。马修也想知道，为什么我们没见到大型动物。

"因为它们有超能力。"我解释说。

他停下了脚步。

"它们在很远的地方就能听到我们的声音，闻到我们的气味。"我补充道。他恍然大悟，但他的心思很快又飘到了别处。要收集的石头太多了，而时间又太少。两个小一些的孩子都想当开路先锋，争着往前跑。我和谢德刚刚认识，彼此都太过客气。不过小孩子跟大人不一样，马修和汤姆很快就熟络了起来。两个人亲密得很，像是已经有了20年的交情。

"我要开路！"汤姆宣布，随即钻进了灌木丛里。"小心蛇，"他喊道，"随时都会有蛇窜出来。"这些年来，汤姆的父亲见到过200只大角羊、一只美洲狮和许多响尾蛇。谢德这时说，四月是最需要提防蛇的月份。每到四月，他都会避免走草木茂盛的野路，也不会在灌木丛中自己开路。这时的蛇刚从冬眠中醒来，攻击性可能会非常强。

谢德说："我一般带汤姆去离家较近的地方远足，但我也喜欢带他到这里来，让他有机会尝试、探索和冒险。培养远足的良好判断力对他非常重要。"

他建议父母们带孩子在靠近市区的地方进行难度较低的短距离远足。这倒不是因为小孩子体力不足，而是因为小孩子很容易感到厌烦。

马修首先听到了瀑布的声音。

我们来到小路尽头。这里是一片橡树林，棉白杨溪从这里奔流而下。我们沿着小溪走到第一座瀑布前，那里有几处很深的池塘，池水来自融雪和近期的降雨。孩子们爬上巨石，沿着岩壁奔跑，我和谢德叫他们慢下脚步，仔细观察。"看到这些黑乎乎的东西了吗？"谢德指着水边岩石上的黏糊糊的东西对汤姆说。"别踩这些地方，这里非常滑，一踩就会滑到水里。"

几个男孩像蜥蜴一样爬上岩石。看着他们，谢德说自己感受到了孩子们的兴奋："每次带汤姆出来玩，我都能通过他的眼睛看到各种新鲜事物。"我们在一块大石头上坐了一阵子，俯瞰着一池深水。孩子们则把大石头当滑梯玩。谢德、贾森和我则用身体挡在悬崖的一侧，防止他们掉下去。过了一会儿，我们厌倦了这种玩法，就把马修和汤姆赶了下来。我们的口袋里塞满了马修一路捡来的石头，他不准我们把它们丢掉。

对于杰里·谢德，我印象最深的不是他渊博的知识，而是他对大自然的热爱。如果因热爱而生的快乐沉睡了，我们就必须把它唤醒。对于从前未能亲近自然的父母来说，这并非易事，但现在仍有机会补救。"要想保持孩子与生俱来的好奇心"，蕾切尔·卡森写道，孩子就得得到"至少一个成年人的陪伴，以此来共同体验这世间的快乐、兴奋和神奇"。

最重要的是找回感受快乐、兴奋和神奇的能力。小说家、二战后担任法国文化部长的安德烈·马尔罗（André Malraux）曾在作品中引用一位牧师的话，"根本没有'成年人'这回事。"确实，找回孩子对大自然的敬畏永远都不晚。让孩子亲近自然的最佳途径是我们自己亲近自然。如果孩子的家人原本就参加户外活动，那么现在还可以多参加一些。他们可以成为观鸟者、垂钓者、徒步旅行者或园丁。如果孩子们能够从大人身上感受到对自然的热爱，他们就会在模仿中移植这份热爱——哪怕到青春期时，他们还要假装失去这份热爱。

陪孩子一起阅读自然类图书，是帮助孩子找回对大自然的好奇心的另一种方式。与电视不同，阅读不会让孩子的多种感官发生疲劳，也不会限制孩子的想象，反而能够激发想象。还记得第一次读《森林王子》《汤姆·索亚历险记》或《哈克贝利·费恩历险记》时的奇妙感觉吗？还有吉卜林笔下的世界中的世界、马克·吐温的密西西比河和蒸汽船？环境教育工作者和活动人士反复提到，自然类图书对儿童有重要影响。

与许多20世纪50年代的孩子一样，作家凯瑟琳·克雷默（Kathryn Kramer）也是读《指环王》（*The Lord of the Rings*）长大的。好多个夏天，她都"坐在我们避暑屋客厅里一张很不舒服的柳木长椅上，两腿打直的样子好似一个不会画膝盖的人所画的简笔人像"，反复读《指环王》三部曲。"也许我会偶尔抬头看看窗外的天空，这似乎就是我想从户外空间和绚烂夏日里得到的一切。托尔金的书中，有我需要的所有天气。"她尤其被托尔金笔下的大自然所深深打动，她还引用了下面这段精彩的文字：

他们在岛上的一大片丛林里，地平线被遮住了。东南方的地面陡然下降，山坡继续在树下延伸到低处，好比悬崖海岸……岛的中间蜿蜒着一条慵懒的幽深的河，河水是褐色的。河的两岸长着许多古柳，有的架在河上，有的倒在河里，还有数不清的黄柳叶漂在水面上。和风轻拂，柳叶纷飞。柳枝碰撞，芦苇沙沙作响。

托尔金的书，每一页都是如此，"在描写景物上用的词比大多数人一辈子用的词还要多"。克雷默说。她把《指环王》三部曲读给她7岁的儿子听，不仅把故事赠予儿子，也通过故事把她对大自然的热爱传递给他。

无聊简史

父母们总是听到孩子抱怨："我无聊死了。"特别是在夏天。无聊跟恐惧是双胞胎，它消极被动，总找借口，可能会让孩子们远离自然，但也可能驱使他们走向自然。

在过去的夏日里（至少记忆中是如此），孩子们常常以被动的方式摆脱无聊。在一天当中的大多数时候，电视里只有肥皂剧、小游戏和偶尔才播的牛仔电影，于是你不得不起身出门。

"嗯，时代变了。"我在第9章里提到过的蒂娜·卡夫卡说。卡夫卡是一位教师，也是三个孩子的母亲。她说："即使孩子们的自由时间多得用不完，他们也不会到外面去玩。他们在家里玩电子游戏。"她发现，与孩子们的自发活动相比，为他们精心安排的活动对他们的长期记忆的影响反倒要小得多。她想让孩子们的生活充满神奇，但她也尊重现实。"现在的孩子们不怎么出去玩，也不怎么骑自行车了，他们更感兴趣的是电子屏幕。"卡夫卡解释道，"我不喜欢他们无所事事地看电视，可老实说，我也懒得想方设法地给他们找别的乐子。"

"我的字典里没有'无聊'这个词。"我们当中有些人还记得祖辈曾经说过这样的话。实际上，弗吉尼亚大学英语教授、同时也是《无聊：一种心态的文学史》（*Boredom: The Literary History of a State of Mind*）一书的作者帕特里夏·迈耶·斯帕克斯（Patricia Meyer Spacks）说过，这个词直到19世纪才出现在人们的生活里。据她所说，在中世纪时，如果有人表现出了我们如今称之为无聊的症状，那人就是得了"淡漠症"（acedia），这是一种"危险的精神疏离"，是对这个世界和造物者的贬低。人们忙不迭地对抗瘟疫，辛勤劳作，哪有时间来无病呻吟？淡漠症是一种罪。后来，人类发明了节省人力的机器，也开始尊重个体，"追寻幸福"。所以我们不再认为淡漠症是一种罪，而开始接受这一情绪状态。而且，斯帕克斯教授还及时地指出，无聊是一件好事，至少在大多数时候如此。她写道："如果在前现代社会，生活从不无聊，那么那时的生活也不会有现代意义上的趣味、激动或兴奋。"

无聊的最大用场是激发创造力。今天的孩子们挤满了购物中心和电玩城，排队观看他们所能找到的最恐怖、最血腥的暑期电影。可他们仍旧在抱怨："我无聊死了。"就像热天里喝加糖饮料会越喝越渴一样，这种娱乐方式也让孩子们不断追求更大尺度、更暴力的刺激。根据匹兹堡医疗中心（Pittsburgh Medical Center）儿科学教授罗纳德·达尔（Ronald Dahl）发表于《新闻周刊》的一篇文章，这种有害的新型无聊感是儿童和青少年心理问题日益增多的原因之一。达尔认为，这一症候群会让更多的医生给孩子们开利他林等"兴奋剂来解决听课不专心的问题，或者开抗抑郁药来解决生活缺乏乐趣的问题"。

我们需要在"积极的无聊"和"消极的麻木"之间划清界限，这很重要。拥有积极无聊感的孩子最终会去看书，建造堡垒，拿出颜料（或打开电脑绘图软件）展开创作，或者汗流浃背地从篮球场回家。父母等看护者可以做一些事情来培养孩子的积极无聊感，后者往往能促使孩子对大自然敞开怀抱。

- 首先，无聊的孩子往往更需要来自父母等心态积极的成年人的陪伴。实际上，孩子抱怨无聊，可能只是为了吸引父母关注。父母等成年人需要多花时间陪伴孩子，减少他们玩电子游戏和看电视的时间，带他们去图书馆或者去户外远足、钓鱼，以此来帮助他们摆脱电子产品的束缚，同时放飞想象。
- 第二，关掉电视。很多父母都曾罚孩子不准看电视，随后就会看到孩子在自己玩，先是懒懒地玩，接着是充满想象力地玩、自由自在地玩。他们都知道时间、无聊和创造力之间的关联。堪萨斯大学电视与儿童研究中心主任阿莱莎·舒斯顿（Aletha Shuston）说："电视有个特点，它通过声音和图像提供了太多的刺激，于是孩子就没有动力自己创造刺激了。"

- 第三，在安排和无聊之间找到平衡。太过无聊可能会有害，而安排事项过多也会扼杀积极的无聊和其所激发的创造力。卡夫卡说："我为学生安排了一些可以自由支配的时间，他们可以画画、阅读和发呆，特别是可以到外面去，没有必须完成的任务、必须要去的地方。我知道安排出没有安排的时间这个说法听上去有点矛盾，但你必须这么做。"（这条建议也适用于夏令营活动）

雇主也可以贡献一份力量。由于卡夫卡是一名教师，所以暑假可以休息。另一些父母要么可以在家工作，要么是传统的全职爸爸或全职妈妈。但是，大多数父母都无法灵活安排工作时间。要想引导孩子善用无聊时光，他们就需要得到更多的帮助（例如灵活的暑期工作时间）。

父母们也可以努力为社区的夏令营活动争取资金。对许多因为工作原因而脱不开身的父母来说，夏令营是不可多得的天赐之物，特别是单亲家庭。对所在社区环境较差的一些孩子来说，好的夏令营活动或许能起到拯救作用。有的夏令营鼓励孩子自由发挥。"冒险游乐场"项目为孩子们提供了一块自由活动的场地，里面有旧轮胎、木板和各种工具，也有用于建造和挖掘的地方，并且有成人在远处照看。有的户外夏令营能在不过度指导的同时，促使孩子展开探索。一些青少年中心允许青少年自主决定活动内容。这样的夏令营应该得到更多的支持。

最重要的是，孩子们需要那些能够理解无聊和创造力之间存在关联的父母，需要愿意花时间陪孩子一起亲近自然的父母，需要愿意为孩子创造条件来激发他们自出心裁并允许孩子能够按照自己的想象来亲近自然的父母。

后院里的大自然和漫步树林

通常，最近便的自然就是后院，接下来是附近的自然空间——假如我们有幸住在它们附近的话。可是，许多住在森林、田野、峡谷和溪流附近的父母却说，他们的孩子从不去那些地方玩耍——要么是因为父母或孩子害怕不安全，要么是因为孩子对那些地方不感兴趣。

南卡罗来纳州自然资源保护人士比利·坎贝尔（Billy Campbell）医生明白，孩子对住处周围的自然空间产生兴趣通常并非偶然。在他看来，孩子们最缺的不是对纯粹荒野的探访，而是与大自然的日常接触。除了常见的阻碍因素外，坎贝尔还认为，孩子对户外活动缺乏兴趣可能与媒体对自然的呈现方式有关。这种方式或许极具教育意义，但也太过精致和极端。"所以孩子们会觉得失落。只要他们无法亲眼看到灰熊撕碎驯鹿幼崽，那就会很无聊。"

坎贝尔在树林中长大，玩打仗游戏、捉小鱼、掏鸟蛋、捡蛇皮、抓虫子。他认为，这些经历本身就很特别，对他的成长影响很大。如今，他家的院子连接着乡间的几百英亩森林。可他当初并不认为他的女儿、现在已经十几岁的雷文，能自动发现这些森林的神奇之处。于是，他和妻子对她进行了有意识的引导：

雷文还不会走路时，我们就带她去远足了。我们每周都会有5天步行去小溪或池塘。我们编了自己的游戏，让她跑在前面，同时用手语告诉她接下来该往哪里走。现在，她会每周穿过这片百年前就有的森林好几次，去看她的表兄弟姐妹，距离大约250码（约合229米）。我们也会捡拾有趣的东西，把它们带回家。到她10岁时，徒步6～10英里（约10～16千米），登高2000英尺（约610米）已经完全不在话下了……重点是，对雷文来说，这不过只是她的生活方式，她从不觉得这有什么特别之处。在她眼里，自然是美丽的。

父母的徒步旅行既可能是主动为之，也可能是被拖去的，对孩子来说也是如此。在引导孩子亲近自然时，父母必须掌握好分寸。你不必一开始就为了要去约塞米蒂国家公园玩两周而去购买昂贵的露营装备，在后院里悠闲地享受自然也同样是一种选择。

后院柳树下藏在杂草和树叶深处的地洞，近旁一条夏天才有水的小溪，甚至前院和道路之间的沟渠——所有这些地方在小孩子眼里都是整个宇宙。在他们看来，山里或国家公园常常还赶不上道路尽头的那条水沟有趣。我们可以跟着孩子走进他们的天地，以此来重新发现大自然的趣味和神奇。同时，了解孩子的世界也能让孩子获得积极的影响。如果我们能对蚂蚁搬家表现出兴趣甚至敬畏，我们就能把这一信息传达给孩子，而这一信息可以在孩子的生命里存在数十年，甚至可以传递很多世代。关注这些简单却迷人的所在，能让我们和孩子看到季节的轮换和草木的兴衰。

黛博拉·丘奇曼（Deborah Churchman）在一家老牌非营利公民环保组织出版的《美国森林》（American Forests）杂志里写道："你要做的不是给他们提供另一个良好的教育机会，而是要让他们意识到，我们生活在一个多么美好的世界里。"她建议父母们带孩子做他们小时候做过的那些虽然幼稚但却好玩的事，"带他们去小溪边跳石头，让他们看看石头下面藏着什么。雨后散散步，数数虫子（因为它们的气孔被雨水堵塞了，所以会爬出来呼吸空气）。打开门廊的灯，看看昆虫们聚集在一起的样子（它们非常喜欢紫外线——科学家还不知道这其中的原因）。到田野上，看蜜蜂钻进花丛。"找一个峡谷、一片树林、一排防风树、一片沼泽、一个池塘、一片杂草丛生的空地，经常去看看。丘奇曼还引用了一句古老的印度谚语："攀千峰不如知一山。"

在《雷鸣树》（The Thunder Tree）一书中，作者罗伯特·迈克尔·派尔（Robert Michael Pyle）讲述了他童年常去的地方，即他家附近的一条有百年历史的灌溉渠。他写道，这道渠是他的"藏身处、游乐场和解忧地"，是他"想象中的荒野、逃生口和博物学家梦想的发源地"。

我们当中的许多人都记得小时候把星星当孩子，记得社区后面的土坡和街道尽头的树林。跟派尔一样，我的第一个秘密据点也是一条渠。那条渠既幽深又神秘，两边是葡萄藤和榆树，荆棘丛生。我带着狗坐在渠边上，一坐就是好几个小时。我用小棍戳泥土，听渠里各种动物发出的声响，看蚂蚁在缝隙里进进出出。在一个4岁孩子的眼里，这条渠又深又宽又奇特，那种震撼丝毫不亚于同一个孩子在几十年后看到科罗拉多大峡谷时的感受。

派尔写道，这些地方是"启蒙之所，在这里，我们与其他生物融为一体，泥土钻进我们的指甲缝，我们对这里的感情深植内心"。这些地方是"故旧之地，在这里，你必须努力寻找你喜爱的东西"。英国作家、博物学家理查德·梅比（Richard Mabey）将这种未得到开发和保护的地带称为"非正式的乡间"。这样的栖息地通常物种繁多，能学到很多东西。在短短10年间，派尔就在他的灌溉渠里发现了大约70种蝴蝶。

如果你的孩子还没有发现这样的"秘密据点"，那该怎么办？这时，你就可以陪孩子一起去探索未知世界。孩子不是被迫出门，因为这是你们共同的冒险。"听到你说'我们出去吧'就会打哈欠的孩子，可能会饶有兴致地跟着你去收集嫩枝来泡茶。"黛博拉·丘奇曼如是说。

鼓励你的孩子去熟悉田野、池塘边或没有喷洒农药的花园边的一小块大约10平方码（约合8.4平方米）的区域。找到不同类型的栖息地之间的过渡区域，例如哪里是树林和田野的边界，哪里是陆地和水体的边界。这些过渡地带总能激发孩子的无穷想象。八月，跟孩子一起坐在池塘边，不要动，等待，再等待，看青蛙一只一只地出现，运用你所有的感官去感受。十月，跟孩子漫步于杂草丛生的花园、树林或田野，一起做记录。鼓励孩子用文字和图画来记下那只在秋叶上蹒跚而行的年迈的大黄蜂，或是那两只急着收集苔藓和树枝来修筑冬巢的灰色松鼠。问问对方，在六月时，这里是什么样子？当时还年轻的大黄蜂有没有在采集花粉时压弯花茎？如果孩子愿意，你可以建议孩子把叶子、云朵或青蛙的轮廓勾画出来。回家后，你可以引导孩子给图画涂上颜色，在书页之间夹一朵花，再标上天气状况。或者，你也可以引导孩子从蜜蜂的角度来写一个故事，比如它发现你在看它时，它在想些什么？它在它的日记里会写些什么？

丘奇曼还建议："用搅拌机把不新鲜的水果、啤酒或葡萄酒（或者快要过期的果汁）和甜味剂（蜂蜜、白糖或糖浆）一起打成浓浆，带支画刷，在日落时分跟孩子去外面，把浓浆涂到至少6处木质表面上。最好是树，也可以是没上过漆的木头。等天完全黑后，再去看看你们引来了什么？你通常会发现蛾子、蚂蚁和蠼螋等昆虫。"在鸟类观察网站的帮助下，追踪鸟类迁徙。冬天，寻找冬眠的昆虫、虫瘿、树上或树旁的动物巢穴。春天，跟孩子一起捉蝌蚪，把它们养到鱼缸里，看着它们长成青蛙，再把青蛙放回野外，到了8月再去看它们。秋天，寻找被鸟类遗弃的鸟巢或松鼠在秋天建造的巨大巢穴——因为它们常在冬天产崽。

园艺是引导孩子亲近自然的另一种传统方式。科罗拉多州立大学合作推广部的园艺师朱迪·塞德布鲁克（Judy Sedbrook）建议父母们通过种植那些种子大（方便孩子抓握）、长得快的植物来培养孩子对园艺的热情："蔬菜很适合小孩子来种。它们发芽快，成熟以后还能吃……父母还可以鼓励孩子吃他们亲手种植的原本不爱吃的蔬菜。如果你的花园足够大，种葫芦也是不错的选择。收获之后，葫芦可以用作装饰，还可以用来当鸟窝。"种向日葵屋也是很有趣的。你可以跟孩子在一小块8英尺（约合2.4米）见方的土地四周种上葵花子或葵花苗，葵花要交替种8英尺高和4英尺高的品种。你也可以在向日葵中间种一些玉米，玉米能防治甲虫，而向日葵则能保护玉米免受毛毛虫的侵害。在土地中间，你可以跟孩子种一些白花三叶草。当孩子在向日葵屋里玩耍时，蜜蜂、蝴蝶等昆虫将聚集在上面的葵花上。播种本地授粉植物的种子，这类植物不仅能为授粉鸟类和昆虫提供花蜜、栖息地和筑巢地，还有助于增加它们的种群数量。这么做有助于恢复遭到阻断的授粉走廊，重建蝴蝶和蜂鸟的迁徙路径。这样一来，你的孩子也可以成为鸟类迁徙的参与者，而不仅仅是观察者了。

挤出时间

时间是关键。建议父母们花更多时间带孩子亲近自然说来容易，只是可用的时间越来越少。不过，这个问题并非不能解决。面对缺少时间和博物知识不足，单亲妈妈特里·科纳尔斯（Teri Konars）是这么做的：

我儿子亚当对小时候的露营记忆深刻。那时我们还住学生宿舍，亚当差不多五六岁。我找到了一家叫作"单亲父母"的组织，开始跟他们一起去露营。第一次旅行是亚当最喜欢的，当时去了沙漠。亚当看到了一只土狼，学会了用丝兰叶子做针线，也看到了许多星星。如今，他已经20多岁了，他说那段经历对他影响很大。我也玩得很开心，但我的车在回家路上坏了。开着我的旧车进行这样的旅行不知道是大胆还是愚蠢，但我知道还有其他人和我们在一起，这让我们觉得很安心。作为单亲妈妈，跟一群人一起去露营是唯一可行的方式，因为我害怕未知的环境，担心汽油、露营装备、食物等花费，我们的预算非常拮据。

我多年来陆续了解到很多家庭的情况，并且对其中一家的做法印象深刻，因为他们的应对措施非常简单。"我的家人陷入了高成就陷阱。"堪萨斯州约翰逊县的一名家校联合会干事告诉我。

我们的儿子压力特别大，我们的压力也很大。我们之所以能意识到这一点，是因为有一天晚上，我们又像往常那样争吵了起来，所有人都脸红脖子粗……实在让人受不了。我们的情绪都达到了顶点。突然，我们意识到，我们在给儿子传达这样一种信息，即他必须完成什么事才是可爱的。我丈夫和我也是这样：他加班工作是为了让自己更可爱，我参加那么多社区活动也是为了让自己在邻居眼里显得更可爱。这太不正常了，我们反倒变得越来越不可爱。

于是，他们各自列出了自己喜欢做的事情和讨厌做的事情，然后相互交流。儿子列出的事项让父母感到非常吃惊，原来他不是特别喜欢踢足球，他们刚刚才得知这一点。他真正喜欢的是在后院的花园里摆弄花草，这也是他的父母所想不到的。最后，他们发现他们都喜欢到户外去、扎营、徒步，去哪里都无所谓。后来，孩子的父母大大减少了加班和社区活动时间，同时一起带孩子去树林里散步、吹风。他们找回了自己的时间，整个家庭变得更和睦了，他们也重新投入了大自然的怀抱。

当然，弥合我们与自然的鸿沟并不像列清单那么简单，这件事也不能全靠父母们来完成。父母们或许可以在他们的家里创造一些小奇迹，但他们通常无法仅靠自己的力量来扭转乾坤。父母们还需要学校、环保组织和城市规划者提供帮助，他们也需要互帮互助。

14 面对恐惧的智慧

在我的儿子们小时候想去屋后的山谷玩耍或是在绳子上摆荡、探索贯穿桉树林的季节性小溪时,我都希望他们能和朋友们一起去,而不是独自前往,并且还要带上手机。他们不想带手机,但他们也知道,享受自由的代价就是要解除我对安全的担忧。

随着他们逐渐长大,我开始转换避免担忧的方式——有时这些担忧其实毫无根据。我向他们确认,在大自然中玩耍非常重要。带他们去库亚马卡山森林或安扎-博雷戈沙漠徒步时,我让他们跑在前面,我则故意走在后面,只是确保自己能看得到或听得到他们。我主动让他们接触自然。为写书做调研时,我还会带大儿子一起去。我们在圣地亚哥海岸用假蝇钓鲨鱼,跟墨西哥牛仔一起去墨西哥下加利福尼亚州的圣多明各河。在那里,我们捕获并放生了一种独特的鳟鱼。我还看着贾森沿着河流手脚并用地爬过许多巨石,我几乎听不到他的声音,但我始终确保他不离开我的视线。

对我来说,诀窍在于让孩子承受的风险是可控的。

我会带我的小儿子马修去内华达山脉,也会带他去几英里外的海湾。我们共乘一只小船,穿行在低洼的沼泽中,他看着黄貂鱼像蝙蝠一样四散奔逃。我们也去靠近海岸的巨藻森林,那里有许多比人还大的鱼。水面下有着令人眩晕的水柱和不停舞动的巨大海藻——船舷边的马修凝视着它们之间的光亮,像是看到了地球跳动的心脏。我会从船的另一头看着他。他全神贯注,离我似乎有几英里之遥。

或许,这类旅行能够弥补他们所缺失的部分自由,至少能够在一

163

定程度上满足他们在大自然中独处的需要。我希望如此，因为我认为，大自然是恐惧的极佳解药。

我们知道，公园有提升社会凝聚力的作用。致力于保护土地的国家级非营利组织公共土地信托基金会认为，民众对公园和休闲娱乐设施的使用"与犯罪（特别是青少年犯罪）的减少密切相关"。

把公园设计成自然风格，能改变成年人的行为（特别是鼓励成年人看护好孩子），也让孩子更加安全。树和草的作用也不仅仅是装饰。例如，在芝加哥市中心的一处公共住宅区中，绿色植物的存在能让儿童在玩耍中发挥更多的创造性，同时也能鼓励成年人花更多时间看护孩子。1998年，《环境与行为》（Environment and Behavior）杂志报道，在芝加哥一处住宅项目的64个户外空间中，在有树有草的地方玩耍的3~12岁儿童数量几乎比在没树没草的地方多一倍。而且，前者在玩耍中表现出了更丰富的创造力。该住宅区内有5700名居民，是美国最贫穷的10个社区之一。

我在前面提到过的伊利诺伊大学人类环境研究实验室主任弗朗西丝·郭表示，从政策的角度看，"关于玩耍的研究结果令人兴奋，玩耍总体上对儿童的发展具有重要意义"。

自然环境对安全的影响也非常重要。调查发现，在有植物的地方，儿童获得成人看护的时间增加了一倍。这类研究是面向群体的，那么对个体的孩子来讲，自然环境的影响又会是怎样的呢？

现代生活压抑了我们的感官，使我们的注意力主要通过视觉来展现，例如看电脑显示器和电视屏幕。大自然则不同，它能激发我们的所有感官，而这些感官是孩子们的第一道安全防线。与自然有大量接触并能直接观察世界的孩子或许更有可能具备有助生存的心理素质。孩子能够借此发现真正的危险，同时也不太可能在日后的生活中被潜藏伪装的危险所迷惑。在大自然中玩耍或许能够滋养孩子们与生俱来的自信。

自然中的超强觉察力：增强天生的自信

在访谈父母和他们的孩子时，我常常提到自信。据我所见，大自然确实能帮助孩子建立自信。珍妮特·福特的女儿朱莉娅（Julia）就是一个例子。朱莉娅就读于乔治华盛顿大学，主修安全与国防专业。最近，朱莉娅参加了军官选拔考试，这份职业需要她面对恐惧和不确定性。母女二人一致认为，大自然帮助朱莉娅树立了自信：

在朱莉娅很小的时候，每次她要到外面玩的时候，我不是对她说"小心"，而是说"注意"。这么说不仅不会让她感到恐惧，而且还会鼓励她对抗恐惧。一起在户外时，我们从未遇到任何让我们感到害怕的生物。我希望我能教会她运用理智去判断。例如，在攀岩时，没有事先检查就把手指伸进石缝是不明智的举动。

我尝试让她学会尊重其他生物。我对她说，动物跟人类一样，也有领地意识。而且，它们行动的目的也跟我们相同——要活下去。无论她在华盛顿路遇咆哮的狗，还是在野外遭遇美洲狮，我都建议她慢慢后退，不要逃跑。我认为，给她机会做"野孩子"，能帮她磨炼生存的本能，不仅能让她更好地适应森林里的生活，也能让她更好地适应大城市的生活。有时候，人类是最危险的生物，也最难读懂。我总是教她感受直觉，这是非常重要的生存技能。如果你感觉到异常，那就是真实的。如果你想保证自己安全，生存下去，那就不能无视它！

朱莉娅也认为，童年在大自然中的经历使她成为了一个更坚强、更善于观察，也更有能力保障自身安全的成年人：

你问我从大自然中学到了什么，但我必须先说说我从我母亲那里学到了什么。你可能不信，我在野外时感到特别自在，以至于我母亲不得不对我作出限制。有一次，我告诉她我一直在喝我家附近那条小溪里的水，结果她马上把我拖到医院，检查有没有感染寄生虫。我那时7岁，之前悄悄拿过她实验用的石蕊试纸，因此知道溪水的酸碱度是安全的，所以根本没想过喝那里的水会有危险。我知道哪些植物吃起来味道好，也知道哪些植物尽管味道不错，但也会让我生病。母亲对我也有一些非常严格的限制，我印象最深的是，不要在没有绳索的情况下攀爬100英尺（约30米）高的岩壁，这会把母亲吓出心脏病。还有，不可以在后院小便。不过，所有这些限制都不是很重要，对我成年后的生活影响不大——也许你觉得我母亲帮我改掉亲自给花园施肥的习惯这一点还是很重要的。大自然唤醒了我的超强觉察力，而我在别人身上很少能看到这种能力。

朱莉娅提到的"超强觉察力"对我很有启发。通常，超强警觉力的表现是时刻保持警惕，随时准备战斗或逃跑，这种能力常常与童年创伤有关。但是，从童年的自然体验中获得的超强觉察力可能是它的另一面，能让人同时做到积极关注和适时警惕。我们都知道"街头智慧"这个词，或许对孩子们来说，另一种有助于适应环境的、含义更加宽泛的智慧可以称为"自然智慧"。

作为一位父亲的加州企业家约翰·约翰斯认为，孩子在大自然中玩耍时所面临的许多决策机会是他们在受限的人造环境中玩耍时所不常拥有的。自然环境中的决策不仅可能招致风险，也有可能带来收益。童年经过大自然风雨洗礼的人更为坚强。人们都说，规则数量有限的正式体育运动有磨炼性格的作用。如果这是事实（它当然可能是事实），那么体验自然也必定有同样的作用，虽然我们尚不完全了解这其中的具体作用机制。自然空间在复杂程度上远超所有人工场地，其中包含的规则和风险也大大增加，自然空间还会将这类信息通过微妙的方式告知所有感官。

约翰斯说："我直觉地认为，我的孩子们会因为他们接触大自然的经历而具备更强的危险识别能力。他们都曾在激流中胆战心惊，也曾在伸手不见五指的夜晚摸索着爬进睡袋，任凭恐怖包围自己。那时对神经的刺激和由此而形成的适应性反应,能让他们在这个世界上获得某些生存优势。"他并不确定这是否是他与妻子带孩子如此频繁地深入自然的初衷之一。"我们很少会想到要提升孩子对世界的感知力这样的目标,但我们确实体会到了这些好处。"

莱斯利·斯蒂芬斯(Leslie Stephens)是来自加州的一位母亲,她把家搬到了加州南部一处天然峡谷的边缘。她说,他们这么做的部分原因是那里风景优美。但还有一个原因是,在这样的环境里,她的孩子们更有可能按照自身的节奏培养自信。她说:

> 我认为,对野外的喜爱最好从小培养。否则,他们就会排斥自然,害怕自然,甚至更奇怪,莫名地不再对自然感到好奇。我身边常有这种人。他们在大自然里感到很不舒服,有点害怕去户外探索。
>
> 附近的妈妈们常常问我,我是不是对儿子的安全问题太粗心了。她们想知道为什么我会允许我的孩子们在没人看管的情况下满山谷乱跑。她们会问遇到危险怎么办。他们怕山谷里有"坏人"和土狼(这是白天啊,天哪),当然还有响尾蛇。我已经有12年没在那里见过蛇了,但管理员却经常在中学的操场上杀蛇。是的,那里确实有危险。有一次,我的小儿子和他最好的朋友踩到了同一枚生锈的钉子。只有男孩子才能干出如此尴尬和痛苦的事。他们尖叫的样子让我以为他们被蛇咬了。这种情况需要去急诊室打破伤风。但是除此之外,他们的伤并没有什么特别之处,在正式的体育运动中他们也会受伤。我觉得,那种地方才危险。孩子们一个个充满了攻击性,只想着赢、赢、赢。荒野中的孩子需要时刻留意身边的环境,所以荒野能帮助孩子提高观察力和判断力。

父母能做的最重要的事

我并不是说,让孩子走进自然就能增强孩子对危险的免疫力,目前还没有科学研究来支持这种理论。但我确实认为，在大自然中玩耍能够在一定程度上让孩子变得更加安全，而我们保护孩子的传统做法却不如我们想象中的那么有效。父母们也可以采取其他措施来减轻自己的担心。

对陌生人的恐惧曾经席卷全美。当时，美国有线电视新闻网的葆拉·扎恩（Paula Zahn）问马克·克拉斯（Marc Klaas），我们能做些什么来保护我们的孩子？与我们当中的大多数人一样，克拉斯原本并不愿意思考这个问题。在1993年的一个月夜，他12岁的女儿波莉在加州的家里遭到绑架，随后被杀害。此后，克拉斯屡屡登上电视屏幕，为失踪儿童发声。政客们把他推为加州第184号议案"三振出局法"[1]的代言人。他和政客们都说，如果投票支持这份议案，你就能阻止别的孩子像波莉那样被杀害。

然而，克拉斯却在投票之前改变了主意。他总结说，这项法律只是在向已经人满为患的监狱输送更多的大麻吸食者和偷猎者而已，却没有触及儿童遭受危险的深层原因。当扎恩询问他对父母们的建议时，他说，是的，我们需要意识到，如果绑匪能"把孩子从卧室里绑架出来，那么美国所有孩子都面临着被绑架的风险"，但他也补充道，"我们必须消除这种恐惧陌生人的想法，而代之以其他思维方式。"父母和孩子都是有力量的。孩子们"应该相信他们的感受"，他说，"他们应该与绑匪作斗争，应该与任何让他们产生消极感受的事物划清界限。当然，他们也应该明白，有一些陌生人是可以去求助的。"

其他人也讲过这一点。不要只跟孩子说邪恶，也要跟他们讲善意，教他们在感受到威胁时寻找能够帮助他们的成年人。教孩子适度信任比教孩子害怕更难，但两者同样重要。正如克拉斯所言："孩子们想要的是能帮他们保护自己的信息。克服自身的恐惧、解决问题，并且和孩子们谈论这些，是身为父母必须要做的事情。"这类建议并不适用于孩子被从家里抢走的情形，但这种情况也过于罕见。在广场

---

[1] 原为棒球术语，规定将犯三次及以上重罪的累犯的监禁时间大幅延长。

恐怖越来越盛行的社会，父母们最害怕的就是潜藏在街道上、商场里以及房后山谷里的未知危险。

那么，我们该如何做才既能适应现实，同时又能避免我们的孩子远离有益身心的社区和大自然呢？

克拉斯提供了一条建议："我想说的是，我们应该认真考虑，让10岁及以上的孩子拥有自己的手机，这样一来，我们就能一直与他们保持联系。我不是手机公司的托，我真的认为，这是我们所需要的解决方案之一。"

几年前，在恐惧陌生人情绪的又一次泛滥中，我问来自新罕布什尔州的社会学家戴维·芬克尔霍尔，他认为父母能做些什么来保护他们孩子。他的话触及了"妖魔症候群"的核心。他说："今天有大量项目来教孩子保护自己。但我确实认为，父母最重要的事情是跟孩子建立起良好的支持关系。因为，自尊、自信并且与父母关系亲密的孩子受到伤害的可能性要低得多。我们的研究证实了这一点。绑匪不太可能跟他们打交道，因为绑匪会察觉到，这些孩子有分辨力，不会被愚弄或欺骗。研究表明，受害的孩子大多在情感上遭受过冷落，或者来自极度不快乐的家庭，或者经历过其他痛苦。"

所以，这就是解决问题的关键（这一点与大自然没有必然的联系）。我们陪伴孩子的时间能够增长他们的自尊和自信，进而成为他们日后的防身护甲。我们所能给予孩子的最重要的保护就是我们的爱和时间。如果治疗"妖魔症候群"最少只需要5点，那么它们或许是：

1. 多陪伴孩子。告诉他们有的人很危险，但重点在于建立孩子的自信、培养敏锐的觉察力，并让孩子知道他们可以信任什么样的人。
2. 鼓励孩子多接触善良的成年人。
3. 认识你的邻居。多参加社区活动，多探访附近的街区。鼓励孩子认识附近值得信赖的成年人。
4. 如果孩子需要远离你的视线，那就鼓励他找几个同伴一起玩，而非独自玩耍。（遗憾的是，假如孩子没人陪伴就不能去野外的话，那么你有时就不能让孩子在大自然中独自玩耍了。)
5. 借助科技手段。给孩子佩戴定位手环可能有些夸张，但手机是一种不错的安全工具。如同过去的孩子们携带瑞士军刀进树林一样，今天的孩子们应该携带手机。

  作为父母，我必须承认，我对我列出的这些措施并不满意。一方面，我并不认为独自玩耍是一种奢侈；另一方面，我也必须承认，我自己的恐惧就是导致我的两个儿子没能像我小时候那样自由玩耍的原因之一。不过，我们确实需要认清恐惧的真面目了。我们需要承认，对于发生在我们身上的事情，我们是无法100%控制的。虽然98%的风险从来都不会发生，但其余的2%仍旧难以承受。然而，在我看来，大自然本身就可以是解决之道。请允许我提出一个新观点，即第6点：为了让孩子更安全，我们应当鼓励他们多在户外和野外活动。在大自然中玩耍能增强孩子们的自信，激发他们的感官，进而让他们能够觉察这个世界以及其中所有看得见或看不见的细节。

  虽然我们有很多理由来担心我们的孩子，但我们需要注意，过分地将孩子与自然隔离反而会危及他们的安全。反过来也一样，我们可以通过让孩子接触自然来更好地保障他们的安全。

探冰与发现美

  在理想的情况下，孩子既应当学会适应城市生活，也应当学会适应乡村生活。体验这两种环境都能磨炼感官，增长见识。那么，体验自然有什么特别之处，例如能让孩子的感官变得更加敏锐吗？这一未知领域可能会产生许多激动人心的研究成果，正等待着有志于此的研究者们去发现。当然，大自然的广度、深度和声音、气味以及景象的新奇程度，远远超过相对单调和熟悉的城市。在城市或城郊，我们会花费大量精力屏蔽各种噪音和刺激。我们总是听到出租车的喇叭声,可那是我们想听的声音吗?而在森林里,我们的耳朵却是打开的。头顶的鸟鸣让我们神清气爽,也让我们的感官更加敏锐。

一些父母发现,在大自然中的有益冒险与对美的感受有关。在新罕布什尔州,戴维·索贝尔有意识地利用大自然来培养女儿的安全意识,途径就是他所说的"探冰":

这是一种重要的人生体验。我教她该如何评估冰面安全,这句话既可以从字面意义理解,也是一种比喻。我们一起到冰上去,判断冰面是否结实:哪里比较危险,让人感到刺激,而哪里又过于危险。我也借助这一体验来帮她学习如何评估环境风险。不论我是否有意为之,反正达到了这样的效果。在穿越冰面的同时,我会教她分析冰面的裂缝,弄清冰面的厚度和冰体的质地,以及找到下方有水流的冰面。例如这里冰比较厚,那里冰比较薄。我教她在冰非常薄时尽可能趴在冰面上,也教她拿一根棍子去试探。这些都是主动评估冰面危险程度并且作出相应准备的具体方法。

孩子也可以通过评估城市、公共汽车和地铁车厢的风险来获取类似的体验和能力。但是,深谙自然之教育意义的索贝尔表示,大自然在启示生命方面拥有一项或许无可替代的神奇特质。他认为,孩子在大自然中的冒险体验更加接近人类几千年来所熟知的方式,这是所有其他体验无法达到的深度。

听着他的话,我开始好奇,这种不知该如何称呼的学习和觉知方式究竟是什么?或许,这一特质与美有关?与那些吸引我们灵魂的来自大自然的形状和声音有关?沉思片刻后,索贝尔说,是的,可以这么说。他经常引用一位地震幸存者的话。这位幸存者认为,地震非但没有毁掉她的生活,反倒拯救了她。那场地震是1989年发生在加州的洛马-普雷塔大地震,导致至少62人死亡,3700人受伤。当时的她存在严重的心理困扰,接着又遭遇了地震。但她后来认为,应对这场巨大自然灾害的过程比她所接受的任何治疗都有效。那次经历中的一些东西让她重新回到了现实当中。索贝尔回忆说:"我分明记得她提到一个词,那是她给自己下的诊断。她说她得的是'远离了美'的病。我认同她的说法,我也有这样的时刻。我的解决办法就是让自己恢复与大自然的亲密关联。"

索贝尔决心不让女儿患上这种"远离了美"的病,他要她找到自然,要她行走在美当中,也要她了解冰。虽然体验自然可以强化自信与觉知,但世世代代的人们深入自然不是为了寻找安全或正义,而是为了寻找美。简单说,阻碍孩子接触自然就是阻碍孩子感受美。

15 乌龟的故事：大自然是位好老师

师法自然。

——威廉·华兹华斯

对我的家人来说，春天意味着龙卷风和乌龟。就在龙卷风从俄克拉何马州呼啸而来，穿过堪萨斯州东部和密苏里州西部的丘陵地带时，箱龟大军也开始了它们的迁徙。这时，你就能在公路上看到许多"陀螺""爬虫"和"龟饼"。"陀螺"指的是一些被车轮擦到后在公路上旋转的乌龟。而"爬虫"和"龟饼"就不言自明了。

每年，我的父母都会载着我们兄弟两个一路救助乌龟。

见到"陀螺"和"爬虫"时，父亲就会停车。母亲接着跳下车，白衬衫在风中翻动。她快速奔向目标——有时需要躲避汽车——抓住乌龟，再一手拎一只跑回来。她会把这些孤独的旅行者放在后座的地垫上，就在我们兄弟俩脚边。一路下来，我们会捉到多达几十只乌龟。

随后，父亲会掉转车头回家，同时还要躲避新近出现的"陀螺"和"爬虫"。

我们把这些得到救助的乌龟养在后院树篱下，我们管那里叫"乌龟窝"。树篱外面是玉米地，玉米地再向外就是无边无际的树林了（至少在我的记忆里是无边无际的）。父亲在树篱下挖了一个坑，在坑里树一圈铁丝网，把土填回去，顶部另用铁丝网封住，再用木桩和石头加固四周，"乌龟窝"就建好了。那些"陀螺"和"爬虫"就养在里面。每年夏天，我都会在树篱的阴凉下趴很久，观察那些龟。我给它们喂浆果和莴苣，研究龟壳的形状、脑袋上的花纹，也研究它们如何缩头和排泄。

我最喜欢那只强壮的老龟。它叫西奥多，是一只性情稳重的乌龟。初次霜冻时，我会掀开铁丝网，抱起乌龟，走进秸秆已经枯黄、踩上去噼啪作响的玉米地，把陪伴我度过夏天的朋友们放生。西奥多除外，它在我家的地下室冬眠。有一年春天，西奥多没有醒来。我哭着用卫生纸把它包了起来，在乌龟窝附近给它办了个体面的葬礼。我的母亲也参加了它的葬礼。

我经常想到那些原本可能会成为"龟饼"的"陀螺"和"爬虫"。有时我也在想，是否有别的父母也会在春天救助箱龟？他们的孩子是否也是穿着睡衣坐在后座上？

如今，有人会对孩子收养乌龟感到不满。但只要不是濒危物种，这么做的好处还是要超过这一行为本身对大自然的破坏。收养乌龟不仅给了我亲近自然的机会，还能让家人彼此陪伴。后来我们又收养了蛇，我把它们养在车库里的玻璃箱里。从生物学上讲，我们离开狩猎和采集的时代并没有多远——那时所有家庭或部落成员都要承担重要的工作。这么说可能把收养乌龟这件事说得太重了，但我确实记得在路上救助乌龟时那种奇异而美妙的感受。当我与父母、兄弟一起钓鱼时，我也有这种感觉。因为在那些时候，我们是一个整体。

钓鱼与打猎

我不打猎，这么做更多是出于情感而非理智的原因。我也不鼓励我的孩子们打猎，他们一想到还有人打猎就会觉得不可思议。我承认，我们很难从道义上把打猎和钓鱼做出明确的区分，但我还是偏爱钓鱼。诺曼·麦克莱恩（Norman Maclean）在《大河奔流》（*A River Runs Through It*）一书中写道："在我们家里，宗教和钓鱼并不冲突。"而在我小时候，我家的鲤鱼和垃圾桶也不冲突。跟许多人一样，我也来自一个痴迷钓鱼的家庭，但我们并不以此为耻。实际上，我们倾向于钓鲤鱼。这种鱼无法食用，除非你是烹饪大师。我们听说有人会用高压锅把它们煮软，于是我那位化学家父亲作了尝试。我模糊地记得，结果是一声爆炸和漫天纷飞的鱼肉渣。

让我感到欣慰的是，我的两个儿子都知道大自然有疗愈的作用。马修说，过去钓鱼，现在观鸟，二者都是他的良药。我也觉得，这些活动能为他日后的生活带去很多益处。

钓鱼不仅仅是男性的活动，女性垂钓者的数量正在迅速增长。家住佛蒙特州的玛格特·佩奇（Margot Page）自称"渔妈"，擅长用飞蝇钓鱼的她正在把这项传统技艺传给女儿。她说："我几乎可以说讨厌钓鱼这个词。我更愿意称之为水疗。没错，它就是一根线，还有你在溪流中看到的那些闪烁的光亮。但是，我们去钓鱼的原因其实是水，现在是，过去也是。一旦你熟悉了生活在水里的生物，你就会情不自禁地想要去看它们，对它们产生感情。但一切都始于水。"

孩子几岁开始钓鱼比较合适？"大概5岁左右，但一般不小于5岁，"在圣地亚哥附近经营儿童垂钓中心的休·马克斯（Hugh Marx）说，"一开始，父母负责钓鱼，孩子负责收线。"他建议，初学时不要接触复杂的钓鱼技术和渔具，否则孩子容易遭受挫败，甚至对钓鱼失去兴趣。最好让他们从手杆开始，而不是100美元的钓杆和卷线器。他继续说："让孩子们体会钓鱼的简单。假如他们日后真成了钓鱼高手，他们还可以吹嘘自己一直都是高手。"

他建议先钓普通的鱼。比如小翻车鱼、鲤鱼和大头鱼，特别是蓝鳃鱼等太阳鱼。在浮标下坠的那刻，这些小型食用鱼类能让孩子激动万分。为了保障安全，鱼钩上的倒刺要压倒紧贴在钩体上，这样把鱼放掉时，鱼也不会受伤。如果站在鱼的角度，我建议把钓到的鱼放生；不过带几条回去弄干净吃掉，也可以让孩子了解食物是从哪里来的。

对我的大儿子贾森来说，钓鱼最大的意义只是能与家人在一起，但马修显然是天生的钓鱼能手。他从3岁起就开始在卧室的加湿器里钓鱼。几年前，我请他帮我写一篇关于钓鱼与儿童的文章。后来，这篇文章发表在了《芝加哥论坛报》等几家报纸上。直到现在，他的建议仍然值得参考：

马修·洛夫（12岁）给父母们的垂钓小贴士

1. 跟你的孩子一起钓鱼。
2. 允许你的孩子去钓鱼，即使你不想带他们去。
3. 允许你的孩子购买饵料和渔具，这也是钓鱼的好玩之处。
4. 如果你的孩子还小，带他们去鱼小而且容易上钩的地方。
5. 允许孩子们想钓多久就钓多久，允许他们沉浸其中。
6. 允许孩子们走开去做他们自己的事。如果有个成年人站在他们身边大喊大叫，那会非常讨厌。
7. 你的孩子钓到鱼时，你至少要假装很兴奋。如果孩子觉得你心不在焉，或者觉得他在给你添麻烦，钓鱼的好心情就全毁了。
8. 如果你知道怎么钓鱼，你也不要不请自来地提供太多建议，哪怕这么做可能会有帮助，特别是当孩子年纪很小时。
9. 让你的孩子教你如何钓鱼，跟孩子一起钓。这么做或许能大大加深你们之间的感情。
10. 记住，钓鱼和家人相互陪伴跟家庭作业一样重要，甚至更重要。
11. 玩得开心，这是钓鱼的全部意义所在。
12. 还有，无论如何，不要让你的孩子往水里扔石头！

狩猎与采集是儿童与大自然互动的传统方式，但今天的家庭更可能在这方面遭遇过去几十年里几乎不存在的道德困境。这一困境与我们在前面提到过的第三条边疆有关，它反映了人类与其他动物的关系正在改变。2000年，善待动物组织（PETA）宣布钓鱼是"动物权利的最后一道边疆"。该组织的反钓鱼运动专门针对儿童。一些活动人士在孩子们放学时向他们分发反对钓鱼的传单。另一些活动人士则在布鲁克林的儿童钓鱼大赛上抗议，他们手举的标语分明指责孩子们就是凶手。2000年，善待动物组织的反钓鱼活动协调员唐·卡尔（Dawn Carr）和装扮成一条鱼的同伴吉尔（Gill）试图走访附近乡村的几十所学校。"只有一所学校让我们进入。"卡尔说。但她和吉尔并未放弃,仍旧守在学校附近,向孩子们分发传单,宣传钓鱼的罪恶之处。

年轻的贾斯汀·阿利加塔(Justin Aligata)出演了善待动物组织的一则反钓鱼广告。他是一位素食者,也是动物权利活动人士和童子军成员。他说:"童子军活动教会我,童子军不应该伤害环境和其中的动物,所以我认为不该有钓鱼奖章。童子军就是做正确的事,为世界带来积极的改变,而这正是我此刻正在做的——帮助善待动物组织为鱼类发声。"

即使没有善待动物组织的反对,参加钓鱼活动的孩子也越来越少。如今,经常钓鱼的美国人有大约4400万,但他们的平均年龄却在上升。渔具产业也对一些州的儿童垂钓者减少感到担心。"现在陪伴每一个孩子长大的是一辆山地自行车,而这件物品曾经是一根钓竿。"《野外运动》(*Sports Afield*)杂志编辑约翰·阿特伍德(John Atwood)如是说。

打猎是孩子们初次接触自然的另一种传统方式。1997年,美国各州发放了大约1500万份狩猎许可证,比前十年的水平减少了大约100万份。(有趣的是,女性却在挽救这一颓势。20世纪90年代,女性狩猎者的人数翻了一番,达到了260万。)1998年,在一系列校园暴力(有些人使用了猎枪)之后,散文家兰斯·莫罗(Lance Morrow)写道:"有时候,社会会发生结构性的转变,做出一些伟大的、半清醒式的集体决策。吸烟就是这样。还记得吧?它曾是一种宣示浪漫与成年的迷人仪式……现在,同样的情形或许正发生在狩猎上。"

是的,还有其他方式可供孩子亲身体验自然。但是,如果那些热爱自然的人们主张停止狩猎和钓鱼,而没有提供在对孩子的重要性上超越或等同于这些体验的选择,那么他们应该谨慎对待他们所期待的结果。无论以何种标准衡量,与城市扩张和污染对栖息地的破坏相比,狩猎和钓鱼对自然的影响微不足道。如果把它们禁止,我们就会失去许多反对破坏森林、田野和水域的选民和组织。

关于钓鱼的争议主要在于:鱼是否能感觉到疼痛?我们无须深入

了解相关的科学争论就知道，对这个问题的回答取决于你对疼痛和痛苦的定义，所以答案并不如看上去的那么明确。显然，这一定义尚无定论。将来，那些钓鱼（或打猎）的孩子们将面临越来越大的压力。然而，在一个自然日益退化的世界里，钓鱼和打猎仍旧是孩子们了解大自然的神秘奥妙和相关道德争论的少数方式之一，这是任何影像所无法传达的。是的，钓鱼和打猎是脏污的，甚至在道德上也是，但大自然也是脏污的。如果只是隔着玻璃，或是通过镜头、电视和电脑屏幕认识自然，那么孩子们不可能真正了解或喜欢户外活动。

钓鱼也能加深亲子感情。如今，孩子很少能跟随父母参与家庭或经济事务，而钓鱼这种爱好、手艺或传统却是可以由父母传递给下一代的。对许多家庭来说，即便钓鱼已经越来越不流行，但它仍旧在亲子间发挥着黏合剂的作用。

我的大儿子贾森今年25岁，住在布鲁克林。他经常花费数小时探访纽约的街区、公园和水域。一天，我去纽约看他。傍晚时分，我们在中央公园徒步了4个小时。我们在公园池塘附近的一座桥上站了很久，凝视着夜幕下墨绿色的平静水面。我们看到一个梳着马尾辫的五十多岁的男人穿过灌木丛来到岸边，投下钓饵。突然，一条鲈鱼咬了钩，随即被钓线拽到空中，尾巴还在拼命扑腾。贾森和我都笑了起来，我突然怀念起贾森小时候跟我一起钓鱼的那些时光。

过了一会儿，贾森说："爸爸，我走在那些有些年代感的老街区里的时候，有时会有一种小时候在我们房后山谷里游荡的感觉。"

我很高兴，贾森发现了表象下的自然，不是所有人都有这种感觉。

野外采集与野生动物观察

对不喜欢钓鱼或打猎的家庭来说，另一些选择也非常不错，其一便是野外采集。这一词汇最初指获得关于野外生存的知识和技能，但现在常用来特指采集野生植物用作食物、草药或手工艺材料的活动。

野外采集不是把树叶夹到书里那么简单的事，而是与大自然的复杂互动，需要耐心、细致的观察和相当丰富的物种辨识知识。野外采集也有自身的一系列伦理问题。《优涅读者》（Utne）杂志里一篇关于"游击采集者"的文章指出，严格地说，在属于保护区的荒野地带进行野外采集是非法的。野外采集组织建议父母和孩子问自己这样的问题：你是在生态脆弱的环境中采集吗？你所采集的是罕见植物甚至濒危植物吗？你有没有让植物受到过于严重的破坏？有没有野生动物以这种植物为食？这种植物的分布在扩大、收缩，还是保持稳定？约翰·卢斯特（John Lust）在《自然疗法圣经》（The Natural Remedy Bible）一书中建议，野外采集者应当"在目标植物长势良好的区域采集，因为我们能在那里找到最健康的植株"，还有，"一定不要采集太多，以便植物能快速恢复生长"。

卢斯特认为，细心的野外采集可以"通过有选择地进行间苗和修剪来帮助野生植物生长"。野外采集的价值观非常重要，因为它包含了儿童狩猎和采集中固有的伦理问题。负责任的野外采集活动能密切儿童与大自然的联系，帮助他们了解食物的来源，同时建立可持续发展的意识。

比野外采集破坏性更加轻微的活动是野生动物观察。有些人在后院看浣熊，有些人则不远万里去看某一种鸟。遗憾的是，根据美国内政部"国家捕鱼、狩猎和野生动物调查"的数据，在1991-2001年间，从事野生动物观察各类休闲活动的人数从1991年的7600万减少到了2001年的6600万。

但是，有一种野生动物观察活动正在蓬勃发展。《世界观察》（World Watch）报道称："观鸟已经成为北美洲增长最快的户外休闲娱乐方式之一。"观鸟历来是成年人的爱好。据《观鸟》（Birding）杂志报道，与其他户外活动不同，观鸟或许正日益受到一些青少年群体的欢迎。这可能是因为便携式野外指南的出现和相机技术的进步，都使观鸟的难度大大降低。数码相机的出现极大地降低了拍摄蠕虫、甲虫等实验照片的花费。2001年，16~24岁的观鸟者比例从10.5%上升到了15.5%，但25~39岁的观鸟者的比例却从31.8%下降到了24.3%。《观鸟》杂志推测："不同于前些年，25~39岁这些忙着带孩子的人已经没有那么多时间从事观鸟活动了。"

对于听觉学习占优或视力不佳的孩子来说，观鸟可能是一种特别神奇的自然体验方式。西奥多·罗斯福小时候视力很差，却能模仿几百种鸟叫声，甚至成年后仍然如此。

观鸟不需要进行特别复杂的准备工作，也不需要花很多钱。《育儿》（*Mothering*）杂志提供了一些实用的建议：

不要急于去图书馆借书，让你的小科学家学着亲眼观察和亲手记录信息……借助观察项目清单或图表来观察不同的鸟类并做记录，以此来促使孩子形成搜集第一手资料的习惯……观鸟或许能让孩子对其他地球科学产生兴趣。你可以鼓励孩子在花园里种几排豆子，每排使用不同的土壤和肥料，也可以鼓励孩子观察三种树木发芽的不同之处。这么做的目的是鼓励孩子认真观察、提出问题和解决问题。

野生动物观察是否就是人类的狩猎欲望在21世纪的具体体现？《世界观察》副总编辑霍华德·尤斯（Howard Youth）提供了一条较为复杂的解释："讽刺的是，如果某一种动物的种群数量下降到区区几百，那么这些仅存的动物就可能吸引成千上万人的目光，而当它们尚未濒危时，人类却对它们不闻不问。例如，很多人都喜欢去看被圈养的大熊猫、大猩猩和加州秃鹰。"

写自然日记也是孩子们的上佳选择。伟大的博物作家约翰·缪尔和奥尔多·利奥波德也有这一习惯。美国环境保护署的生态学家比尔·西普尔（Bill Sipple）从11岁开始写自然日记，至今已辑为两卷1200余页。1818年，探险家亨利·斯库尔克拉夫特[1]（Henry Rowe

---

[1] 亨利·斯库尔克拉夫特（1793-1864），美国著名的地质学家、人类学家、地理学家、

Schoolcraft）在奥扎克高原徒步旅行，并且详细记录了他的见闻。他笔下的图景已经与我们今日所见大为不同。他生动地记述了郁郁葱葱的草原风貌，也记录了他遭遇麋鹿和野牛的经历。150多年来，新英格兰地区的垂钓者们也一直保持着写钓鱼日记的习惯，其中的生态学记录为今天的野生鳟鱼保护提供了非常关键的信息。

户外日记可以由所有家庭成员一起来记，它能为亲近自然提供理由和关注点。密苏里州环境保护部（Missouri Conservation Department）斯普林菲尔德自然中心（Springfield Nature Center）的副经理琳达·乔里斯（Linda Chorice）表示，写日记无需特殊工具，只需一个本子、几支铅笔和一个卷笔刀。她说："虽然你的日记可能永远不会作为历史文件发表，但它会成为你自己的户外经历记录，每次打开封面时，它都能让你清晰地回想起当时的情景。"

只要坚持做，以上所有活动都能培养孩子的耐心和他们对地球上其他生物的尊重。

不是互联网，而是海洋

不久前，我了解了罗伯特·肯尼迪让他的孩子们通过捕捉、放生和观察来接触大自然的事。肯尼迪曾为河流守护者组织（Riverkeeper）做环保律师，并因此而声名鹊起。该组织旨在保护纽约市的水域，它们将哈得孙河从严重污染的状态下拯救了过来。肯尼迪最著名的成就之一是纽约市水域协议。他代表环保人士与纽约市的水域消费者谈

教育家和探险家。他因为研究五大湖区的印第安人文化而出名，也是发现密西西比河源头的人。1818年，正值美国往西拓展边疆的热潮，25岁的斯库尔克拉夫特进入当时尚未被开发的密苏里、堪萨斯、阿肯色等地进行地质、地理、生物等学科的科研和调查。下文提到的奥扎克高原即位于阿肯色州。

判,以此来确保该市水体的纯净。作为河流守护者联盟(Waterkeeper Alliance)的主席和自然资源保护委员会的高级律师,肯尼迪为环境问题所作的努力遍及西半球。闲暇时,他喜欢带5个年幼的孩子去哈得孙河潜水,那是一种叫"伙伴潜水"①的活动。

肯尼迪和一个孩子潜到河底,躲在一块他们最喜欢的大石头后面,借此来避开水流。为了保证孩子安全,也为了方便了解孩子的呼吸情况,肯尼迪会抱着孩子的肩膀或腰,两人也会来回交换潜水器咬嘴轮换呼吸。他们坐在水底,观察随波舞动的水下植物和来来往往的鱼:有好斗的河鲈鱼,有长着胡子的鲶鱼,还有水族馆放生的各种热带鱼(特别是天使鱼,有时还有海马),甚至偶尔有当地的鲟鱼。这种鱼体形巨大,像史前生物,但姿态十分优雅。对肯尼迪来说,看着鱼儿游来游去是一种让自己远离成名后的压力的方式。这一幕也是我们该如何与孩子一起体验大自然的隐喻。

为了写书做调研,我和肯尼迪一起去钓鱼,我带着我的儿子们一起坐小船去。钓鱼时,肯尼迪跟我讲了很多他的童年经历。借用他的说法,他那时是家里的"自然之子"。他也跟我讲了这段经历对他的育儿方式的影响。"我小时候每天下午都会去树林里玩,"他说,"我喜欢抓蝾螈、小龙虾和青蛙。从6岁开始直到现在,我的房间里一直摆满了鱼缸,到处都是,满满当当,还有一个350加仑(约合1325升)的。"他和他的孩子们常在哈得孙河里钓鲶鱼、鳗鱼、大头鱼、鲟鱼、条纹鲈鱼、河鲈鱼、大嘴鲈鱼、蓝鳍鱼和鳟鱼,并且把它们带回家,养在鱼缸里。

我们驾船驶离海岸时,肯尼迪热情洋溢地谈起了让孩子们重回自然怀抱的话题:"我们是大自然的一部分,归根结底,我们是捕食者,我们在大自然中有自己的角色,"他说,"如果我们把自己从大自然中分离出来,我们就会把自己从历史中分离出来,从连接着你我

---

① 伙伴潜水是一种由两三名潜水员共同组成潜水小组,使用一套安全潜水设备进行水肺潜水的方式。

的事物中分离出来。我们不想生活在一个没有休闲垂钓者的世界里。在那里，我们将感受不到季节和潮汐，也感受不到那些把我们与在笔记本电脑出现前生活在这里的万千代人、与上帝联系在一起的东西。"

他说，我们不应该把大自然当作上帝来崇拜，但大自然是上帝与我们交流的最有效的方式。"上帝……通过制度化的宗教，通过智者和伟大的书籍，通过音乐和艺术来与我们交流"，但没有哪种方式"能像通过大自然与我们交流一样丰富、优雅和快乐"，"如果我们破坏大自然，或者通过沿河修建铁路，通过污染致使人们无法钓鱼，或者通过制定大量规则致使人们无法开船下海而切断我们与大自然的联系，那么，这么做就等同于把地球上最后一部《圣经》完全撕毁。我们在自己身上付出这种代价是不明智的，更没有权利把这种代价强加给我们的孩子"。

一阵海浪托起了我们的小船，海鸥跟随我们飞翔，城市逐渐消失在我们身后的一片雾霭之中。肯尼迪说："我们的孩子应该到海上去。这是连接着你我、连接着全人类的东西，这是我们的共同点。连接我们的不是互联网，而是海洋。"

Part5
丛林黑板

应该倾听的不是画家的语言
而是自然的语言……
对事物本身和现实的感觉
比对画作的感觉更重要
——文森特·梵高

16 自然学校改革

> 教孩子认识大自然应该是他们生活中非常重要的事情。
> ——托马斯·贝里（Thomas Berry）

环境教育问世已经至少100年了（这一概念也有其他多种称呼）。在《学校与社会》（*The School and Society*）一书中，作者约翰·杜威（John Dewey）主张让学生深入当地环境："（校外的）经历能丰富地理、艺术、文学、科学和历史知识。所有学科都来自地球和在地球上生活的人的不同方面。"体验教育一点也不前卫，它是这种上了点年头的教育理论的核心，这种教育方法在教师用录像带讲解环颈蛇之前很久就形成了。环境教育的关注点是人应当如何在这个世界上生活，而体验教育的关注点则是教育者该如何在大自然里通过人的多种感官来教学。

1983年，哈佛大学教育学教授霍华德·加德纳提出了著名的多元智能理论，进一步肯定了自然在教育中的作用。我们在前面的章节里提到过，加德纳提出了儿童和成人的7种智能类型，包括语言智能、数理逻辑智能、空间智能、肢体动觉智能、音乐智能、人际智能和内省智能。最近，他又将博物学家的智慧"自然智能"纳入其中。

在这一理论与其他相关理论的推动下，一场或许可以称为自然学校改革的运动正在稳步推进。虽然这场运动的影响力仍旧有限，但毕竟已经开始起步。

在美国，一些软件公司向两岁孩子的父母兜售计算机学习软件。到二年级时，大多数美国儿童已经接受过多年的学前教育和严格考试。劳拉·西卡洛（Lora Cicalo）是一位受过良好教育、精力旺盛的专业人士，她惊讶地发现，她的女儿和同学正在承受备考加州"标准化测试与报告"（STAR）的巨大压力。她说："老师必须教所有的东西，从如何正确填写答题卡（例如，不要在选项上画叉，或者涂画到圆圈外面），到如何在计时测试中不落在同班同学后面。孩子们担心如此重视这次考试的大人们将如何看待他们。不要忘记，这些孩子只有7岁。我们为什么要给他们施加这么大的压力？"改善学校教学水平吗？也许吧。

就在美国人逼迫孩子获取竞争优势的同时，芬兰的教育系统正与之背道而驰。在经济合作与发展组织于2003年发布的一份报告中，芬兰的得分超过了包括美国在内的其他31个国家。芬兰在读写能力方面排名第一，在数学和科学方面排名前五。美国排在所有国家的中间位置。《纽约时报》报道："芬兰的做法既复杂又极其简单。有些经验可以借鉴（比如课堂形式灵活），有些则不能（比如芬兰人口少，人口高度同质化，以及多数芬兰人相对富裕）。"

以一些美国教育家和政策制定者的标准来看，芬兰的做法似乎有悖常理。芬兰学生要到7岁才能进入学校，而这样的年龄在美国已经太大了。芬兰没有为天赋异禀的学生提供特别的教育服务，而且人均教育支出低于美国。芬兰虽然要求教育者达到国家的课程要求，但教育者在具体的教学方法上仍旧享有高度的自由。芬兰的教育者相信玩耍的力量。而与此同时，美国却在不断缩减玩耍时间。根据《泰晤士报》的报道，在赫尔辛基市苏塔里拉区的一所普通学校，学生们"穿着袜子走来走去。每上完45分钟的课，他们就可以在户外放松15分钟，以此来释放他们的活力"。此外，芬兰也鼓励环境教育，并且已经将大量教学活动转移至室外或周边街区进行。芬兰社会事务与卫生部表示："学习的核心不是……信息，而是儿童与环境的相互作用。"我确信，在教育方面，美国的教育者们一定有能给芬兰带来的启示。但是，假如我们能至少向芬兰学习两点，一是社会对教师的尊重，二是各方对环境教育的热情，那么结果又会如何呢？

俄勒冈州希尔斯伯勒市燕尾蝶学校（Swallowtail School）的创办者兼教务长劳伦·席恩（Lauren Scheehan）认为，许多人——包括该州众多科技公司的技术人员——都在努力平衡自己和孩子的生活。

她说："我们认为，计算机技能应推迟到高中来教。他们仍然可以在家中使用电脑，或是在朋友家玩电子游戏，那个世界并没有对他们关闭。"燕尾蝶学校让学生们暂时摆脱了"随时随地涌向他们的电子刺激，所以他们的感官更容易察觉到周围的寻常事物"。席恩说，关键是要创造"一种将自由选择视为道德根基的文化，而非完全依赖电子媒介"。几名英特尔员工把他们的孩子送进了这所学校。席恩说，这些父母非常看重科技，"但他们也明白，还有一些人们需要的东西是电脑所没有的"。

目前来看，燕尾蝶学校显得特立独行，但这种情况可能会逐步改变。与现状相反的是，越来越多的教育者正在致力于将直接体验，尤其是自然体验应用于教育。这一做法的定义和命名非常复杂。近几十年来，相关的名称有社区导向（community-oriented）教育、生物区域（bioregional）教育、体验（experiential）教育，以及新近出现的地点依托或环境依托式（place-based or environment-based）教育。不论取什么名字，环境教育肯定是对抗自然缺失症的良药之一。它的基本理念是将包括自然空间在内的周边社区作为首选的教学场所。

在真实的世界里学习

国家教育与环境圆桌会议（SEER）是一家全国性的环境教育研究机构，其主任杰拉尔德·利伯曼（Gerald Lieberman）主张，为了进行有效的教育改革，教师应当让孩子摆脱教室的束缚。

该机构的报告《缩小成就差距》（*Closing the Achievement Gap*）中写道："由于学校及其所在社区周边的生态系统与美国的地貌一样差异巨大，所以'环境'一词对不同的学校或许有不同的意味。它可能是一条河、一座城市公园，或是一座改造自沥青游乐场的花园。"该报告于2002年发布，却被教育机构大大忽视。这家机构与16个州的150

所学校合作了10年，确定了环境教育的示范项目，并且考查了学生在标准化考试中的表现。它们的研究结果令人震惊：环境教育不仅能提高学生的社会研究、科学、语言艺术和数学能力，提高标准化考试成绩和平均绩点，还能提高问题解决和决策能力，发展批判性思维。

- 在佛罗里达州，泰勒县高中（TCHS）的教师和学生依托附近的伊康菲纳河（Econfina River）进行了数学、科学、语言艺术、生物、化学和县域经济的教学。
- 在加州的圣贝纳迪诺，金巴克小学（KES）的学生们在学校的池塘和菜园，以及附近的一家温室和当地的一家植物园学习植物学，研究微生物和水生昆虫。
- 在科罗拉多州的格伦伍德斯普林斯（Glenwood Springs），高中生们参与和见证了一家微型城市公园的创建，城市规划者还邀请他们协助设计科罗拉多河（Colorado River）沿岸的一条步行街和一家公园。
- 在宾夕法尼亚州亨廷登地区中学（HAMS），学生们在学校附近的一条小溪旁收集数据。教师迈克·辛普森（Mike Simpson）使用这些数据来讲授关于分数、百分比、统计学和图表的知识。"我再也不用费心设计应用场景了，学生们自己会想出来。"辛普森说。

认为地点依托式教育重在"直接在学生所在社区内学习"的戴维·索贝尔对这类研究作了独立的评述。其中之一来自国家环境教育与培训基金会（NEETF），研究结果与利伯曼的相似。索贝尔表示，阅读技能是"教育改革的圣杯"，而地点依托或环境依托式教育应当被看作"披坚执锐的骑士"。接受此类教育的学生通常比传统课堂上的学生表现得更为优异。

例如，在达拉斯的霍奇基斯小学（HES），接受环境依托式教育的四年级学生的成绩比之前接受传统课堂教育的学生高出13%。得克萨斯州教育局（TEA）的学生评估部门称，霍奇基斯小学的成绩提升"极其显著"，与之相比，全州同一时期平均成绩只提高了1%。数学方面，也有类似结果。在波特兰市，环境中学（EMS）的教师依托当地的河流、山脉和森林设置课程。此外，他们还种植当地植物，研究威拉米特河。该校96%的学生达到或超过了解决数学问题的国家标准，而其他中学只有65%。环境依托式教育还能放大教学改革的效果。北卡罗来纳州进行教学改革后，在全州数学测试中达到熟练水平的四年级学生人数增加了15%。但是，北卡罗来纳州阿什维尔市的一所环境依托式学校的四年级学生所取得的成绩甚至还要更好——达到了31%。

此外，与传统课堂上的学生相比，接受环境依托式教育的学生在出勤和品行方面的表现也更为优秀。明尼苏达州的小瀑布高中（LFHS）报告，在停学次数方面，接受环境依托式教育的学生比其他九年级学生少54%。在霍奇基斯小学（HES），需要校长办公室处理的违纪事件曾多达每年560起。两年后，随着环境依托式教育的启动，这一数字大幅下降到了区区50起。

2005年，美国研究学会（AIR）发布了一份针对美国4所小学的255名六年级学生的研究报告。这些学生在7个月里参加了三个户外教育项目的学习。这项研究对接受户外教育的学生和没有接受户外教育的学生表现进行了比较。研究者提交给加州教育部的主要发现有：对科学概念的掌握提升了27%；合作与冲突解决能力提升；在自尊、问题解决、学习动机和课堂表现方面取得进步。在这份报告中，许多小学教师和相关人员"反复强调，户外科学学校成了学生们的'新起点'"。

索贝尔讲述了一件很有意思的事。一所学校的物理老师在讲授机械原理时采用了非常独特的教学方式，他"让学生们参与重建社区步道，其间，他们必须使用滑轮、杠杆和支点来完成目标"。在学校的"高年级逃课日"，即高年级学生可以自由逃课的日子，一个学生却对物理老师说："我想让您知道，丘奇先生，我今天逃了其他所有课，可就是不能错过这节课。我太喜欢我们正在做的事情了。"种种迹象表明，这类改革行之有效，可为什么没有更多的学区考虑这样做？为什么还有那么多学区不仅削减教室里的环境教育，还削减户外的体验式学习，或者在决定资金用途时，把原本都重要的两者对立起来？换作任何标准化考试，这些问题都不太可能出现。

几十年来，蒙台梭利和华德福学校都在以不同的方式提倡体验式学习。近年来，体验教育或环境依托式教育的支持者们成立了体验教育协会（AEE），以此来在全球范围推动职业发展、理论进步和体验教育的评估。该协会目前在30多个国家拥有大约1300家会员机构。少数机构已经实现了从理论到实践的飞跃。其中，年代最久也最为著名的机构是总部设在佐治亚州山城的狐火（Foxfire）。其狐火教学法源自一个旨在向佐治亚州乡村地区的高中新生教授基本英语技能的教育项目。这些课堂体验催生了学生自己编辑的《狐火》杂志和关于阿巴拉契亚山区生活和民俗的一系列图书。虽然成立已30年的狐火所提供的教学课程更多关注文化而非自然，但自然内容却贯穿其中，呈现了从蛇类知识到野生植物食物再到猎熊技艺的丰富信息。

其余的活跃机构有著名的国家野生动物联合会（NWF）和位于纽约詹姆斯敦的罗杰·托里·彼得森研究所（RTPI）。使用该研究所课程的学校教师会参加相应的暑期培训。回到学校后，他们会带领学生在校舍周边1平方公里的区域内展开学习和研究。

猎户座学会（Orion Society）是一家总部位于马萨诸塞州的非营利组织。十几年来，该学会一直在《猎户座》（*Orion*）杂志上刊载加里·保罗·纳卜汉（Gary Paul Nabhan）和罗伯特·迈克尔·派尔等作家的文章。常在该刊发表文章的环境作家威尔·尼克松（Will Nixon）说：猎户座学会"决定将一些理念应用于实践当中"。如今，猎户座学会已经为教师们设置了自然教育奖学金，其中包括一期暑期工作坊，还会为"预算紧张的学校所无法负担"的实地探访、素描本、背包等项目提供资助。

尼克松引用了一位猎户座奖学金获得者、圣克鲁斯高中（SCHS）英语老师邦尼·丹克特（Bonnie Dankert）的话："我过去经常带学生们去加州的沙漠或内华达山脉旅行。我们阅读了相关的文献，也研究了那里的动植物。我们一起度过了许多难忘的时光。"但是，她也承认，她从未考虑带学生去近处的海岸山脉和学校附近的蒙特利湾。她原以为她的学生了解并喜欢那些地方，可是她错了。她的学生们告诉她，他们对自己居住的地方并没有很深的感情。在一次去学校附近的国家森林实地考察的旅途中，丹克特惊讶地发现，班上90%的学生从未去过那里。"他们知道那片森林的存在，可他们从未深入其中，坐在某棵红杉树下，想象那里一百年前的样子。"她对尼克松说。

后来，丹克特不再带学生们去远处，而是开始在附近的蒙特利湾教学。她重视当地作家。例如，在阅读约翰·斯坦贝克（John Steinbeck）的小说《罐头厂街》（Cannery Row）时，丹克特邀请了一位当地的海洋生物学家带领学生们去斯坦贝克曾经探访过的蒙特利湾潮汐池实地考察。在帮助学生们了解自然知识之外，她还发起了针对"社区"含义的讨论，因为斯坦贝克笔下的一个人物曾经把潮水池比作社区。此外，尼克松写道，这次旅行还帮助这个班级形成了自己的社区。丹克特回忆："有个孩子永远都戴着棒球帽，他的眼睛总是藏在帽檐的阴影里。旅行结束后，他摘下了帽子，开始与他人交流。"

另一位猎户座奖学金获得者、阿拉斯加州荷马市的一位初中教师推动了一个教育项目的实施。该项目允许八年级学生提前三周完成常规课程，并利用其余的时间研究附近的冰川，学习冰河学、海洋生物学、植物学和文化史。这位教师对尼克松说："这不是为了考试而去背诵知识。你静静地坐在冰川前，看着眼前的冰川湖泊、冰川沉积物，还有从地衣到森林的一系列植物。你把它们写下来，画下来。这时，你就会对眼前的一切产生感情，这段经历就会成为你生命的一部分。"

詹姆斯和他的萝卜王

越来越多的父母和一些理念超前的学校正意识到，为孩子提供通过动手来与大自然亲密接触的机会，并且增加其在教育中所占据的比重非常重要，而且成效显著。一些教师在没有官方支持的情况下，独自开展了跨学科的地点依托式教育。实际上，当前的教育进步大都来自于敢于打破传统的个体，例如很多自行设置课程的校长、教师、父母和社区志愿者。有志于此的个人和服务机构可以做出很大的改变。

一位富有创新精神的小学教师杰基·格罗巴雷克（Jackie Grobarek）介绍了她自己的"教学蝴蝶理论"。该理论借鉴了气象学家爱德华·洛伦茨（Edward Lorenz）的"蝴蝶效应"理论，即起先非常小的变化会通过反馈过程而放大，进而对整个系统产生重大影响。在格罗巴雷克看来，这种实践经验的回报并非总是立竿见影：

学校属于非线性系统，小小的改变可能造成巨大的不同。今年夏天，我们的学生养了蚯蚓、植物和毛毛虫，还把养出的蝴蝶放了生。由于学生的"宝宝们"需要食物，所以他们还了解到，蚯蚓会吃垃圾，它们的粪便能让植物长得更好，蝴蝶需要吃特定的植物，还需要另一些植物来产卵。他们发现，这些东西大多就在学校和附近的峡谷里。他们意识到，附近那座原本已经成为垃圾坑的破峡谷实际上是一处充满生机的栖息地。里面长满了野生茴香，它不仅是巨型燕尾蝶的食物，也是其幼虫的寄主。我们正在分组劳动，仅这一周就从这里清走了将近4个大垃圾箱的垃圾。做这些事能提高他们的阅读和数学成绩吗？也许吧，但我觉得这种经历带给他们的改变或许是考试所无法衡量的。

有时，一位有远见的校长能起到巨大的推动作用。我家附近的托里松小学（TPES）有一位敬业的年轻校长，他为学生们选择了附近的一座峡谷作为实践基地。"我们把课堂搬到了这里，在这里摸、尝、嗅、追踪。让26个孩子安静下来不是一件容易的事，但我们做到了。"校长丹尼斯·多伊尔（Dennis Doyle）说。他认为，在了解科学知识方面，鼓励孩子们更多地亲身体验自然比仅仅依靠课本效果更好。他解释说，实际上，在19世纪的小学科学教学中，占主导地位的就是当时所谓的自然研究。如今，自然研究已经在很大程度上被20世纪的科技进步边缘化，但越来越多的教育工作者开始认为，以科学技术为中心、以教科书为依托的科学教育正在走向失败。

在全国教师协会（NTA）的一项科学测试中，托里松小学的六年级学生在动手操作的部分得分很低，于是多伊尔和他的手下决定采取一种激进的策略。他们计划将学校后面的峡谷恢复到自然状态，以此来作为孩子们的户外教室和自然步道。这么做旨在让孩子能够感受其父母所曾有的那种与大自然的亲密连接，同时推进科学教育，使其更加具象化和个性化。

在恢复峡谷生态的过程中，由孩子、教师和父母组成的队伍将非本地植物拔掉，包括蒲苇和冰叶日中花（也叫莫邪菊）。来自附近托里松州立公园（TPSP）[1]的一名与学校合作的讲解员解释说，莫邪菊很可能是由西班牙水手带到加州的。这是一种可以食用的耐寒植物，富含维生素C，对预防坏血病很有帮助。许多人认为冰叶日中花这种覆盖地表的植物能防止土壤遭到侵蚀，但是，由于它的棒状叶子里含有大量水分，所以这种植物也可以让陡峭的堤岸崩塌。冰叶日中花正让这座峡谷处在危险当中。学生们把栖息地还给了当地的植物，包括托里松、丝兰[2]、仙人掌和灌木丛。学生们还在课堂上培育树苗，以便日后再次种植。

每到周末，这片峡谷里都会有30位父母陪伴孩子一起劳动。一半父母来自附近的富裕社区，另一半来自较为贫穷的社区，其中有些孩子会乘坐校车上学。众人齐心协力，用砍刀砍倒蒲苇。多伊尔说："这种经历能把人心凝聚在一起，效果胜过所有正式的社会融合[3]项目。"

---

[1] 位于加州圣地亚哥，下文提到的托里松，就是仅生长在该保护区的濒危物种，也是美国加利福尼亚州沿海沙地和皲裂生态区的特有物种。

[2] 丝兰，百合科丝兰属，茎短，叶近莲座状簇生。花近白色，秋季开花。原产北美洲，晚间开花，有奇香。

[3] 让边缘群体融入主流社会。

多伊尔尽力让孩子们在峡谷里放松地劳动，同时尽可能不凸显他自己对大自然的成年人看法。一天，在我们穿过学校后面的峡谷时，他问了孩子们几个问题，但没有提供答案。

"看这些树枝，"一个叫达伦的男孩说，"有的像是已经死了，有的还活着。"

"你为什么这么说？"多伊尔问。

达伦随即端出了一套极为复杂又错误百出的理论。

"嗯，你讲得很有意思。"

达伦跟在多伊尔后面，兴奋地查看其他树枝。在这间特殊的教室里，想象力比正确更重要。

1999年，我遇到了一位了不起的女性——琼·斯托莉娅（Joan Stoliar）。她跟丈夫一起住在格林威治村，看上去60多岁，曾与两种癌症抗争。她经常脚穿高跟鞋，头戴鱼形耳环，骑着摩托车穿行在纽约街头。在癌症最终夺去她生命的几个月前，我曾陪她探访布鲁克林威廉斯堡318中学（I.S. 318）的一间教室。在那里，一群七年级学生正在照料400条鳟鱼苗，他们的脑袋簇拥在一个模拟鳟鱼栖息地的水槽上方。

几十年来，斯托莉娅一直是纽约传统的飞蝇钓界的重要人物。她可能是首位加入知名老字号"西奥多·戈登·飞蝇钓者"俱乐部（Theodore Gordon Flyfishers）的女性。在"鳟鱼无限"（Trout Unlimited）、"国家鱼类和野生动物基金会"（NFWF）、"哈得孙河基金会"（HRF）和卡茨基尔流域公司（CWC）的帮助下，她说服俱乐部为纽约州的"教室里养鳟鱼"项目提供资助。

在过去的十年里，最初开展于加州的这类项目在全国各地都如雨后春笋般涌现。它们旨在复兴生物学，同时让孩子接触大自然。纽约的这一项目鼓励城市孩子与乡村孩子结伴，斯托莉娅称其为"让水道头尾的孩子都能对环境保护产生兴趣的社会实验"。来自纽约市中心10所学校和北部乡村地区8所学校的数百名学生共同努力饲养鳟鱼并将它们投放溪流。

斯托莉娅说："这个项目给了城市孩子接触自然的机会，也让他们了解了饮用水的来源，使他们也成了'水边的孩子'。"每一所学校在10月时都会收到来自州环境保护部的几百枚河鳟卵。孵化中心主任甚至给孩子们留下了家里的电话号码，以防出现差错。学生们会将这些鱼卵放置在模拟鳟鱼栖息地的水槽中。

在布鲁克林的那条8英尺（约合2.4米）长的"小溪"里，"溪水"正被一台水泵抬升到卵石和水生植物上方，接着流入一只冷却器里，水温被稳定在49华氏度（约合9.4摄氏度）。水面上方的一个遮罩上有昆虫正在孵化，孵出的昆虫则落入水中。一台"鳟鱼摄像机"将放大的鳟鱼图像传送到一旁的显示器上。学生们照料鳟鱼，并检查水温和酸碱度等关乎鱼卵或鱼苗生死的指标。斯托莉娅说，孩子们正在学着做的事情就是"即时养育"。

在那年的1月，孩子们在班级网页上报告了他们的进展："我们看到石蛾蝇的幼虫吃掉了一条死鳟鱼，我们还发现一条鱼的嘴巴里有一条鳟鱼的尾巴，它可能吃了一条更小的鱼。它们都在吃！1999年大约死了42条鱼，但我们仍然有400多条。"随着鳟鱼逐渐长大，来自乡村和城市的孩子们开始通过信件和电子邮件交流他们的进展。斯托莉娅说："我们希望他们能常年保持朋友关系，甚至有一天能一起在同一条小溪里钓鱼。"

如果这些小鳟鱼能活到春天，孩子们就会乘坐校车北上至卡茨基尔的一条小溪边，年复一年。在那里，他们会与乡村地区的学生一起把小鱼放生。一个名叫拉托亚（LaToya）的八年级学生告诉我："那里闻不到任何像有毒废物之类的东西。我以前从来没见过水库。它太漂亮了，而且很干净。"

一天早晨，我来到了拉荷亚的一所私立小学，那里的教师、父母和孩子们正在跟随一位名叫梅尔·巴塞洛缪（Mel Bartholomew）的著名园艺专家参加园艺劳动。进入蒂娜·卡夫卡老师的班里时，巴塞洛缪还没有到，于是我趁此间隙了解这个混龄课堂上的四、五、六年级学生对园艺的看法。

"我觉得在商店里买的生菜比从花园里摘的好吃,"持怀疑态度的11岁孩子詹姆斯说,"店里的生菜洗得特别干净。它们上面的喷雾器一直开着。"詹姆斯是园艺新手,在此之前,他还没有参加过园艺劳动。10岁的马特表达了他对园艺的看法:"我在园艺方面遇到的问题是,它没有进步,不像科技,也不像电视和电脑。这些旧的木制园艺工具几十年都没有变过。"接着,他用一种分明是21世纪孩子的语气补充说:"工具应该改进。"詹姆斯和马特能够代表今天的许多孩子,尤其是那些住在南加州的房子里、后院只有巴掌大小的孩子。花园很难吸引孩子们的注意力,除非以数字形式呈现。

为了改变这一状况,卡夫卡和她的同事奇普·爱德华兹(Chip Edwards)帮他们的学生按照巴塞洛缪的方法开辟了一座花园。巴塞洛缪是一名退休的土木工程师和效率专家,在几十年前写了畅销书《平方英尺园艺》(*Square Foot Gardening*),探索频道(Discovery Channel)后来又以该书为基础制作了有线电视系列节目。他的方法摒弃了传统的成排耕种法,转而把土地分割成许多方格,每个方格的大小只有1平方英尺(约合0.09平方米)。由于格子很小,照料起来更加方便,可以轻松地种植或除草。这种方法似乎对孩子更有意义,因为他们的手臂更加短小。这么做降低了园艺的难度,同时也增加了成功的机会。10岁的布兰登说:"我吃了一些我们学校菜园里种的生菜。我把它洗了,放了一些沙拉酱在上面,比商店里买的生菜好吃。"

另一个名叫本的11岁同学补充说:"我更喜欢吃我们菜园里种的萝卜。店里的萝卜太辣了。"10岁的阿里安娜讲述了地鼠偷吃她在学校花园里种的萝卜的事:"地鼠把萝卜掏空了!"

我问詹姆斯:"你有没有吃过地鼠舔过的萝卜?""没有!"他惊恐地回答。

就在这时,巴塞洛缪到了。家住纽约长岛的他又高又瘦,留着小胡子,头发稀疏,眼神里透着慈祥。与他一起来的还有他妹妹、来自亨廷登海滩的奥尔西娅·莫特(Althea Mott)。他们两人共同成立了

"平方英尺园艺基金会"（SFGF），旨在宣传园艺的治疗价值。他们经常探访图书馆、养老院、教堂和学校。

他解释说："我们的目标是把园艺纳入每一所学校的课程。我们正在编写一个面向所有年级和季节的课程。我们希望孩子们能和国内其他喜爱园艺的孩子们交流，先通过信件，最后通过互联网。我们也希望他们能把对园艺的喜爱带回家，让家人也参与进来。"穿着牛仔裤、准备参加园艺劳动的巴塞洛缪走出教室，回到花园里。孩子们自信满满地干了起来，有的锄草，有的浇水。詹姆斯和马特的热情似乎也十分高涨。巴塞洛缪在他们身边来回巡视，脸上挂着微笑，不时温柔地询问孩子们庄稼长得怎么样。

站在一旁的卡夫卡说："对我们来说，菜园远不止种植蔬菜和照料它们那么简单。这是一种增进彼此感情的体验。当我们在一天结束后去花园劳动时，无论这一天过得多么艰难，我们都能感受到彼此共同拥有的喜悦和宁静，那种感受非常强烈。"她讲到，学生们曾经在一个下着毛毛雨的周一早晨，发现玩滑板的人破坏了他们的花园。"我们决定专心修补我们的花园，而不去追问是谁干的。"卡夫卡说。这次事件发生后，学生们给他们的花园起了个名字——"夏娃的花园"。夏娃是他们曾经的同学，后来离开了学校，而他们想念她。

巴塞洛缪得意地看着一起劳动的学生们。他说："让孩子们了解食物是从哪里来的非常重要。"突然，詹姆斯宣布："我的萝卜长好了，个头真大。"

"詹姆斯和他的萝卜王。"另一个孩子兴奋地说。

"敲鼓庆祝！"

詹姆斯开始吭吭哧哧地拔萝卜，直到把它从地里拔出来。他一边自豪地把它高高举起，给众人观赏，一边小心地拂去上面的土屑。随后，他把萝卜挨到耳朵旁边，敲了几敲，想知道里面是不是空的。随即，他咧嘴笑了。

生态学校

在理想情况下，学校的自然教育项目不应局限于相关课程或野外考察，还应涉及建设新校园或翻新旧校园，将自然融入设计当中，或者像前面介绍过的那样，利用自然保护区。

校园栖息地运动开始于20世纪70年代，起先是受到了"学习树计划"（Project Learning Tree）和"野外计划"（Project WILD）等环境教育项目以及英国一个成功的全国性项目"通过风景学习"（Learning through Landscapes）的激发。在英国的三万座校园中，至少有三分之一借助这一项目获得了改善。在这一项目的激发下，加拿大和瑞典也实施了类似的项目，名称分别为"学习庭院"（Learning Grounds）和"校园温室"（Skolans Uterum）。开展传统野生动物保护活动的重要机构、美国鱼类与野生动物管理局（FWS）的一项调查表明，到1996年，参与校园自然环境提升的组织已经有40多家。一些诞生于环境教育领域的组织也与大学科教部门、博物馆和环保组织建立了联系。在推动创造传统课堂上无法实现的可以亲身实践的户外学习机会方面，开展"校园栖息地"（Schoolyard Habitats）认证项目的美国国家野生动物联合会贡献卓著。

马里兰大学巴尔的摩县分校（UMBC）的儿童早期教育教授玛丽·里夫金（Mary Rivkin）是该领域最有思想也最多产的学者之一。她引用了亲生物性假说和注意力疗愈研究者卡普兰夫妇的发现，特别是他们对"附近自然空间"的研究及其对儿童和成人的诸多益处。里夫金表示，许多幼儿园"拥有极好的户外玩耍空间，因为幼儿教师们会让孩子们接触动植物并将户外玩耍融入孩子们的日常活动，这一传统历久弥坚"。她介绍了学校在提升校园自然环境方面的常见做法和理想状态："虽然学校通常从小型项目开始行动，但也有些学校会开展一些大型项目，特别是修建新式校园。"学校可以从创建蝴蝶花园、放置喂鸟器和饮水器、植树或创建本地植物花园开始，随后再开展规模更大的项目,例如修建池塘、修建自然步道或恢复溪流生态。生态价值比美观更重要。学校也可以借助人工或自然溪流来为孩子们提供玩水的机会。她建议:"泥土和沙子既要用于种植,也要用于挖掘。黏土通常都能找得到,可以用它来做些东西。有些植物要能够采摘。看只是了解的一部分。摸、尝、闻和拆解也同样重要。用来攀爬的灌木和树木更是一定要有……"校园周围有了安全的自然地带后,孩子们也仍旧需要隐私空间,例如灌木丛、高草和石头堆。"一圈6英尺(约合1.8米)高的松树对小孩子来说就像森林一样。"

正如里夫金所指出的,即使有越来越多的机构提供支持,例如美国园艺学会(AHS)、北美环境教育协会(NAAEE)、生态研究协会(SER)、布鲁克林植物园(BBG)和克利夫兰植物园(CBG)等机构都会主办各种会议,但帮助美国10.8万所学校"建设绿色校园"的任务仍然十分艰巨。因为,越来越多的幼儿园和儿童保育设施设置在办公大楼里,这一趋势削弱了正在蓬勃发展的校园栖息地运动。而且,在公立学校,"室外区域单调的沥青路面和修剪过的草坪非常不方便孩子们进行户外自然体验"。尽管如此,校园栖息地运动仍旧"取得了扎实的进展"。

大量研究证明,其中有自由玩耍区域、野生动物栖息地、步道和花园的具有生态多样性的校园能给学生们带去许多益处。两项名为"取得进展"(Gaining Ground)和"行动依据"(Grounds for Action)的大型研究是在加拿大进行的,一项在多伦多学区,另一项在不列颠哥伦比亚省、阿尔伯塔省、曼尼托巴省、安大略省、魁北克省和新斯科舍省。那里的研究人员发现,在自然环境多样的校园里上学的孩子更活泼好动,更注重食物的营养,对彼此更礼貌,创造力也更强。建设绿色校园的行动还增加了成人和附近社区成员的参与度。加拿大研究人员还发现,与传统的草坪和沥青校园相比,绿色校园能提升学习效果。生态多样的绿色玩耍空间也更加适合不同性别、族群、阶层和智力水平的学生,促进社会融合。此外,这样的校园也更加安全。

绿色校园对教师也有好处。加拿大研究者发现,教师们在这样的环境中表现出了更高的教学热情。一位教师说："在教室外面讲课的时候，我又找到了那种兴奋的感觉……我发现我对教书仍然有很大的热情。"在教师职业倦怠日益加重的年代，绿色校园和户外教育对教师的影响也不应被低估。教师也应当在接触大自然的过程中享受到它的疗愈功能。

另一种伴随经济荣枯而起伏的运动是生态学校，这类学校最初致力于将自然研究作为其课程标准。在欧洲，这一概念已经风行数十年。英国有2800所生态学校。戴夫·马西（Dave Massey）是一家新成立的州政府机构、加州区域环境教育社区（CREEC）的区域协调员，他对这一概念情有独钟。马西说，每个学区都应该保护学校附近的每一处自然景观，这不仅是环境保护的需要，对教育也有益处。他建议道："我们（需要）认真考虑每一所新学校的规划，以便学校周边能够拥有自然空间，并且能够为教学所用。"身为小学校长的马西把学校附近的一条小溪当作了户外实验室，"我让孩子们每周去那里两次，研究那里的棉白杨，种植本地植物"。

如今，生态学校的思想前沿已经发展为"从地基到屋顶"的"纯绿色"学校。例如，有些学校是用压实的草块和灰泥建造的。用这种方法建成的墙成本低廉，正在越来越多地取代传统墙壁。这样一来，学校本身就成了生态课堂的教具。

学校、动物园、植物园、自然博物馆等教育机构也许缺乏用作生态学习空间的场所或相应的人员，但它们可以把这项工作外包出去。如果农场和牧场能够成为孩子们了解生态、文化和农业知识的新校园和实践场所，那么结果会怎样？蒙台梭利教育运动重提了"农场学校"的理念，即玛丽亚·蒙台梭利所曾经期望的，让青少年学生每年花些时间经营农场。挪威的一项政府资助项目表明，生态学校运动也可以大规模开展。从1996年起，挪威的农场主和公立学校教师就一直在共同开发能够在教室和农场讲授的新课程。"我们主要是想让孩子们走出教室，关爱自然。挪威有美不胜收的原生态自然景观，但孩子们却并未置身其中，"参与了"生活学校"（Living School）的国家级项目和"教育服务式农场"（Farm as a Pedagogical Resource）的地区项目的挪威生命科学大学（NLU）教育研究员琳达·乔利（Linda Jolly）表示，"我们也想建设生活农场。"跟孩子们打交道让挪威农场主们的生活"有了新的意义，他们获得了尊重和对社区的归属感，收入也增加了。"她接着补充说，虽然项目进展缓慢，但效果非常好，"在一所学校里，有93%的父母投票让他们的孩子在一整年里每周到农场学习一天"。

与挪威一样，为了增加收入并保护耕种和畜牧文化，美国的农场主和牧场主们也在寻找新的创收方式，例如为打猎等休闲娱乐活动提供场所。他们也可以为学校的孩子们做同样的事情，或者还可以更进一步。既然当局有时能为农场主不种庄稼而提供补贴，那么他们当然也能为农场主在下一代的心里播下自然的种子而提供补贴。

幸运的是，即使面临经济困境以及儿童与自然日益疏远的大趋势，世界各地，特别是加拿大、英国、北欧国家和美国的许多教师、父母和组织仍在付出努力，让课堂包含更多的自然内容，让"附近的自然空间"得到更大程度的利用，让校园有更多野趣，甚至设计全新的生态学校。此外，体验学习运动也在努力研究学校的环境教育与学生的环保行为之间的关系。

还有别的办法吗？学校还可以与农业协会、自然中心、环境组织和鸟类保护区建立更加紧密的联系，而非只把它们当作单纯的参观场所。这些组织可以联合起来，雇用兼职的环境教育工作者到教室教学，为父母、教师、学生组织活动，指导教师该如何将学校场地和附近的公园、树林、田野或峡谷一起纳入核心课程，而非坐等学校预算得到改善。这些努力最终都能提升教学效果。

高等教育、生态文化与博物学之复兴

即使面对急剧的预算削减和以考试为中心的教育改革，许多教师仍在努力让大自然回归课堂。除需要更多家庭，特别是更多孩子的支持外，这些教师还需要更多公众的支持，以便所有孩子都能走向户外。教育公众的任务应当由当地的企业、环境保护团体、市民团体，甚至花园俱乐部联手完成。它们既可以共同争取资金，也可以直接参与其中，这一点同样重要。它们可以组织和支持志愿者开展活动，推动校园绿化，也可以为孩子们探访森林、田野、溪流、公园、自然中心、鸟类保护区、农场和牧场提供交通费用，还可以协助创建长期的户外教育项目，而非只停留在惯常的单次探访上。此外，它们还可以协助进行公众教育。

户外学习和室内环境教育对学业成绩和环保行为的影响是一项非常重要的课题，很多组织都在大力推动展开进一步的深入研究。利伯曼说：" '行为是行为的先导' 是我们的座右铭之一。在很长一段时间里，我们说的都是知识是行为的先导。但我们认为，行为的先导还是行为。"那么置身大自然的纯粹快乐呢？"纯粹的快乐？我们的课程里没有。"他笑着说，"我们虽然提倡快乐，但很明显的是，我们还没有尝试去衡量它。"利伯曼在体验教育研究中的发现让他感到"高兴和自豪"，但他也补充道，目前的研究"还不够，我们还需要其他同仁来做进一步的研究"。

虽然小学和中学的自然体验在增加，但随着学业加重，高等教育也势必需要大幅调整。环保教育中心梅多克里克项目（Meadowcreek Project）创始人、奥伯林学院（Oberlin College）环境研究教授戴维·奥尔（David Orr）呼吁在大学中新设环境素养培养目标。奥尔认为，生态危机的根源在于我们教育后代的方式。今天的教育总的来说是这样的，"人类以掌控的名号远离生活，碎片化而非凝聚为一体，过度强调事业与成功，割裂感受与思维、实践与理论，人越来越不知道自己的无知"。换句话说，今天的做法促成了无所不知的心态，以及随之而来的好奇心的丧失。

奥尔呼吁采用新的教育方法来提升"生态设计智慧"，以此来建设"健康、强大、有韧性、公正和繁荣的社区"。他时常询问教育者和学生以下这些基本问题：四年的大学教育是让"毕业生成为了更好的地球公民，还是成为了温德尔·贝里（Wendell Berry）所说的'四处游荡的专业破坏者'？大学对地区经济的可持续发展作出了贡献，还是以效率的名义阻碍了这一进程？"他所设想的教育改革，将充分阐释人类在社会和生物学意义上与大自然的疏离现状，以及疗愈这一疏离对人类继续繁衍生息的必要性。

奥尔建议大学为所有学生设立生态素养的培养目标，以防有的学生到毕业时还不了解以下这些基本知识：

- 热力学定律
- 生态学基本原理
- 自然资源承载力
- 能量学
- 最低成本与最终用途分析
- 如何在某地过上理想的生活
- 科技的局限性
- 适当的规模
- 可持续农业与林业
- 稳态经济学
- 环境伦理学

这种对生态现实的关注，在大学和其他教育层级中都是必不可少的，但它在实施中也可能显得非常无趣。能够在大自然中感受到好奇和愉悦，应该是生态学素养的核心品质。

要想让这一改革持续下去，我们就需要在学术机构中复兴博物学。在前面的章节里，保罗·戴顿已经确认了博物学的没落。这位海洋生态学教授认为，博物学已经被"赶出了象牙塔"，而且，许多大学的生物学本科生得不到经典植物学或动物学的训练。科学界盛行的"无成果，便出局"的做法使许多一年级研究生对主要的生物门类或他们所研究的生物体的分布、习性等知识知之甚少，甚至一无所知。

在发表于《海洋生物学》（*Scientia Marina*）杂志的一篇批评性文章中，戴顿和副教授恩里克·萨拉（Enric Sala）表示，一些学生所使用的生态学教材几乎完全采用分子生物学和理论种群生物学的角度。"这种普遍的做法无法激发学生们的好奇心和他们对特定地点的感情，而这两点对该学科至关重要。更糟糕的是，有的生态学家从未见过他们用于建模或推测的生物群落或种群，他们无法识别构成这些群落的物种。这就像是不知道真正的心脏长什么样子却只凭臆测给心脏动手术。"生态学研究已经从描述性研究转变为了机械性研究，研究形态也从"小型的个性化研究转变为大型的综合性研究，个体研究者只承担经过明确切分的一小部分工作"，这种做法只会奖励"群体心理，而非个体的创造力"。他们写道：

> 少了扎实的博物学根基，我们就只能培养出狭隘的生态学家。博物学家更接近诗人，而非工程师，思维的突破更多来自于以第一手经验和常识作为基础的直觉。如果我们要振兴正在成为科学原教旨主义大本营的生态科学，我们就应该让我们的学生牢记直觉、想象力、创造力和打破传统的重要性，并防止用刻板的假设框架和各种技术来框束他们。

戴顿和萨拉认为，科学的视野从根本上说是狭隘的。当我问戴顿，这样一场变革——或反变革——可能会如何进行时，他说："我确信，我们有一些同时也是分子生物学家的了不起的博物学家。我不确定我见过多少，但他们确实存在。再说生物分类学家，情况肯定也是如此。"不过，他也在担心他的博物学同人们并不理解这其中的利害关系。大学找不到讲授这类课程的教师，因为懂生物学和博物学基础知识的人如今已经很少了。我们该如何扭转这一颓势？我再次敦促父母、中小学教育工作者、环保组织和政策制定者认真评估这一损失对教育、创造力和自然环境的影响。现存的博物学家团体必须站出来成为领导,带着使命出征,不仅为了博物学家这一职业类别的存续,更是为了——让孩子们重新爱上大自然。

在各个教育层级进行的自然依托式教育运动将帮助学生认识到,学校不应是一种文明的监禁,而应是通往广阔天地的门户。

17 露营的复兴

几十年来,圣地亚哥学区一直在附近的山区里为六年级孩子举办露营活动。孩子们会每个学年到那里的松树林里生活一个星期。虽然这一露营活动的核心目标随着岁月变迁发生了很大变化,已经从单纯的自然体验变为了在自然空间中进行的种族融合活动,但这项露营活动仍然在持续不断地为一些孩子提供最初或最尽兴的自然体验。九年级学生迈拉(Myra)如此回忆她在这一露营活动中的经历:

我还没有真正体验过大自然。我父母虽然在乡村长大,但我们对露营或户外生活并没有特别的兴趣。我一般都待在家里。我记忆中唯一一次在野外生活是六年级时去帕洛玛野营。在荒无人烟的地方走野路,我感到特别自在……当然,我们吃得很简单,小木屋住起来也不舒服,但是,在山里徒步感觉很新鲜,很好玩。我真的特别放松……有时候,当我想要从现实中逃离的时候,我就会用思考和回忆重新回到大自然的怀抱。

与很多孩子一样,迈拉有时也会因为现实的压力而不堪重负。新闻、学校和家庭都会让孩子们紧张,他们需要从中得到喘息的机会,这一点怎么强调都不过分。露营本身也有压力,但大自然的疗愈作用也一直存在,只有一帐之隔。此后,就像迈拉所经历的那样,那些记忆还会留存下来,像缓释胶囊一样持续发挥作用。

显然,除了住帐篷和蚊虫叮咬以外,露营还包含其他体验。如果露营组织者任由他们的宗旨被淡化，如果他们始终想要取悦所有人，那么露营中的自然体验或许就会减损。我们在全国各地的营地里都能看到种族融合等许多文化或政治活动，这些都是让世界变得更包容、更美好的重要尝试。在美国，这些都是非常重要的议题。但是，童年毕竟短暂。如果我们只顾得上优先这些事项，那么下一代人甚或更多代人，或许就会在没有来得及跟大自然亲密接触之前步入成年。户外教育的巨大价值在于，它们关注的是那些一直以来将人类凝聚在一起的元素——狂风、暴雨、温暖的阳光、幽暗的森林，以及地球在我们心中所激发出的敬畏和感叹，特别是在我们尚未成年的时候。

露营的社会背景也很重要。临床心理学家、家庭治疗师、《复活奥菲利亚》（*Reviving Ophelia*）一书的作者玛丽·皮弗（Mary Pipher）说："最好的露营活动正在孕育20世纪40年代最珍贵的东西①——共识。"不过，露营最重要的方面仍旧是对大自然的直接体验。

小时候喜欢露营的成年人常会讲述那时制造的恶作剧，但他们也会谈到那些深受触动的瞬间——以及在承受一定危险的情况下建立自信的重要性。时常在危险中工作、后来成为哥伦比亚广播公司（CBS）摄影师的安·皮尔斯·霍克（Ann Pearse Hocker）如此谈及科罗拉多州的夏令营活动所赋予她的独立意识和责任感：

我学会了谨慎。有一次，我们前往朗斯峰进行徒步训练，遇到了雷暴，于是我们决定提前下山。我们在下山路上遇到了几个被困在一片巨石滩里的徒步者，其中一位女子的腿被两块大石头夹住，拔不出来。当时大雨滂沱，下方电闪雷鸣。我们不得不放弃七拐八弯的徒步小径，直接沿电力检修线跑下去。途中，我们遇到了骑马上山来救援他们的骑警。一路上，闪电如此厉害，感觉我的牙箍都带了电，只好用手把嘴巴紧紧捂住。我们浑身湿透，也有点害怕。但是，当我们到达山脚，见到那辆破旧的蓝色公共汽车时，我们也感到自己非常了不

---

① 指1941年珍珠港事件后美国民众的空前团结。

起。那天的经历给我上了生动的一课。它告诉我,如果没有准备充分就深入内陆或高山,那么大自然是不会跟你讲情面的。我永远都忘不了那一天。我有时会犯错,但我对大自然的敬畏已经深深地印刻在了心底。

为何值得投入?

安德里亚·费伯·泰勒和弗朗西丝·郭对相关文献进行了分析:"接触自然空间能否促进孩子成长呢?在这方面的研究中,户外挑战项目对儿童自尊和自我意识方面的影响最令人兴奋……有趣的是,有四项包含了追踪研究的实验发现,即使在自然体验结束很久(甚至数年)后,户外挑战项目的参与者仍旧会提到他们所受到的积极影响。"

有的户外教育项目是专门针对问题儿童开设的,特别是患有心理疾病的儿童。相关研究表明,户外教育项目拥有显著的治疗作用。无论是作为传统疗法的附加疗法,还是单独使用,户外教育项目都可以引发积极的改变。甚至,在户外教育项目并未用作治疗手段的情况下,研究者依旧观察到了积极的改变。过去十年的研究表明,冒险疗法的参与者在自尊、领导力、学业表现、个性和人际关系方面都取得了进步。迪恩·伯曼(Dene S. Berman)和珍妮弗·戴维斯-伯曼(Jennifer Davis-Berman)在为"乡村教育和小型学校信息中心"(the Clearinghouse on Rural Education and Small Schools)撰写的一份针对此类项目的评估报告中写道:"随着时间的推移,这些改变比传统教育项目所引发的改变更为持久。"早在20世纪初,露营项目就已经被用于提升心理健康水平。有研究发现,露营活动能提升所有年龄段孩子的自尊水平,特别是青春期前的孩子。

这一点也适用于精心组织的荒野探险项目。20世纪90年代末,耶鲁大学的斯蒂芬·凯勒特在维多利亚·德尔（Victoria Derr）的协助下进行了一项综合研究，想要了解参加野外教育活动对青少年的长期影响。研究的三个项目分别是"学生环境保护协会"（the Student Conservation Association）、"国家户外领导力学校"（the National Outdoor Leadership School）和"户外拓展训练"（Outward Bound）。凯勒特报告说，"高达72%"的参与者认为他们所参加的户外体验是"有生以来最精彩的体验之一"。凯勒特这样写道："今天的孩子们经常被外界提醒，他们对自己纷繁复杂的生活有多么缺乏控制。"在他看来，学着在野外和户外空间解决问题能促进心理与情感发展。"这些影响包括提升自信与自尊、增强独立性与自主性，以及让孩子变得更加乐观。而且，由于这些结果只能来自与他人的合作，所以野外教育活动也能培养各种人际能力，例如增强合作能力、提升包容力、增加同情心、创造亲密感和提升与他人结成友谊的能力。"这些积极的改变保持了许多年。早先的多项研究也得到了类似的结果。

露营经历对残疾儿童也非常有益。在1994–1995年间，全国性的休闲与环境调查（NSRE）对美国各地的17216名美国人进行了采样。2001年，有研究者对该次调查的数据进行了分析（主要针对残疾人），结果发现，残疾人参与户外与冒险活动的程度与非残疾人相当甚至更高。其他多项研究也表明，残疾人也会参与难度极大的户外活动。他们同样在户外寻求风险与挑战，跟健康的同龄人毫无二致。

研究者还发现，残疾人借助露营体验提升了他们对自己身体的评价，改善了行为。有研究者调查了涉及残疾儿童的15个住宿式夏令营项目，残疾类型包括学习障碍、自闭症、感觉障碍、中度及重度认知障碍、身体残疾和创伤性脑损伤。参与研究的儿童表现出了更好的主动性和自主性，这一点也反映到他们在家庭和学校的日常生活中。

公众可以用大自然的疗愈作用作为依据来推动露营活动和户外教育的开展，这一论据非常有力。与诉诸怀旧之情相比，把这些活动与健康相关联更有说服力。从根本上讲，我们需要一场露营的复兴。

我们可以这样规划未来：教堂、犹太会堂、童子军组织、休闲娱乐项目、企业、环保组织和艺术团体等关心孩子的机构应该结成伙伴关系，以此来建立新的公共教育分支领域。美国的各个学区都应与其所在地区的一家或多家"野生生物与儿童"保护区建立联系。创建并维持这些机构的花费要远远少于修建更多的科学实验室（尽管我们也需要更多的科学实验室），这么做的必要性也超过购买当下最新但很快就会落伍的计算机。这些保护区同样可以成为高等教育重新关注博物学的支点，还能在全国范围推动环境责任法的修改工作。

建立这类自然教育保护区可以成为新一轮学校改革的一大举措。

儿童生活保护区

华盛顿的班布里奇岛有潜力成为新式户外教育保护区的样板。黛比·布雷纳德（Debbie Brainerd）和曾坐拥大型软件公司奥尔德斯（Aldus）的丈夫保罗·布雷纳德（Paul Brainerd）在那里购置了255英亩（约合103公顷）的土地，用于创建一家非营利机构普吉特湾环境学习中心（PSELC）。《西雅图邮讯报》（*Seattle Post-Intelligencer*）称之为"耗资5200万美元、占地255英亩，兼具汤姆·索亚岛的冒险元素、空间站的科技感和荒野的宁静"。黛比·布雷纳德称它为"学习的宝地"，尤其是对来自低收入家庭、生活环境恶劣的城市儿童来说。在那里，孩子们可以与老师相处数天，使用"全部5种感官学习科学、数学、绘画、写作、文化以及这些科目之间的关联"。根据《西雅图邮讯报》的报道，那里的学生宿舍叫作"鸟巢"，是一幢用木材手工搭建而成的节能建筑，里面还设有一间"泥巴屋"。壁炉的石壁上镶嵌着博物馆捐赠的化石。不过，在大部分时间里，孩子们都是在户外探索。这家聚焦于自然的学习中心被誉为"全世界最具创新力的环境教育中心"。虽然不是每个社区都有像布雷纳德夫妇这样的捐助者，但是考虑到修建传统教室的巨大花费，将小型儿童保护区或自然保护区扩大仍旧是切合实际的可行做法。

坎迪·范德霍夫（Candy Vanderhoff）曾说，教育的未来在户外。我和她一起步行穿过凉爽的树林，走向峡谷低处。孩子们东一个，西一个。有的写写画画，有的侧耳聆听。身为建筑师的范德霍夫有一项副业——研究和记录原住民的棚屋。她想趁这些南海岛屿小屋还未永远消失之前给它们拍照并编目。几年前，她曾去往墨西哥的蒂华纳市，协助享誉国际的艺术家詹姆斯·哈贝尔（James Hubbell）创建一家由泥土、石头和瓷砖建造的学校。2001年，哈贝尔曾邀请她参与一个青少年项目。该项目位于南加州埃尔卡洪市附近的克雷斯特里奇生态保护区，那是一片2600英亩（约合1052公顷）的山地，也是我和那些"森林之子"们曾经探访的地方。

克雷斯特里奇是一处新式公园，一部分是日间营地，一部分是自然保护区。美国各地都有一些社区正在创建这类公园，其他社区也应效仿这一模式。

这个项目是多家机构合作的结果，其中有格拉尼特山高中（GHHS），有名为"边远地区土地信托"（Back Country Land Trust）的环保组织，也有哈贝尔的企业。我第一次来这里的时候，哈贝尔和他的儿子德鲁（Drew）正计划建造哈贝尔所说的"一座位于步道顶端的观景凉亭，一座大门一样的东西，能让人从旧的生活挣脱，迈进新的生活"。范德霍夫说，这里的建设将是'可持续的"、可生物降解的和可回收利用的。

后来，我们徒步穿过杂乱的橡树丛，来到了一棵老橡树下的一群学生当中。这棵老橡树恐怕早在刘易斯和克拉克考察西部时就已经发芽了。孩子们的身下是巨大的花岗岩，上面有很多拳头大小的洞。很久以前，库梅亚原住民（Kumeyaay Indians）就用它们来研磨橡子。孩子们在听拉里·巴内加斯（Larry Banegas）讲解他口中的"传统知识"。在附近的巴罗纳（Barona）保护区长大的他制作了一个网站（Kumeyaay.com）来讲述族人历史。他向孩子们解释说，库梅亚人"不是游牧民族；在一年当中，他们一部分时间住在山里，另一部分时间住在海滩上"。他们也并非只是被动地听命于荒野，因为他们掌握了很多技能。例如，他们会用火来清除茂密的灌木丛，随后再种下食用或药用植物。他们也懂得建造水坝来截留河底的沉积物，提高地下水位，同时形成用来种植水田芥、野芹菜和生菜的湿地。他们对水土的利用能力说明原住民并非生活在远离文明的一片荒芜之中，那种旧有观念只不过是我们惯常的错误认知罢了。地理大发现之前的美洲是什么样的，一直以来都存在巨大的争议。巴内加斯的讲述支持了那时美洲人口更多、文明也更发达的新理论。

我想知道：孩子们在离开时会对人与自然的关系产生哪些感悟？他们能否明白，人类改造自然总是为了让自然可以持续，让自身能够生存？这个问题关乎环保事业的存亡。

临近中午时分，我斗胆向范德霍夫提出了一个容易惹人讨厌的问题。所有自然保护区都禁止孩子建造树屋或堡垒，克雷斯特里奇生态保护区也不例外，但事实上，包括环保主义者在内的许多人最初都是通过在森林里建造堡垒来接触大自然的，如果孩子们不再能这样做，而只能隔着玻璃远观，那么结果会怎样呢？

范德霍夫思考了片刻，随后到车里取了本讲述加州原住民生存技能的书。她指着一幅用柳条和茅草搭成的库梅亚棚屋的插图笑着说："看！这就是孩子们可以在这里建造的东西。这难道不好吗？"

当然很好。

如我们所见，今天的孩子们正成长于美国的第三条边疆。虽然它尚未完全闭合，但我们已经知晓它演变的大致方向。例如：孩子们不知道食物从哪里来，农场家庭正在消亡，生物绝对论寿终正寝，人类与其他动物的关系不清不楚，新的郊区开阔地缩小等等。在这个瞬息万变的时代，我们能否让第四条边疆提前诞生？

Part6
神奇之地：开启第四条边疆

我们不仅在逃离，也在进入……
我们已经身处最伟大的共同体，
包含与我们一同进行生命大冒险的
一切物种的共同体。
——约瑟夫·伍德·克鲁奇

18 在大自然中玩耍不是罪

换作今天，马克·吐温笔下的汤姆和哈克似乎应该放弃，离开树林回家，用汤姆的同学贝姬的游戏机玩新出的电子游戏。如果贝姬的父亲撒切尔法官能重新审视今天涵盖了儿童、休闲娱乐、环境和土地所有者责任的奇特法律体系，他或许会被大量来自左右两派的法律限制和社区约定搞得晕头转向。这些规定利好电子屏幕，却利空几乎所有形式的自然体验。

如果我们就此问题向他寻求法律建议，他或许会登录在线法律数据库研究一番。很可能，他的目光会停留在当下的法律热点上，即许多州近年来通过的"休闲娱乐用途"（recreational use）法条。

"嗯，这法条看起来不错！"他可能会对自己说。

这些法条旨在鼓励土地所有者允许他人在自己的开阔地面上休闲娱乐。例如《加州民法典》第846条这样写道，"为了平衡增加休闲娱乐空间的需要和土地所有者对进入者所负的责任"，财产所有者"没有义务保证相关地块的安全以供他人进入或用于任何休闲娱乐目的，也没有义务对危险情形发出任何警告……"。换句话说，土地所有者允许他人在自己的土地上休闲娱乐时，并没有义务保证他们的安全。但是，在"故意或恶意不对危险情形作出防范或警告，或者任何因作为对价……而准许他人为上述目的进入并发生伤害"的情况下，该法条又没有对土地所有者的责任作出限定。

"不管怎么说，反正……"撒切尔法官可能会转转眼睛说。

此外，该法条也没有保护土地所有者免于被"任何明确受邀而非仅被允许进入土地的人"起诉。该法条没有专门提及儿童,那么应当依照判例法来处理。然而从措辞上看,该法条完全可以这样理解:如果父母或者孩子邀请别的孩子来家里玩,那么与不知道是谁在自家地界玩耍或只是同意他人来玩的情形相比,邀请行为更容易遭到起诉。

这时候,撒切尔法官可能会靠到椅背上,扶一扶眼镜,怀疑自己是不是穿越了,而且是穿越到了别的星球。

的确,不同律师对这一法条的理解可能会有所不同,但最终的责任判定还是要看法庭对这一法条的解释。然而,不同法庭对此条的解释也并不一致。例如,1979年,加州圣克拉拉谷的一名法官裁定某案中的财产所有者不受休闲娱乐用途法条的保护。在此案中,一个女孩在骑自行车穿过一座位于私人土地上的桥时摔倒了。由于她当时没有在"休闲娱乐",所以法官判定土地所有者为此承担责任。明白了吗?可是,在另一案中,一名儿童在爬树时受伤,那棵树所在土地的所有者却得以豁免责任。

"得搞清楚是怎么回事!"撒切尔法官可能会大声说。

仔细考虑一番后,他很可能会考虑辞去法官职务,去做出庭律师。他搔着络腮胡,想起了给栅栏刷油漆的那个汤姆,他当时站在公共便道上吧?他又想起汤姆在山洞里走丢了那件事,当时还有他女儿贝姬!那么那个山洞是谁的呢?

"为什么不去告他呢?就这么办!"他可能会说,"贝姬,快过来,我问你几个问题……"

侵权法改革及其他

害怕担责是孩子们在大自然中玩耍的巨大阻碍,仅次于"妖魔症候群"。第四条边疆的目标之一应当是在全国范围内检查涉及私人土地与休闲娱乐活动的法律与规定,特别是与儿童有关的。检查过程应该公开，也应该邀请父母、孩子、研究儿童玩耍的专家和其他人提供证词。检查的目的应当是保护孩子的安全并维护孩子在大自然中玩耍的权利。检查的重点应当是缓解父母和孩子的焦虑，减轻土地所有者对吃官司的恐惧，即便这种恐惧只是下意识的。这一恐惧让孩子与自然疏离的现况雪上加霜。在这一过程中，社区委员会应该检查他们的规定当中是否包含了将孩子在大自然中玩耍视作非法的内容。政府也应当这样做。这个问题不仅涉及法律的条文，更关乎法律的精神。

在公共领域，相关的公共机构也需要转变态度。如果执行时能掌握好分寸，那么限制孩子玩耍的许多规定，特别是那些旨在保护大自然的环境法规，仍旧是合理的。例如，公园护林员可以用心开展自然教育，教父母和孩子如何在不破坏自然的同时享受户外，而非只是实施处罚，或者不加解释地把孩子们赶走。许多护林员已经在这样做了——只要不是人员不足或工作压力过大。但是，我们还是要现实一些。只要我们的城市继续一边大力开发住宅区，一边却忽视建设公园等可供孩子在大自然中玩耍的设施，那么我们的街区公园和海滩就会在巨大的需求面前不堪重负，进而导致执法更加严格。根本的解决措施并非是将保护珍贵栖息地的规定废除，而是建设或保护更多可用于玩耍的自然空间——包括空地、峡谷和社区绿地——同时降低个人吃官司和被罚款的可能性。

面对孩子在大自然中玩耍的法律障碍，解决办法之一是创建更多野趣横生的公园和充分受到保险保护的私人玩耍空间。实际上，前者就是受到法律保护的那种适合孩子们玩耍的保护区，例如克雷斯特里奇保护区。环境依托式教育专家戴维·索贝尔建议创建他所说的"环境牺牲区"，你也可以把它称作"玩耍保护区"。"如果有溪流可以让孩子们在那里筑水坝，那是一件好事，哪怕这么做会影响生态系统。玩耍本身更重要。从长远来看，这么做对环境保护来说是值得的，"他说，"一般来说，孩子们不应该在沙丘上玩耍，因为这么做会造成侵蚀，破坏沿岸房屋的地基。但我们仍旧需要拿一些沙丘给孩子们玩，即使这么做可能会造成一些损害。我这么说的时候，人们总会翻白眼。同样的道理也适用于树屋。我不否认搭建树屋会伤害树，但与孩子们在树上玩耍时学到的东西相比，这些偶尔发生的对树的损害并不重要。"

即便身边已经存在这样的玩耍区域，父母和社区也仍旧会面临一大堆限制孩子在户外玩耍的条条框框。不过，其他选择也同样存在。

土地所有者可以借鉴美国滑板公园协会（SPA）的做法来解决自身所面临的责任问题，这是一家创立于1996年的组织，创始人是一位圣莫尼卡市的母亲。假设有一家滑板公园加入了该组织，那么它需要每年缴纳40美元（私人公园）或120美元（市政公园）的会费。滑板爱好者在滑板公园协会注册时，只需缴纳象征性的费用，就可以获得额度为10万美元的附加医疗保险和额度为100万美元的责任险。责任险仅针对该公园，附加医疗保险可覆盖协会认证的公园或其他任何地方。这样的安排或许能够让更多的孩子走进大自然。谢拉俱乐部等大型环保组织有朝一日或许也可以提供类似的团体保险服务。

还有一个办法是，所有家庭，无论是否有孩子，都考虑增加其责任保险的覆盖范围。美国保险协会建议，一份标准的屋主保单将涵盖诸如树屋事故等赔偿责任，但屋主仍旧应当核查其保险的责任范围。典型的屋主保单只包括额度为10万美元的现场事故保险。一些保险专家还建议购买附加责任保险。配合原屋主保单的保额为100万美元的伞式附加险并不贵，价格一般为每年200美元。如果再加50美元，屋主还能额外得到100万美元保额。一些伞式附加险还涵盖涉及开阔地的责任。这里的问题是，如果保额设定为100万美元，有人就会起诉索赔200万美元。如果法律不改，或者没有强大的同行评议体系来阻止非必要的诉讼，那么这种局面何时是个头呢？

《常识的死亡》（the Death of Common Sense）和《公共利益的崩溃》（the Collapse of the Common Good）的作者菲利普·霍华德（Philip K. Howard）认为："对诉讼的恐惧已经影响到了文化。"霍华德是"共同利益"（Common Good）的创始人，这是一家由顾问委员会成员组成的两党联盟组织，成员既有保守派也有自由派，例如比尔·布拉德利（Bill Bradley）、乔治·麦戈文（George McGovern）、纽特·金里奇（Newt Gingrich）和艾伦·辛普森（Alan Simpson）。霍华德希望能够协助恢复法律的可靠性——找到方法来确认什么样的风险水平是可以接受的或适度的。霍华德说："民意调查和小组访谈显示，教育者几乎会穷尽一切手段来避免让自己吃到官司。"

2005年7月，《南佛州太阳哨兵报》（*South Florida Sun-Sentinel*）报道，布劳沃德县的137所小学在校园里树立了"禁止奔跑"的标志，这是校方为预防孩子受伤和规避诉讼的举措之一。操场上的旋转木马和秋千已经拆除。下令树立"禁止奔跑"标志的布劳沃德县安全主管解释说："它们包含活动部件，器械上的活动部件是学生在操场上受伤的首要原因。"那么用来爬着玩的水泥管呢？也不见了。这位安全主管继续解释："水泥管越长，流浪汉待在里面的可能性就越大。"这种恐惧有道理吗？在美国，公众打官司的意愿到底是在下降、维持不变，还是在上升？这取决于人们选择相信哪一项研究。由于大多数诉讼都在庭外和解，具体情况不明，所以这类统计数据的可靠性更难以保证。而且，没有人关注其中有多少人说要起诉只是一种威胁——这一点对公众行为的影响可能比对法官和陪审团更大。事实上，一些消费者保护律师认为，一些政府官员激发民众对诉讼的恐惧可能别有用心，因为与把公共资金花在新建游乐场或新聘救生员等处相比，这么做或许更不费功夫，也更便宜。无论真相如何，想法决定一切。

面对这样的情况，我们需要多管齐下：一是让法律界和公众接受"相对风险"的存在；二是进行保险创新；三是从设计和法律的角度保护公共玩耍区域。

两党改革联盟"公共利益"（Common Good）呼吁超越现行的侵权法改革，进行系统性改革。目前的侵权法改革几乎完全集中在限制诉讼赔偿额上。没错，有时候，为了改变有权势的违法者的行为，我们确实要让他们花一大笔钱。但是，限制损害赔偿或提高诉讼门槛对减少诉讼量并没有什么效果。而且在霍华德看来，这么做只能保护其中一方："这种做法偏离了我们要关注整个社会的指导原则。""公共利益"呼吁法官和立法机构制定更加明确的标准，规定谁可以因何事由而提起诉讼。此外，霍华德也呼吁建立公共风险委员会来检查我们生活中那些发生了根本性变化的领域，"例如我们的户外活动和儿童玩耍"。

相比美国，英国的步子迈得更大。2003年，一位名叫约翰·汤姆林森（John Tomlinson）的18岁英国少年在一处公共湖泊跳水时折断了脖子。在此之前，当地的柴郡议会已经意识到了这种风险，并且已经张贴了"禁止游泳"的标志。他们还打算在海滩上倾倒渣土和种植芦苇来封闭湖泊。但没等芦苇种好，汤姆林森就跳水了。汤姆林森的律师认为柴郡议会应该早点采取行动，并且获得了胜诉。上诉再审时，该判决被推翻。法庭宣布，原告方的诉求是否成立不应仅仅取决于事故是否可以预见，还应取决于"带有风险的活动所具有的社会价值"。如果满足汤姆林森的诉求，那么数十万人将无法继续享受公园的乐趣。法院用一段常识来作结："这是一个危及自由的重要问题……难道因为有些孩子爬树时会摔下来，法律就要求把所有树都砍倒吗？"

在等待修法的同时，我们也可以采用环保律师布莱恩·施密特（Brian Schmidt）的建议。施密特是致力于保护南旧金山湾区的环保组织绿色山脚委员会（Committee for Green Foothills）的辩护律师。为了能让孩子重回大自然中玩耍，他建议成立一家"让所有孩子告别禁足的法律辩护基金会"，以便为那些鼓励孩子出门玩耍却被口水官司缠身的机构和个人支付法律辩护费用。该辩护基金会的志愿律师将重点关注最吹毛求疵、最引人注目或者最可能树立糟糕先例的索赔。施密特猜测户外产业会有兴趣资助这样一家基金会。他说："很明显，无论这个想法能实现到什么程度，它也无法支付所有的口水官司费。但这么做仍旧是有益的，而且，被告方会因为自己底气大增而不会轻易选择息事宁人。"这么做还会向公众传达这样的信息，即让孩子在大自然中玩耍仍旧是受到鼓励的行为。

不要放弃

孩子在户外玩耍所引发的法律纠纷将是第四条边疆的一大难题。不过，为了让其他的一系列积极改变成为现实，爱打官司的社会风气必须得到扭转。

一位家住加州埃斯孔迪多的父亲吉姆·孔多米蒂（Jim Condomitti）说："过去，如果有儿童或青少年在便道上、邻居的院子里或是学校里摔断了胳膊，账单就会由他父亲的保险来支付。我们的父母为我们受到的伤害和各种不小心或故意的行为承担了责任。今天，当脑海中闪过七位数的赔偿额时，我们就会打开电话簿，寻找那些能够从学区、市政当局或保险公司挖到大把钞票的律师。"

确实，在许多情况下，吃官司的威慑力量比其本身还要可怕。孔多米蒂看到所在社区禁止孩子在街上打球这件事后，发现了这一点。（这类玩耍形式可能不涉及大自然，但至少属于与虚拟体验不同的直接体验，而且是在户外进行的。）孔多米蒂仔细研究了几个城市措辞含糊的法律法规，发现禁止这种玩耍几乎没有任何法律依据，除非孩子们确实阻碍或妨碍了交通。"父母和孩子不应该这么轻易放弃。"他说。好消息是，他们本无需如此。

我们可以修订恶法，可以更好地规避诉讼，可以创建新式的自然休闲区，甚至还可以建造新式的城镇——在那里，大自然广受欢迎，孩子在其中玩耍也司空见惯。那样的城镇才是真正属于儿童和成人的世界。

19 野趣归来的城市

为了上乔治华盛顿大学，珍妮特·福特的女儿朱莉娅·弗莱彻（Julia Fletcher）从西弗吉尼亚州搬到了华盛顿特区。她在肯尼迪中心（Kennedy Center）经营一辆流动小吃车。有时，她会把小车推到屋顶的露台上，眺望静静流淌的波托马克河。一天傍晚，她看到露台上有一位父亲和一双儿女。两个孩子注视着父亲，而父亲则在仰头观望一只盘旋的猛禽。

"这不是土耳其秃鹫，"他说，"不过已经很接近了。你再想想？"孩子们再次望向天空。

"是只鹰。"儿子说。

"又近了一些，"爸爸回答，"但是是哪种鹰呢？"

"白头鹰？"女儿问。

"不是。想想水边有什么鹰？"

一旁的朱莉娅正要脱口而出，儿子突然说：

"是吃鱼的鹰吗？"

"没错。这是一只鱼鹰，"他们的父亲说，"要是下次再见到，你还能认得它吗？"

听到这里，朱莉娅的手上又重新忙乎起来，但脑海中仍旧回响着两辈人的对话。她的母亲以前也时常带她去探索大自然，所以她觉得适才的那一幕特别亲切。她说："我感到特别兴奋，在华盛顿这种城市里面，居然也有孩子能像我小时候那样长大。那一幕刷新了我的见闻，纠正了我之前的误解。因为我在这所大学里认识的所有人都认不出鱼鹰。城市中的大自然是最顽强的——从某种角度说,也是我最喜欢的那种大自然。"

今天,越来越多的生态学家和伦理学家开始质疑城市里容不下野生动物的假设。他们当中的一些人还鼓励你把你居住的城市想象成"动物园城市"(zoopolis)。"可持续城市计划"(the Sustainable Cities Project)负责人、南加州大学教授詹妮弗·沃尔奇(Jennifer Wolch)也采用了这一称呼,她所设想的这种新型的城市空间可以通过土地规划、建筑设计和公众教育而成为自然栖息地。

在大多数人看来,"动物园城市"的理念多少会有些牵强。想想我们所使用的语言,那些城市边缘的土地会被我们称作"空地",虽然那里明明有许多物种在生存繁衍,一点也不空。除此之外,我们的城市理论界基本不关心人类以外的物种,就连那些理念最超前的建筑学院也是如此。即使那些推土机还在继续推平一座座山丘,他们也仍旧无动于衷。不过,据沃尔奇所言,尽管动物园城市还没有被广泛报道,但已经在美国的多座城市中掀起了热潮。这股热潮往往出自较为实际的考虑。例如,传统的景观美化方式需要消耗大量的水,而且会导致生物种贫瘠。于是,一些位于干旱地区的城市便开始提倡种植那些既容易养护又可供野生动物栖息的本地植物。

这一理念的核心是人在心理层面的"亲生物性",那是一种扎根于大自然的幸福感。圣巴巴拉的环境研究中心(the Center for the Study of the Environment)负责人丹尼尔·波特金(Daniel Botkin)表示:"如果我们认识不到城市同样属于自然和荒野,并且是其中不可分割的一部分……那么那个作为想象共同体的大自然就无法继续存在下去。"哈佛设计学院的约翰·比尔兹利(John Beardsley)也希望,终有一天,我们的后代可以在这种新式的城市和郊区景观中成长:

我们需要争取在城市和郊区中建立健康的生态系统,需要争取让我们的文化(无论它对虚拟世界的关注有多大)关注现实世界和其中的真正问题,以及各种各样的可能性。对大型购物中心或主题公园来说，这意味着什么呢？我们能想象一家购物中心同时也是一个能源自给自足、自己处理废水并回收物资的活跃生态系统吗？我们能想象一家既好玩又有教益，还能不影响环境的主题公园吗？我看没什么不可以的。既然我们已经造出了能在市场上买卖的"大自然"，那我们当然也能改变它。

根据目前的生态学理论，只保护城市里的公园、保护区等孤岛一样的野地是不够的。要想构建健康的城市生态，我们就要将这些野地连接起来，建立有益于生物迁移和提升基因多样性的自然廊道。你想象一下，如果这类理论应用到整座城市，如果供野生动物生存的自然廊道延伸至城市深处甚至其精神层面，进而创造出一种全新的环境。在这种全新的环境中，自然不再缺位，反而丰富多姿，儿童长于斯，成人老于斯，那又会是一幅怎样的景象？

推进动物园城市运动

动物园城市的概念并不如听起来的那么新鲜，那么理想化。早在19世纪70年代，"游乐场运动"对城市自然景观的重视程度就超过了秋千和棒球场。那时候，大自然是美国劳工阶层，特别是他们孩子的健康福利。这一运动催生了一大批美国的大型城市公园，纽约的中央公园就是其中之一。与"游乐场运动"密切相关的是20世纪初的"健康城市运动"，这股浪潮把公共卫生与城市设计结合在了一起，甚至规定了住宅到公园和学校的最远距离。

随后，形势急转而下。在二战后的开发建设期间，虽然还有许多城市仍然在继续修建大型城市公园，但它们的重要性已经大大下降，乡野味道也越来越淡，并且将考虑重点转而放在开展正式的体育运动和规避诉讼上。与20世纪初迥异的是，在近几十年中，儿童和野生动物不再受城市规划者重视。大多数城市中的游乐场和公园的面积再也无法跟上人口增长的步伐。与此同时，这些公共空间也变得越来越精致、平整、无趣，越来越倾向于规避诉讼，它们的设计也越来越忽视野生动物。沃尔奇发现，人们对城市扩张的讨论并不涉及野生动物。在"新城市主义"（new urbanism）那里，与可持续性有关的主要议题是能源、交通、住房和基础设施。

甚至连自然文学作家也一度忽视了城市或郊区中的自然。《洛杉矶时报》报道："如果回到1990年，当你读完《诺顿自然文学文选》（*Norton Book of Nature Writing*）中全部94位作家的900页作品后，你就会发现他们中的大多数人都是在城市里度过了自己的大半生。"这篇报道广受赞誉，作者就是"城市与自然运动"的倡议者之一、博物学家詹妮弗·普赖斯（Jennifer Price）。她在《飞行地图》（*Flight Maps*）一书中写道："只有思考如何让大多数人生活的地方变得可持续，才能保护得了荒野或濒危物种。"这一运动远远超越了传统上对公园的关注，并且重新定义了城市规划、建筑和生态恢复。《洛杉矶时报》称："社区团体、建筑师、城市规划者、工程师、作家、官员和政客们正在同心协力地恢复这条河（指洛杉矶河），让它不再只是一条沟渠。"

时代在改变。沃尔奇主张让动物重回城市，以此来"让城市重新绽放光彩"。她的观点充满了动物权利主义的哲学味道。在她看来，让城市回归自然的主要受益者，或许正是动物本身。她这样写道："认为人类与动物截然不同的观念正在逐渐瓦解。人们对后启蒙时代的科学进行了批判，淡化了人类与动物的明确界限，并且揭露了现代主义科学背后的人类中心主义和男性中心主义思想。人们不断加深对动物思维和能力的了解，逐渐发现了动物行为的复杂多样和社会生活的宽广辽阔。与此同时，对人类的生物学和行为研究，则强化了人类与其他动物的相似性。此消彼长，便从根本上动摇了认为人类独一无二的主张。"

我们中的一些人，包括我自己，还无法从心理上接受人类与动物的这种全新关系，我们还没有准备好制定要求我们和负鼠公平分配住房的法律。但尽管如此，我们也必须承认，非自然化的城市或郊区环境，既不利于儿童，也不利于这片土地。我们所寻求的不是那种激进式的推倒重来，而只是重新与大自然建立连接。即使只是暂停人与自然的疏离，也是一种进步。

其实，城市和郊区仍旧比我们所想象的更为狂野，我们对它们的了解还非常有限。2002年《纽约时报》报道，布朗克斯区和皇后区仍然留存着原始森林的遗迹。皇后区有一棵树龄425～450年、高75英尺（约合22.9米）的郁金香树①，它是纽约市最古老的现存生物。据《纽约时报》报道，布朗克斯区的佩勒姆湾公园（Pelham Bay Park）里有许多"树龄可追溯至18世纪的树，稀有鸟类和植物一直在其间繁衍生息"。正如我们现在必须为孩子们安排自由玩耍的时间，好让他们有机会独处一样，我们也有必要把城市当作野生动物保护区来管理。著名的可持续社区规划师、野生动物专家本·布里德洛夫（Ben Breedlove）写道："能够认识到人类与动物可以在许多地方共存，是非常有益的。美国最大的天然生态系统是郊区。"

确实，野生动物和城市或郊区居民日益接近的奇特现象是当今时代的显著特征之一。讽刺的是，与此同时，孩子们却在远离大自然。野生动物涌入城市或郊区的现象可能会激发人们重新思考谁住在城市里，以及为何会这样。沃尔奇写道："大都市快速扩张的边缘地带让包括肉食动物在内的许多物种进入了我们的后院和公共空间，这让不熟悉它们的行为、对它们的存在毫无预料的居民惊慌失措……因此，野生动物的存在常常导致公众激辩甚至冲突，引发关于野生动物伤人的诉讼，或者导致有争议的猎杀行为。简而言之，假如一只美洲狮出现在了圣莫尼卡市中心，你会怎么做？"正如她所指出的那样，在大部分公众眼里，破坏或任意支配大自然的做法都是不得人心或不可接受的，"可是，人们对该如何得体地与野生动物共存，也很茫然。"

正如沃尔奇所说，公众日益意识到"传统的园林绿化方式会减少环境中的物种多样性，并且过于依赖资源"，这一意识正在"推动一

---

① 郁金香树，一种木兰科、鹅掌楸属植物，生长于北美洲，树形高大，是世界四大行道树之一。

些城市立法重视本地物种,以此来减少对资源的依赖并为野生动物提供栖息地"。她还表示,城市里的民间力量正越来越多地参与进来,共同保护特定的野生动物、动物种群,以及城市峡谷、林地、湿地等野生动物栖息地。即便科学已经把人类和其他动物的身体加以商品化,但沃尔奇等人仍旧发现,公众越来越倾向于认为野生动物拥有属于它们自身的权利。

"景观城市主义"(landscape urbanism)为这一认识提供了一套概念框架。肯特州立大学(KSU)城市设计中心主任露丝·杜拉克(Ruth Durak)如此解释景观城市主义:

> 景观城市主义呼吁彻底颠覆原有的城市设计,主张从开阔地和自然系统着手构建城市形态,而非从建筑和基础设施开始……景观城市主义的理念重排了城市设计的价值和优先次序,强调了空间而非实体建筑的首要地位,认为建筑应当是动态的、可以改变的,而非静态的、事先给定的。景观城市主义让人联想到大自然的生态循环,并且试图让这一循环在城市中发挥作用。

另一个更为人熟悉也愈加深入人心的概念是"绿色城市主义"(green urbanism)。这一理念超越了美国时下所风行的更关注高品质郊区建设而非城市生态的"新城市主义",甚至超越了更关注能源问题的可持续城市运动。绿色城市主义运动正在蓬勃发展,特别是在西欧。

绿色城市主义:西欧的范例

哈克·费恩[①]已经离开故土,远赴荷兰。这个在荷兰德拉赫滕市的

---

① 马克·吐温小说《哈克贝利·费恩历险记》中的主人公,以木筏为工具,在密西西比河中漂流历险。

莫拉公园（Morra Park）拍摄到的男孩——在木筏上手握撑杆，沿着一条芦苇和柳树遍布两岸的水道顺流而下——不就是哈克·费恩么？

今天的美国已经很少能见到这样的场景。来自弗吉尼亚州夏洛茨维尔市的建筑师威廉·麦克多诺（William McDonough）写道，这里的人们总是"倾向于认为，真正的自然只存在于文明边缘地带，那种地方原始而遥远，毫无人间烟火"。富有创见的麦克多诺大力倡导将可持续发展和重建自然的理念引入美国的社区设计。奇怪的是，麦克多诺的想法竟然同时刺痛了大型开发商和部分环保主义者。大型开发商只想给我们唯一一种解决方案，并称之为选择。而部分环保主义者也抱怨：为什么要这么做？一旦人们开始认为他们能在城市里重建自然，他们就会以此为借口向郊区扩张。这种担忧或许有道理，但正如麦克多诺所言，占主导地位的城市和郊区设计"如此远离大自然，以至于我们很容易就会把我们对大自然的崇敬遗落在国家公园的停车场里"。

与之形成对比的是，西欧部分地区的城市和郊区却在推动对大自然的重建，同时也使自身变得更加宜居和可爱。哈克能够在莫拉公园的水道里快乐玩耍的一幕，在前面第2章中曾提到过的蒂莫西·比特利的《绿色城市主义：向欧洲城市学习》一书中也得到佐证：在莫拉公园的封闭水道系统中，收集的雨水在风车的驱动下环流整片人造湿地。湿地中的芦苇等植被以其天然方式将雨水过滤到干净得足以游泳的程度。

"绿色屋顶"（Het Groene Dak）是一个类似的荷兰项目。比特利写道，其中有一座公共花园，有"一片充满野趣、没有车辆的绿地，用来供孩子们玩耍，供居民社交"。在瑞典也有一个类似的城郊生态村，"大量林地和自然区域保持了天然的状态"。为了最大限度地减少对大自然的影响，房屋都建在柱子上，而且设计得"好似天外来客"。

比特利介绍了一系列惊艳的绿色城市设计：其中有将半数土地用于森林、绿地和农田的城市，也有不仅对周边自然环境进行保护，甚至还在中心区域辟出森林、草地和溪流的城市。与美国相比，这些密度更大的城市社区却更加宜居。那些甚至有些荒野意味的自然空间全部位于从区域内的多数住宅步行可及的范围。比特利写道，与"城市和自然的长期对立"相反，绿色城市"从根本上根植于自然环境。此外，我们也可以想象它们能够重新以自然的方式来运转和发挥功能——它们本身就代表了自然的修复，代表了自然重新得到滋养与充实"。

"绿色屋顶"式的建筑越来越多见。这种建筑的屋顶被植物覆盖，比如野生的本地草本植物甚或是树木。这样的屋顶能隔绝紫外线，清洁空气，调蓄雨水径流，也能为鸟类和蝴蝶提供栖息地，夏日可为建筑隔热，冬日可为建筑保温。这种屋顶造价较高，但使用年限也更久。从空中看，建筑会完全淹没在广阔的原野中。越来越多的建筑师在建造要求中加入了常春藤等"绿墙"植物，以此来让建筑融入自然，并防止涂鸦。

比特利说，在增加人口密度的同时，设计师们也在打造"往往相当狂野和原生态"的绿地。这一现象不仅有建筑师的推动，也进入到城市规划层面。例如，在芬兰的赫尔辛基市，一条巨大的绿色廊道就从市中心一直延伸到了城北的原始森林。

瑞士苏黎世约有四分之一的陆地为森林所覆盖，其中多数是由过去的皇家地产转变而来的公共用地。虽说这些森林已经保留了下来，但绿色城市运动的拥护者们却并未就此止步。许多城市正在恢复先前曾被硬化的河道和已经被改造成为人工地下暗河的溪流。苏黎世的目标是发掘和恢复40公里长的城市河道，并在它们两侧依照"本地物种原则"植树种草。

在荷兰的代尔夫特市，一张自行车道网连接了所有社区和重要交通节点。荷兰计划在一段两公里长的高速公路上建造生态屋顶，以便沟通两侧的行人、自行车和野生动物。

欧洲的另一大趋势是创建或购买城市农场。瑞典的哥德堡市在市郊拥有60个农场，部分对公众开放，其中有可以自助采摘浆果和蔬菜的农场，有可供孩子参观或投喂动物的农场，也有可供残障人士骑马的农场。城市设计者甚至把小块的牧场、饲养场和农场建筑群规划在新建住宅区的核心位置。

学校也在发生改变。苏黎世正在重新设计他们的学校。他们刨除了建筑周围的混凝土地面，代之以花草树木。有一所学校的学生，在教室中就可以通过一套包含镜面的系统监测太阳能发电系统的运转状况，同时望见充满生机的绿色屋顶。支持者说，这样的设计理念不仅仅具有美学意义。在这些自然气息更加浓厚的环境中，儿童和成人的注意力更易集中，学习和工作效率也更高。

在美国推动绿色城市主义运动的过程中，蒂莫西·比特利逐渐关注到这一运动对儿童的影响。在他和妻子住在荷兰的那些年里，他们时常为本地孩子们的自由程度所震撼——他们更少受到交通安全的威胁，他们可以骑公共自行车或乘坐公共电车独自出行。越来越多的新开发项目里包含了专供孩子们玩耍的户外场所，他们可以在那里挖土、玩水或搭建堡垒。这令比特利夫妇印象深刻："我们发现，那里毫无对户外的恐惧，孩子也不怎么埋怨父母。我们很少听到孩子说'我妈哪也不让我去'。或许，文化是其中的部分原因，那里较少有面向儿童的广告宣传。但是，设计仍旧是重要的原因。现在，我们已经回到美国，也有了自己的孩子，我们更加意识到，创造一种不同的、更加贴近大自然的生活方式，有多么重要。"

虽然许多美国人可能会认为，这种生态乌托邦式的想法很怪异，甚至很危险，但西欧的绿色城市主义已经证明，这种未来形态的城市不仅可能，而且可以实现。西欧的经验也给赞同麦克多诺观点的美国人带去了希望，即城市应该"提供庇护；净化空气、水和精神；修复和充实地球，而非毫无节制地榨取和破坏"。如果这一理念普及开来，哈克甚至可能重返故里。谁知道呢？

绿色美国的回归

我在20年前拜访迈克尔·科比特（Michael Corbett）时，觉得他如同住在未来世界。1975年，科比特和妻子朱迪在加州的戴维斯大学城购置了70英亩（约合28公顷）的番茄田，在那里建造了"乡居"（Village Homes）——美国首个完全依靠太阳能的开发项目，也是现代世界最先实践绿色城市主义的范例之一。

在科比特陪我参观这座拥有200户人家的社区时，我深受触动。在"乡居"，你看不到传统样式的车库；房子不再朝向街道，而是朝向开阔的绿地、人行道和自行车道。无论过去还是现在，传统的商品住宅区总会禁止或限制住户改变开发商最初的设计风格，只有精心修剪的巴掌大的花园。而在"乡居"，我却见到了大片的鲜花和菜园。夏天，攀上房檐的葡萄藤枝叶茂盛，可用于遮阳；而到了冬天，枝叶零落的葡萄藤又不会妨碍采光。社区居民所种植的食物数量，几乎与过去一样多。围绕社区的不是大门和围墙，而是许多果树。科比特十几岁的女儿丽莎详细地介绍说："我们有一群叫做'收获者'的小伙伴。果园是我们的天下。我们会在里面摘坚果，再拿到村子中间的凉亭那儿（即农贸市场）去卖。"

到了"乡居"的尽头，科比特停了下来。他一手遮住阳光，一手指向街对面不属于"乡居"的公寓项目。那些公寓表面涂满白灰，在阳光下十分刺眼。一个小孩正骑着他的三轮车慢慢穿过一个白色的水泥停车场。"看看那边的那个孩子，"科比特说，"他能去的地方不多，是不是？他能骑到哪里去呢？"

最近，我问科比特是否对那些在"乡居"长大的孩子或他们的父母有所了解。"父母们很喜欢这里，因为可以方便地照看孩子。没有车辆穿行，非常安全。孩子们能真正参与园艺劳动，能从果园中收获水果，进而知道食物来之不易。初中生对园艺特别感兴趣，并且已经开始独立从事园艺劳动。高中生的情况不太一样。有意思的是，20年来，我从没见过住在这里的孩子用番茄或水果扔别人，一次也没有。"

"一次也没有？"

"一次也没有。别处的孩子会这么做，但我们的孩子会把他们赶出去。"

无论从哪个角度来看,"乡居"都取得了成功。从"乡居"推出之日起,民众就排起了长队等待入住。其中有自由主义者,有保守派,也有新古典自由主义者,例如经济学家米尔顿·弗里德曼的女儿。这里从来都不是反主流人士的聚居地。2003年,加州大学戴维斯分校的一位环境科学教授对哥伦比亚广播公司(CBS)的查尔斯·奥斯古德(Charles Osgood)讲,"乡居"家庭的能源消费账单一般是周边社区家庭的三分之一到一半。世界各地的开发商和建筑师纷至沓来,参观学习。随着时间的推移,类似的生态社区开始在西欧的部分地区大量涌现。在那些地方,绿色设计已经成为主流。

但是,"乡居"有一点做得并不成功,而且是很重要的一点。据科比特所知,美国没有一家开发商复制"乡居"概念,这令他深感失望。他将部分原因归咎于自己做的外墙装饰。不过,序幕刚刚拉开。城市博物学者和环保主义者的影响力正在逐渐增加,特别是在美国西北部。波特兰城市博物学者迈克·霍克(Mike Houck)推动艺术家群体参与城市改造,自身也致力于恢复城市河道。博物学者、自然文学作家罗伯特·迈克尔·派尔对此十分赞赏。他这样写道:"当溪流被人们从下水道里解救,得以重见天日的时候,我们终于发现,'亲生物性'与我们的未来息息相关。"波特兰的"城中乡野"(Country in the City)国际研讨会不仅推崇城市生态的多样性,还在城市西北部居民中倡导保护野生鲑鱼。

蒂莫西·比特利介绍了美国在实践绿色城市主义过程中的一系列尝试。戴维斯市规定,新的开发项目必须接入贯穿整个城市的绿道和自行车道系统。比特利表示:"我们的一大目标是让小学生无需穿越主街就能骑车从家抵达学校和公园。"在俄勒冈州,波特兰的"绿色空间"(Greenspaces)项目呼吁将某一区域内的公园、野地、绿道和供野生动物和人类使用的步道连接成一个整体。由波特兰州立大学(PSU)的学生所做的一项发表于1997年的研究发现,波特兰市区有三分之一的屋顶可以改造为绿色屋顶。如果实施这一改造,合流污水的溢流量便可减少多达15%,为城市省下一大笔钱。

大量研究表明，绿地也能带来经济上的好处。例如，一些研究显示，微型社区公园能让邻近的房产受益。倘若绿地设计得好，公众就能从支付的财产税中获得更高的回报。这些经济利益，或许会让我们考虑搬离那些地面平整的公园（这样的公园无法被孩子充分利用，儿童更喜欢高低不平的地势，而非平坦的绿地），奔向更加天然的公园。的确，这些在设计上更胜一筹的地区，必将是我们重塑生活方式的必要因素，也必定是动物园城市的实体形态之一。

动物园城市的代表作之一是俄勒冈州环绕波特兰市区的著名环形步道。一个世纪前，设计者原本只打算建造数条总长40英里（约合64千米）的步道。但今天，这一数字已经达到了140英里（约合225千米），而且还在持续增长当中。这条环形步道连接着众多的公园、开阔地和社区。还有众多步道以它为起点，向外辐射至数不清的县级、州级和国家级休闲娱乐区。

绿色建筑正在美国逐渐流行起来。在加州的圣布鲁诺市，盖普（Gap）公司的新办公楼装配了种植有本地花草的绿色屋顶，"像周围的绿色山丘一样连绵起伏。"《建筑周刊》（*Architecture Week*）如此报道。这种屋顶能把噪音降低多达50分贝，能够充当阻隔附近航空噪音的隔音屏障。在犹他州，耶稣基督后期圣徒教会（Church of Jesus Christ of Latter-day Saints）新建的可容纳2万人的会议中心也装配了绿色屋顶。在密歇根州，赫尔曼·米勒（Herman Miller）家具厂的设计师们建造了湿地系统来收集和处理雨水。根据比特利的说法，目前最前卫的绿色建筑，或许是位于俄亥俄州奥伯林学院（Oberlin College in Ohio）的亚当·约瑟夫·刘易斯环境研究中心（Adam Joseph Lewis Center for Environmental Studies）。这座建筑无需电网供电，可自行处理废水，并且通过向南的建筑朝向、屋顶光伏、地热泵和节能措施来解决能源问题。拼接地毯也会在使用多年后被回收利用。正如一位设计师所说，奥伯林的建筑"在运行机制上最像一棵树"。

此外，罗伯特·雷德福大楼（Robert Redford building）也是这样的绿色建筑。这座建于1917年的建筑位于加州的圣莫尼卡市，是自然资源保护委员会（Natural Resources Defense Council）的办公楼。这座建筑利用屋顶收集雨水，减少了大约60%的用水量。建筑的地板是竹质的——竹子生长迅速，可用来替代常用的硬木。地毯的材质是麻。冲厕所用雨水，小便池不用水，而使用某种特殊的过滤装置。

可能成为未来城市典范之一的，是芝加哥。这或许会令人惊讶。在理查德·迈克尔·戴利（Richard Michael Daley）市长的领导下，这座城市正在进行一项独特的城市建设运动，不仅保护已有的空地，还将一些土地改造为野生动物栖息地、绿道、河流廊道等自然空间，从而使其在现有的7300英亩（约合2954公顷）绿地的基础上更进一步，以此来恢复其"花园城市"的往日荣光。戴利的目标是让芝加哥成为全国最环保的城市。在德国屋顶花园的启发下，戴利坚持将市政厅3万平方英尺（约合2787平方米）的新屋顶设计成屋顶花园，以此来为建筑保温隔热，吸收雨水，减少污水，同时充当巨型的空气净化装置。

南希·西加（Nancy Seegar）在美国规划协会出版的《规划》（Planning）杂志里写道："这座花园已经发挥了一些很好的作用。在8月的酷暑中，屋顶花园的表面温度为86~125华氏度（约合30~52摄氏度），比附近库克县的黑柏油屋顶低40~70华氏度（约合4~21摄氏度）。"这种屋顶的成本大约是传统屋顶的两倍，但预计使用寿命也是传统屋顶的两倍。与其他同类屋顶一样，其节省的能源开支同样可以用来支付维护成本。花园里生长着150种、2万余株植物。其中甚至还有两个蜂窝和4000只没有攻击性的蜜蜂。养蜂人首年就收获了150磅（约合68千克）蜂蜜。未来收获的蜂蜜将在该市的文化中心包装出售。这些蜂蜜的蜜源可能是附近的格兰特公园。

这座城市还取得了另一些成绩。例如，该市自1989年以来种植了大约30万棵树。该市还修复了28英里（约合45千米）长的林荫大道花园，并将21英亩（约合8.5公顷）未充分利用的城市土地和废弃加油站建成了微型公园和72座社区花园。在不远的将来，芝加哥或许会有200座这样的花园。有一座得名自波多黎各本地树蛙的"柯基"（El Coqui）花园利用了弃置的土地，并成为了附近一所小学的课堂。该市还在市域东南部建立了卡鲁米特开阔地保护区（Calumet Open Space Reserve），该保护区占地4000英亩（约合1600公顷），其中有湿地、森林和草原。该市还在芝加哥市西侧的凯恩县实施了一项通过购买农田或农田开发权来实施的农田保护计划。

与此同时，芝加哥提出了极有力度的可再生能源替代方案，连接着社区、公园和商业区的自行车道日益稠密。芝加哥的公共交通极为发达，汽车已不再是市区出行的必需品。芝加哥还制定了一项五年规划，计划将可再生能源的电力供给占比提升至20%，并对现有的公共建筑进行改造翻新。这不是独行侠式的冒险，而是集合在芝加哥荒野联盟（Chicago Wilderness）大旗之下的140个公共和私人机构的联合行动。芝加哥的商业网点也纷纷效仿，例如，某连锁商店就准备把自己位于一处新开发住宅区的新开门店建设成屋顶花园。

芝加哥的绿化工作甚至得到了保守派专栏作家乔治·威尔（George Will）的赞扬，他引用了戴利赞美花的话："花能让人平静下来。"戴利的父亲[1]也曾长期担任芝加哥市市长一职，深受民众爱戴。然而在20世纪60年代，他手下的警察也用警棍粗暴对待了许多嬉皮士和抗议者。

实际上，这位现任市长的创新与芝加哥过往思潮的复兴有着一致的步调。"每个人都有权拥有一个家。在那里，太阳、星星、田野、大树和微笑的花朵随时随地都能给人讲一堂不受打扰的生命课。"伟大的芝加哥景观规划师延斯·詹森（Jens Jensen）在20世纪30年代这样写道。这座城市最初的规划者们呼吁建立"在天然环境下开发"的地铁公园体系。他们实现的最初成果包括市内的公园体系和周边20万英亩（约合8万公顷）的森林保护区。《芝加哥1909年规划》（The 1909 Plan of Chicago）呼吁建立这样一种图景："长满了适应于这种气候的树木、藤蔓、花朵和灌木的野生林……空地等自然景观随处可见，人们在其中自由取用。"因此，这份芝加哥规划既不是一时冲动的产

---

[1] 即理查德·约瑟夫·戴利（Richard Joseph Daley，1902～1976），1955～1976年担任芝加哥市第48任市长。

物,也不是什么激进之举,而是对数十年间城市不断远离自然的理性回应。别忘了,这里不是加州,而是产业工人聚集的"巨肩之城"芝加哥!也许有人要问,我们怎么就从如此积极的未来愿景中走失了呢?显然,现在回头还不算晚。

绿色城市主义最动人的体现或许是几家建筑公司提出的对纽约世贸中心部分遗址的绿化方案。《纽约时报》在公布中标结果时称,这些方案"充分证明,景观能够改变一个伤痕累累、阴魂出没的地方"。设计师们提出了把废墟建成树木苗圃的想法,"一座纪念植物园——一座巨大的下沉式花园,里面有来自世界各地的奇特树木、花朵和野生植物"。在那里发芽的树木将被沿着"逝者从世贸中心回家的通勤路线"运送到纽约市的各个社区和公园。这些想法在这个不确定的时代中得到认真考虑,充分证明了科比特夫妇的远见卓识,这正是他们多年前在那块番茄地里努力实现的愿景。

开阔地改造:儿童绿色城市设计

新城市主义和可持续城市运动一直鲜少关注儿童的需求,直到最近才有所改观。罗宾·摩尔表示,关于城市设计与儿童生活环境的研究,几乎是个空白。极个别的例外探讨了交通问题在世界范围内对儿童生活的负面影响。例如,在交通严重限制儿童自由行动的城市,新城市主义主张用减速带为机动车降速,构建便利于行人的购物和居住区域。这些措施非常有用,却很少用于鼓励城市儿童接触大自然。即使是所谓的"绿色开发商"也对拉近儿童与野生动植物的距离这种事兴致寥寥。生物学家本·布里德洛夫表示,有273种出版物和软件能帮助人完成简单实用的野生动植物栖息地设计,"实际上,这些手册和相关技术都没有得到应用,因为建筑师、规划者和监管者控制着'自然栖息地'。"未来的城市设计不仅要满足人类对道路容量和交通流畅度的需求，而且还要像布里德洛夫所主张的那样，满足大自然的需求，为野生动物的迁移和繁衍生息提供便利。

保护城市里的自然区域并不一定意味着儿童能接触到更多的自然。例如《旧金山纪事报》报道，各方长期推动将旧金山湾区东湾的大部分海岸线改造为州立公园，鏖战多年，却最终"功亏一篑，只因人们对公园应该建成什么样争论不休"。据《旧金山纪事报》报道，最激烈的冲突发生在这样的两方之间，一方是需要更多运动场地的湾区居民，另一方是"对濒危的鹰类、迁徙的鸭类等野生动物抱有同样热情的各类团体。"奥杜邦学会金门分会（Golden Gate Audubon Society）的联合执行董事阿瑟·范斯坦（Arthur Feinstein）称，该公园是"让我们的孩子知道大自然仍旧存在的最后希望之一"。

关于这场鏖战的好消息是，争夺这座大型城市公园的双方，至少是想把它建成运动场地的人和想把它建成野地可供亲近自然的人，而非其他。促使儿童接触大自然，是这场辩论的核心。我们希望未来的公园能够给孩子们提供让手脚沾上泥巴的机会。是的，我们确实需要运动场地和滑板公园，但我们应该把它们放置在正确的地方，即放置在已经城市化的土地上，例如有多种用途的学校用地。自然空间和海岸线需要特别重视，因为它们一旦消失，恐怕就会永远消亡，少有例外。我们在骨子里需要山坡的自然曲线、灌木丛的气味、松林的低语和荒野的丰富无尽。为了我们的精神和心理健康考虑，我们需要这些充满大自然气息的土地。无论在未来的世世代代中流行哪种文体活动，人类对大自然的需要只会有增无减。

我们现在来看一些小而精的创新和适合儿童的绿色设计范例。得克萨斯州的奥斯汀市购置了一处农场，改名先锋农场（Pioneer Farms），并将它建成了一座鲜活的博物馆。该州的城市规划师、律师斯科特·波利科夫（Scott Polikov）说："孩子们可以去那里学习农业知识，养宠物。它更像一座动物园，但它也是一座孩子们可以经常去玩耍的农场。"在密苏里州的堪萨斯城，咨询公司怀特·哈钦森休闲与学习集团（White Hutchinson Leisure and Learning）的兰迪·怀特

（Randy White）和薇姬·斯特克林（Vicki Stoecklin）帮助社区和企业设计儿童户外游戏空间——探索游戏花园。他们这样写道："探索游戏花园有一种荒野的感觉……与为成年人设计的景观非常不同。成年人一般更喜欢修剪整齐的草坪等整洁、有序、不凌乱的景观。探索游戏花园在设计上更注重自然状态，因为孩子们更喜欢未经修剪的地方，喜欢能让他们冒险和猎奇的秘境，以及不时长有一簇簇植物的不平整的大片野地。"

教育家戴维·索贝尔想要彻底改造开阔地。他呼吁教育工作者、环保组织、景观设计师和开发商结成新的伙伴关系，共同为孩子们保护自然区域或可供玩耍的绿地。他指出，开发商常常会把那些面积太小不能用作运动场或位置不便不能建设微型公园的土地搁置一边，但把这些土地改造成野地也是很好的选择。索贝尔的设想是把这些零星的小块土地用作可供孩子玩耍的绿地，并融入许多自然要素，例如有青蛙和乌龟的池塘、可以采摘的浆果藤、可以玩雪橇的小丘、可供躲藏的灌木丛和可以挖土的山坡等等。有点不现实，是吗？但是，越来越多的规划师和教育工作者正在建造理想中的游乐场，曼哈顿的中央公园里就有一座这样的游乐场。在那里，孩子们可以踩着石头爬上露出地面的一大块花岗岩巨石顶端，巨石侧面则凿出了一条螺旋形的滑梯（滑梯底部是土地）。在加州的森尼韦尔市，一座毗邻湿地的游乐场鼓励孩子们挖掘鱼化石。

冒险游乐场的概念起源于二战后的欧洲。当时，一名游乐场设计师研究了在铺着沥青和水泥地面的"正常"游乐场里玩耍的儿童，发现他们反而更喜欢在战后瓦砾堆的泥土和木头里玩耍。这一概念在欧洲已经相当成熟。美国也有一些地方修建了冒险游乐场，例如伯克利、亨廷登海滩和加州的欧文市。亨廷登海滩的冒险游乐场从前是一块开阔地，当时的孩子们就是在用自创的方式玩耍。今天，7岁及以上的孩子仍旧可以在这块土地上玩泥巴，建造堡垒。这座游乐场里有一座小池塘，里面放有许多木筏。池塘上方有一座绳索桥，桥的尽头是一段溜索，孩子们可以坐在轮胎里沿索道溜下去。这里还有一座水滑梯。建造者把一大块塑料布铺在一处土坡的凹陷处，孩子们可以在塑料布上一直滑到下方的泥水池里，并在里面玩耍。欧文市的冒险游乐场还提供系统的户外和自然体验活动，例如点篝火、户外烹饪、学习天文知识和做园艺。在这里，新来的孩子必须首先完成安全课程才能拿起锤子和钉子建造堡垒。6岁以下的孩子必须有成人陪同。这些游乐场或许无法给孩子们提供太多的独处机会，但它们确实非常强调用直接的方式体验大自然。

随着新近这些关于大自然的疗愈功能的研究越来越为人所知（特别是多项扎实的研究已经证实，在绿地中玩耍能够改善注意缺陷多动障碍的症状），以上探索终将获得肯定。

顾及儿童和其他生物的规划与设计

在接下来的十年或二十年里，很多市、县的总体规划都需要重新绘制或更新，这事关我们的开阔地的未来。全国各地的规划制定者和向他们提出各种建议的公众都将有机会考虑，对于我们未来的社区，到底是自然和荒野更重要，还是交通便捷更重要。我们需要的不是某个点、某个公园的规划，而是大范围、区域性的战略，以及制定这些战略的新方式。

威廉·霍纳切夫斯基（William B. Honachefsky）是最早倡导在规划区域土地使用时要考虑环境可持续性的科学家之一。他认为，虽然从表面上看，有了建筑法规、定点的环境影响报告和涉及雨水径流控制、土壤侵蚀、植被剥离和陡坡施工的地方法规的约束，目前的市政土地使用规划似乎可以大大减轻对环境的破坏，但"目前的做法意图虽好，效果有限。我们的做法大体上仍旧是条块分割那一套，这与大自然的实际运作方式完全相反"。

面对这种条块分割、支离破碎的做法，公共土地信托基金会主席威尔·罗杰斯（Will Rogers）提出的解决之道是"绿图"（greenprinting）计划。这种解决城市生态问题的方法正在全国兴起。绿图计划借助传统房地产的开发方法和创新的环境保护方式来识别和保护开阔地，进而为公共环保行动绘制出一幅蓝图。公共土地信托基金会与某个城市或地区展开合作的时候，会询问"他们希望社区在50年后是什么样子"。这种前瞻性的规划方法"让环境保护走出了急诊室"。规划者走在了城市扩张大潮的前面，而非被动应战。

尽管保护城市的景观、流域和野生动物栖息地十分重要，但人类的健康也是这么做的一大理由，只是没有得到足够的关注。例如，保留开阔地对解决儿童肥胖问题至关重要。2001年，美国疾病控制与预防中心的一份报告发现，常会挤占人行道或自行车道的城市扩张，与超重和心脏病的流行存在关联。作者称，儿童面临的形势尤其严峻。他们引用了南卡罗来纳州的一项研究指出，如果以学校的修建时间为变量，在1983年前修建的学校跟之后的相比，学生步行到校的比例要高出4倍。

解决这一问题的方法之一是在全国范围内开展绿图运动，以此来大力保护正在消失的开阔地。西雅图和田纳西州的查塔努加、亚特兰大，以及康涅狄格州的斯坦福德和布鲁克林东河沿岸都在这样做。据《奥兰多哨兵报》（Orlando Sentinel）报道，杰克逊维尔"已经成为'绿图'计划在佛罗里达州的样板社区"。在这些城市，公共土地信托基金会执行的是绿图四步法，即政府和私人组织进行"展望"、大范围公开讨论、通过调查确定土地资金来源，以及确定目标土地。结果，杰克逊维尔的选民同意将0.5%的消费税用于开阔地。一些城市、县和私人环保团体喜欢从土地所有者，特别是农场主手里购买开发权，再雇佣农场主打理农场，而非把农场卖给开发商。

本·布里德洛夫等环境设计师和生物学家主张建立规模更大的城市生态管理系统，这是一种计算机数字系统，已经在美国鱼类和野生动物管理局的栖息地评估流程（HEP）中使用了大约18年。该系统能评估野生栖息地的状况，也可用于已开发地区（例如需要将郊区土地再次开发的社区）和对该类地区已有项目的优化。

布里德洛夫说："这种系统将变得越来越重要，因为以后不再有大片土地可以让我们购买。你可以在特定的景观中集合各种动物和它们喜欢的环境要素……对于大的物种群体来说，人类和动物之间并没有什么特别的土地竞争。如果有的话，你也可以通过景观设计和地块分配基本解决大多数物种栖息问题。"

这类创新规划的问题在于，它们往往不是被挪作他用，就是尘封于规划者们的书架。批评人士通常会说，这样的构想永远落不了地，因为没人费心去制定有约束力的长期规划，详细说明如何从当下出发实现目标。

除了放眼未来，我们还亟需化繁为简。最好的规划指引可能就隐藏在过去那些有先见之明的城市规划当中。1907年，美国城市规划之父约翰·诺伦（John Nolen）提出了4条指导原则。未来的开发应该：

1. 不改变地形地势。
2. 按照最符合土地天然禀赋的用途使用土地。
3. 保护、开发和利用自然资源的所有方面，不仅注重商业价值，也注重美学价值。
4. 通过整体安排而非单纯装点来实现美。

今天，这一套原则可以归结为一点——尊重当地的天然完整性。我们或许无法就"生活质量"的定义达成一致，但我们都理解什么叫做自然美景。此刻，我们已经知道儿童与大自然关系紧密，于是我们也能理解这种完整的重要性。

重新构想城市

在我看来，我所在的圣地亚哥有望成为一座样板城市。这座城市已经在向游客宣传自己的自然美景了,可为什么只推荐那座著名的动物园和几处海滩呢?为什么不把整个圣地亚哥作为全国第一座动物园城市来推广呢?

"要是能这么宣传就太好了。"圣地亚哥自然博物馆非正式教育主任帕特·弗拉纳根(Pat Flanagan)告诉我。她接着说:"我们真正能为城市的野生动物所做的是增加授粉鸟类和昆虫(例如蝴蝶)的数量。我们种了这么多非本土植物,铲平了一座又一座山丘,让本土的蜜源植物遭到了极大破坏。我们正在阻碍蜂鸟从墨西哥向北迁移。"她建议圣地亚哥自然博物馆效仿图森市的亚利桑那-索诺拉沙漠博物馆(Arizona-Sonora Desert museum),他们曾经发起"被遗忘的授粉者运动",努力修复授粉廊道。如果圣地亚哥的博物馆和动物园都能销售袋装的本土授粉植物种子。那么圣地亚哥的所有花园就"都能长有不仅养眼,还能供动物们采蜜、藏身、栖息和筑巢的各种植物了"。

目前,圣地亚哥的各个学区都会提供关于雨林和全球暖化的课程,但却没有重点关注身边种类繁多的本地物种。在新的动物园城市里,我们的学校将把周围的自然空间用作教室。在阳光如此充足、气候如此宜人的圣地亚哥,应该让孩子们在大自然中的玩耍成为常态。

在圣地亚哥,绿色城市设计的实践者们可以大显身手。宜居社区合作组织(Partners for Livable Places)圣地亚哥分部的负责人、风景园林师史蒂夫·埃斯特拉达(Steve Estrada)建议,保护濒危物种的方法之一是在城市中创建新的栖息地,"我们的一些濒危鸟类喜欢柳树。为什么不在城市里种植大片的本地柳树来代替棕榈树,以供这些鸟类筑巢呢?"新建住宅区里应该种植有连片的当地植被,比如数百年来一直有很多野生动物生存于其间的英国树篱。他说:"如今,我们专注于人类的明智开发[①],为什么不对动物也这样做呢?"他还认为,人们应该在商场里也能见到当地的动植物。前城市建筑师、建筑与设计新学院

[①] 明智开发(smart growth),指城市之成长集中于中心区域以避免城市扩张的城市规划理念。

（New School of Architecture）的迈克尔·斯特普纳（Michael Stepner）认为，与动物和植物相关的设计问题应该纳入建筑与规划课程。

在我看来，要想用新的、自然的方式来设计城市和郊区，我们就需要首先关注具有象征意义的并可达成的具体目标。

例如，圣地亚哥拥有得天独厚的条件，周边的多座峡谷是大量动植物的家园。但是，这些峡谷却不知不觉地蚕食开挖，以此来容纳下水道、豪宅、桥梁、公路和热水浴池。我在作《圣地亚哥联合论坛报》（San Diego Union-Tribune）专栏作家期间曾提出，这座城市需要一座城市峡谷公园。这些峡谷能否获得政治力量的保护，取决于我们能在多大程度上将它们视为公共资源的组成部分。回应非常热烈，我的提议也有了进展。除了保护这些峡谷不被破坏，圣地亚哥公园与休闲娱乐部门中负责开放空间的副主管还希望圣地亚哥有朝一日能"找到连接各个峡谷的方法，不仅通过土路，也通过自行车道和人行道——它们是一个完整的系统"。

然而，要想实现这一目标，公众就必须把目前彼此分离的峡谷整体看作某种巨大而独特的东西。对其他城市而言，这一整体也可能是互不相连的其他自然区域。为了实现这一目标，我们就必须要首先认定开阔地在生物、教育、心理和精神层面的社会价值及其经济价值。最近，美国建立最早的非营利公民保护组织"美国森林"（American Forests）估计，圣地亚哥的城市森林每年能从空气中清除430万磅（约合2000吨）污染物，"年收益为1080万美元"。峡谷等城市自然空间也有调蓄雨水径流的作用。保护了"美国森林"所称的"绿色基础设施"，也就不再需要对人工基础设施进行大规模投资。

城市自然空间对未来的后世子孙最为重要。社区大学生物学教授伊莱恩·布鲁克斯在生前保护那些峡谷，不仅是因为它们的独特生态和美丽景色，还因为它们对子孙后代的心理和精神价值。如今，他们与大自然的联系正处在断裂的危险之中。她表示："这座城市中几乎每一所学校附近都有一座峡谷。"她说，自然图书馆连接成网，让孩子们了解当地稀有的动植物和脆弱的生态系统，也了解他们自己，这是多么令人兴奋的前景。此时，把灌木和鼠尾草作为礼物献给未来还不算太晚。北美乃至全世界的其他城市开始以自己的方式建设绿色的动物园城市也不算太晚。

是否太过理想主义？或许是。但我们需要再次强调，一个多世纪前，世界上一些最伟大的城市也面临着与我们今天非常类似的选择，即在健康的城市和病态的城市之间作出取舍。当时的健康城市运动催生了中央公园等第一批大型城市公园的建立。我们这一代人也拥有同样的机会去创造历史。

乔妮·米切尔（Joni Mitchell）在《大黄的士》（*Big Yellow Taxi*）里唱得好："他们在天堂里铺砖块/把它变成了停车场。"但或许，在不久的将来，我们还可以在这首歌的末了加上一句：而后他们拆了停车场/恢复了天堂的模样。

20　荒野的未来：回归土地的新热潮

> 后退是为了前进。
> ——温德尔·贝里（Wendell Berry）

夏日清晨，一个9岁小女孩被史密斯家的公鸡叫醒。阳光照进屋子，她看见灰尘在光线里舞蹈。

她想起来，昨天是最后一天上学，随即咧嘴一笑，穿上牛仔裤、T恤和帆布鞋，抓起她最喜欢的一本莫里斯·桑达克的平装图画书塞进背包。父母还在睡觉。她踮着脚尖走过走廊，在哥哥的门口停下，把他两只鞋的鞋带系在了一起。随后从厨房里抓了包全麦饼干，接着飞一般地冲进了阳光里。

她沿着绿道向前跑，经过她家的花园，继续向前。她听着废热发电厂的嗡嗡声和村边新建风车的呼呼声。她跑过屋顶长满花草的史密斯家，一只公鸡横穿了过来，她甩开胳膊追了几步，然后沿着一条弯弯曲曲的小路小跑到小溪边——这是一条贯穿村庄的水道。她知道，水道里的水回收自雨水，而且经过了植物的自然过滤和净化，但她关心的不是这个，她关心的是水面的动静。她坐在岸边，静静等待着。现在，她的父母很可能已经起床了。她的母亲通常比她的父亲先坐在电脑前，因为她父亲喜欢爬上绿色的屋顶，站在草地上喝咖啡，看着太阳从地平线缓缓升起。

小女孩看到水面上露出了第一个小脑袋，然后是第二个。她静静坐着，纹丝不动。那些青蛙把眼睛露出水面，向她张望。她脱掉鞋子，双脚踩进水里，青蛙都吓跑了。她用脚趾在泥水里摸索。一想到不知哥哥是否找到了他的鞋子，她就调皮地笑了……

这样生活更好

要让后辈生活得更好,我们就得高瞻远瞩。虽然现在我们可以改变家庭生活、课堂和教育机构,但从长远来看,这些做法并不能确保我们的后辈仍旧眷恋大自然。正如我们所见,动物园城市这样的新型城市并非不可能实现。但是,无论设计者如何设计,任何城市都存在人口承载的极限,如果还要承载动植物,就更是如此。所以,未来的孩子们仍将在城市以外的住宅区长大。而在城市以外,目前的模式并不令人满意,例如城郊的扩张和乡村的大规模开发,两者都难免使孩子与大自然更加疏离。

然而,从绿色都市主义的角度来看,未来的小镇和乡村生活依旧可期。在新式绿色小镇长大的孩子将有机会感受以大自然为背景的日常生活。大规模创建绿色城镇的技术和设计原则已经存在,而回归土地的运动也正在兴起。你我或许无法亲眼见到绿色城市与绿色小镇遍布天下的那一天,构想和创建这些城镇或许也要靠后辈来完成,但我们仍旧可以为这一切打下坚实的基础。

要想完美地完成这一工作,我们就需要给荒野下一个宽泛的定义。诗人加里·斯奈德(Gary Snyder)曾说过:"荒野一直是一个特别的地方,是当地动物(包括一些人类)的生活之地。这种地方非常稀少,必须严格保护。荒野是包围我们所有人的自然现象,是无人打扰的自然……"无人打扰的自然当然必须尽可能得到全天候的守护。但是,为了让后辈重新回到大自然的怀抱,我们还不能止步于此。实际上,塑造了我们的微观自然,很少会有完全没受到人类干预的——至少不是斯奈德所说的那种纯粹的自然。

许多美国人仍旧生活在乡村地区。那些在残存的乡野中长大的人们,往往对那种生活拥有某种共同记忆,多少带有理想色彩。我的朋友、对拉荷亚那片仅存的开阔地念念不忘的伊莱恩·布鲁克斯,曾在去世前谈到密歇根州西部的小镇景观。那里有她祖父母的农场,儿时的她曾经在那里度过许多个夏天。她这样讲道："在那座农场里，我总有一种错觉，感觉自己到过附近许多地方。多年后，我再次回到那座早就被卖掉的农场，走进农场外的一些树林，发现了一座老房子的遗迹，可我小时候从未见过那座房子。"那座房子距离她小时候玩耍的沙谷只有几百英尺远。"但我们从未越过祖父的铁丝栅栏。那片土地对我们来说似乎完全是野地，但一百年前就有人住在那里了。"偶尔回密歇根州西部探亲时，伊莱恩发现她能轻而易举地找回将那里认作野地的幻觉。然而时过境迁，她发现必须驾车到更远处才能远离那些人家。虽说现在有了吹雪机、沙丘车和雪地摩托，让生活在远离城镇的地方变得更加容易了，但即使是在小城镇，只要在外面多走几步，你还是很容易发现一些像是人迹罕至的树林和溪流。

在美国的许多地方，开阔地仍旧有迹可循，在大自然里玩耍也仍旧不是奢望。我们已经看到，问题并不在于有没有大自然可以接近。即便是在仍旧坐落在林地和田野间的乡村住宅区里，父母们也会因为孩子们偏爱电子屏幕而困惑不已。但是，住在哪里确实是重要因素。如果我们的子孙后代想要重新回到大自然的怀抱，那么他们去哪里才能找到这样的自然呢？过去，即使是在人口最密集的市中心，孩子们也能找到一些自然空间去自由探索，例如空地、杂草丛生的小巷、水边，甚至屋顶。然而，城市不断在建设所剩无几的开阔地，以此来换取对周边绿化带的保护，这种进一步的"充填"（infill）正在挤压这些自然空间。

当城市因为"充填"而变得更加密集时，公园往往会成为次要的考虑因素，于是开阔地也随之减少。这一开发模式正在迅速蔓延，甚至已经主导了大多数美国城市的外围建设，并且渗透到大多数乡村地区，塑造出一种伊莱恩·布鲁克斯所说的"大声宣告人类存在"的城市环境。在这种地方，大多数原生植被早已被根除，于是原本在城市设计中用来配合建筑的附加元素的少量景观美化就成了唯一的救命稻草。这种开发模式尤其盛行于南佛州和南加州。而且，美国几乎所有新开发的住宅项目均采用了类似的模式。

我们不必一直这样下去。我们还可以走另外一条大有可为的道路,即让人口回流到美国的广大乡村地区。由于农业及其支撑产业的衰败,这些地区的人口近几十年来一直在流出。我们可以将这种重新回流称为"亲自然"式的集群开发。1993年(即人口普查局停止发布农业居民报告的那一年),《纽约时报》丹佛分社社长德克·约翰逊(Dirk Johnson)表示,一个世纪前,弗雷德里克·特纳依据美国人口普查局的一项测量指标宣布了边疆的闭合,该指标将每平方英里(约合259公顷)人口超过6人的地区称作"定居"区。然而,到1993年,美国大平原地区约有200个县的人口密度已经降到了这一临界值以下。约翰逊写道:"很少有人注意到,美国很多地区发生了一件非同寻常的事情——人口大量流失。"在大平原地区的5个州,每平方英里人口少于6人的县的数量超过了1920年。在堪萨斯州,这样的县所占据的领土面积超过了1890年……甚至每平方英里人口不足2人的县也在增多。"

在那之后,美国部分乡村地区的人口流出状况不仅没有缓解,反而更加严重。这其中的原因非常复杂,例如采用公司化运营的大型农场的兴起和小型农场主的破产。但无论如何,现在美国已经有大量土地出现人口不足。几年前,爱荷华州州长还曾邀请来自他国的移民定居该州。罗格斯大学(Rutgers University)的多位地理学家也呼吁联邦政府干脆将剩余人口迁出,进而将大平原的一部分建设成野生动物园——水牛公园(Buffalo Commons)。这一提议不大可能成为现实,那些地理学家们也已经修改了他们颇有争议的提案,但类似的事情可能还会发生。大平原日益空旷,动物园城市的理念日益深入人心,我们也越来越认识到,人类与动物密切相关……所有这些趋势都表明,未来世代对边疆的认识还未确定,而身在美国的这些未来世代很可能会创造出一种更加合理的人口分配方式。孩子们与大自然的永久分离仍可避免。

的确,虽然在家庭和学校等层面采取短期措施非常重要,但若要使子孙后代与大自然长期保持亲密,我们就需要彻底改变城市的设计方式、人口的分布方式以及人口与水土的相互作用方式。我们可以想象，一场史无前例的回归土地运动即将发生在第四条边疆。

这样的想法似乎有些不切实际，但远非陌生，因为它根植于托马斯·杰斐逊的农业立国愿景、梭罗的自给自足思想和西部拓荒时代的定居者宅地法案[①]。在19世纪，英国的中产阶级也曾掀起"回归土地"的热潮。到了20世纪60年代，一些西方国家的回归土地运动再次试图复兴这一思潮，以此来对抗物质主义文化。这一运动可能已经促使100余万美国人离开城市。虽然当初移居者的后人现在仍然生活在乡村，但20世纪60年代的那场运动既不算成功也不算失败，而是演变成了环保主义、对可持续发展社区的关注和简朴运动[②]。

20世纪80年代初，另一股大有改变美国乡村面貌之势的浪潮来临。1980年的人口普查显示，美国人口的集中度开始下降。除郊区扩张之外，越来越多的美国人开始移居乡村地区，而非人口稠密的大城市。随着个人电脑问世，农场主和高级数字工作者突然发现，自己原本可以住进新的伊甸园，借助调制解调器，把城市生活与乡村生活的好处一"网"打尽。一些美国人实现了这样的梦想，但他们也要面对两大现实：首先，在搬进小城镇的同时，他们通常也会将他们带有城市烙印的期望和问题一并带去，例如郊区的扩张。第二，事后证明，人口从城市迁移到小城镇只是人口统计学上的短暂现象。虽然部分小城镇的人口增加了，但大多数小城镇的人口还在继续减少，特别是在大平原地区。当然，其后也没有出现人口回归土地的热潮。

但是，回归土地憧憬的所有要素都保留了下来。而且，关于可持续社区设计的文献也已经出现。既然郊区日益稠密也无法为人们提供期待中丰富的自然空间，既然新的研究不断证实大自然对健康必不可少，既然我们新近发现，要想让未来的孩子们亲密接触自然，我们就

[①] 宅地法案（Homestead Acts），即1862年美国联邦政府为促进农业发展而颁布的无偿赠与或低价转让国有土地的一系列法案。

[②] 简朴运动（simplicity movement），提倡简单、慢节奏的生活，崇尚丰富的精神生活，反对消费主义和物质主义。

必须做出目光长远的重大改变，那么新一波回归土地运动就可能蓄势而发。西欧和美国部分地区所实践的绿色城市主义表明，这一幕并非遥不可及，而恰恰就是未来的方向。我们不再谈论回归乡村生活，相反，我们谈论的是建设在技术和伦理上均得到精心设计的人口集聚中心，这些地方通过特别的设计服务于人，让儿童和成人全部重回大自然的怀抱。

新式驯化草原

女孩很高兴，她家从洛杉矶搬到了这里。那座城市、那里的拥挤、那里的气息正逐渐淡出脑海。她甚至不介意这里的漫漫长冬，哪怕雪堆积成山，又被风吹成一粒粒冰晶，以致雪停风不止，暴风雪依旧纷扬不息。她喜欢在书和画纸的环绕下，在卧室的窗前看着这一切。

有一天半夜，父亲叫醒了她，带她到外面的星空下："看。"女孩看到了地平线上的闪电和头顶上方那条星光巨流。"那是闪电和银河。"父亲说。他把两只手放在她的双肩上，感叹了一句："真美！"她喜欢父亲这样说话，轻轻地，柔柔地。父亲再无一言，直到她躺回床上。

现在，她又起床开始玩了，今天要去探访村子的尽头……

奥伯林学院教授戴维·奥尔呼唤涵盖了慈善、荒野和儿童权益的"高阶英雄主义"（higher order of heroism）。他认为，这是人类在"设计能力"上的范式转变，其意义堪比18世纪的启蒙运动。如其所言，健全的文明"应当有更多的公园和更少的购物中心，更多的小型农场和更少的农业企业，更多的小城镇和更小的城市规模，更多的太阳能集热器和更少的露天矿场，更多的自行车道和更少的高速公路，更多的火车和更少的汽车，更多的休闲时间和更少的四处奔忙……"

这是乌托邦吗？奥尔否定了："我们尝试过乌托邦，但发现尝试不起。"他呼吁一场由"数十万年轻人"共同参与的运动，这些年轻人拥有在全球重建邻里、城镇和社区所必须的远见卓识、道德定力和知识深度。他表示："目前的教育，对他们没什么帮助。他们需要去了解他们生活的地方，需要有能力成为韦斯·杰克逊（Wes Jackson）所说的'他们生活之地的原住民'。"

几年前，我来到萨莱纳市附近的堪萨斯草原，并在那里的土地研究所（the Land Institute）拜访了韦斯·杰克逊。《大西洋月刊》上曾有一篇人物特写夸赞他为梭罗精神遗产的继承者，其地位或许可与梭罗比肩。杰克逊是麦克阿瑟奖学金得主，该奖又被称为"天才奖"。他曾在加州州立大学萨克拉门托分校创建了美国最早的环境研究机构之一并担任其负责人。天性不安分的他认为，以破坏环境换取农业发展的方向是死路一条，并对此忧心忡忡。于是，他和妻子达纳（Dana）回到堪萨斯州，创建了土地研究所。研究所环绕着数百英亩的原生草原和育种地块，与多所由国家赠地的农学院均有联系。20多年来，杰克逊一直极力主张人们以全新的方式重新在大平原地区定居。有人认为杰克逊过于激进，是美国乡村的约翰·布朗[①]——杰克逊的曾祖父确实曾与布朗并肩作战，解放黑奴。他想解放这片土地，进而解放我们所有人。他梦想中的世界是这样的：家庭生活能够回归自然，并且避开回归土地运动曾经走过的弯路。

他表示，众所周知，我们现有的农业犯了巨大的错误，已经成为"全球性的疾病"，犁头对子孙后代的戕害可能比刀剑更甚。杰克逊高大而威严，有位作家曾经形容他是先知以赛亚和北美野牛的结合体。在他那可以俯瞰丘陵和田地起伏的办公室里，他前倾着身子说："我正在开发一种大草原式的新型农业。但我们不能止步于此，我们还需要依托于大草原和大自然的人类经济。"据他所说，天然的大草原上原本生长着可以将表层土壤固定的多年生草本植物，但长期耕作

[①] 约翰·布朗（John Brown，1800~1859），美国历史上著名的废奴运动领袖。

让它们消失殆尽，以致国家宝贵的表层土壤松动流失。它们顺流而下，沦为河流的沉积物，致使中西部的溪流和江河异常泥泞。水土流失正在以20倍于自然补给的速度吞噬着土壤，甚至快于黑色风暴[①]时期。据估计，在过去150年里，爱荷华州失去了一半的表层土，堪萨斯州损失了四分之一。他认为，目前的轮作应对不过是徒劳。

杰克逊和土地研究所的同事们正在通过生态和基因研究来培育类似大草原的麦田，他称之为"未来的驯化草原"。现代农业依赖于玉米或小麦等一年生作物，这些作物需要年年播种，年年犁地，从而导致水土流失。相反，原生的大草原并不会这样，那里生长着各种各样的多年生植物，它们的根系异常发达，不仅不会让表层土流失，还会使之固化增多。唯一的问题只是，天然大草原的物产无法供人类食用。

杰克逊的新式驯化草原将由一系列耐寒的多年生植物组成，其中一些是原生大草原上那些天然野生草的后代，它们可以产出可食用的谷物。他希望研究出通过根系繁殖的高产谷物，既抵御严冬，又固定土壤。杰克逊不看好基因工程，因为哪怕只犯一个错误，带来的灾难就可能达到臭氧层消失的影响规模。因此，相比于在实验室中操纵脱氧核糖核酸（DNA），他更愿意在田间地头进行耗时更久的传统遗传学研究。他估计，人类需要50年甚至更久，才能研究出可持续的农业草原植物。不过，乐观的一面是，如果将能源成本考虑在内的话，那么这种驯化草原每英亩的粮食产量早晚将接近堪萨斯州的小麦平均产量。他希望这种新式草原能够在本世纪后期或下个世纪覆盖美国的大部分耕地。

如果驯化草原真的解决了我们的粮食问题，那么可能又会带来一个新问题：我们可能不得不在全国范围内重新进行人口分配，过上一种今天很难想象的生活，一种改变程度比嬉皮士心目中的返乡生活还要彻底的生活。杰克逊希望，到我们曾孙生活的时代，人们会住在遍

[①] 黑色风暴（Dust Bowl），1930-1936年（个别地区持续至1940年）期间发生在北美洲的一系列沙尘暴天气。

布各地的农场和村庄里,这些农场和村庄的分布将由复杂的生态学公式计算得出。我们那时运用的科技手段,虽然看着眼熟,却已经迥异于20世纪90年代或19世纪90年代。至于这样的未来究竟是新的乌托邦还是乡村式的古拉格,取决于"你的想象力能够飞多远"。他认为,除非人口重新分配,否则任何形式的太阳能或者驯化草原,都无法产生足够的能源来维持我们的生活。他进一步分析,到本世纪后期,美国的定居模式将由每个特定的生物区域能养活多少人口来决定。城市仍将存在,但规模将大大缩小至4万人左右。城市之外的乡村人口则会增加为1990年的三倍。这些人口的重新分配将是一个需要慎重对待的问题。例如,在堪萨斯州中部平原地带,每个家庭需要40英亩(约合16公顷)土地来供养。在爱荷华州和一些西部地区,包括萨克拉门托山谷,这一数字只有区区10英亩。

这些乡村地区将承载一种新型的农业和乡村生活。人们将生活在一平方英里(约合259公顷)的社区之内。以村庄为中心,外围四周是农场家庭的自有土地,彼此相邻。这些新社区里的居民大约会有几百到几千人,有人务农,有人从事他业。耕种驯化草原的农人将提供社区所需的大部分蛋白质和碳水化合物。牧场将不再有传统的围栏,动物(包括由野牛和家牛杂交的抗寒牛)将被饲养在装有轮子的移动围栏中,这么做既可以省去长达数千英里的围栏的维护成本,又能方便野生动物自由迁徙。村民们在太阳能生物棚里种植蔬菜水果,饲养家畜。能源供给多种多样,既有太阳能和风力发电的新兴形式,也使用传统的马匹。对孩子们来说,这种兼具未来感与古朴气息的生活将非常特别。

重回荒野

人类对荒野草原的回归曾有先例。随着农业日益集中于美国的中西部和西部地区，新英格兰地区的小农场逐渐消失。在1850-1950年间，新罕布什尔州、佛蒙特州和缅因州数千平方英里的农田变成了林地。遗落的石头篱笆消失在茂密的松树和枫树林中，酷似古代文明的遗迹。缅因州贝尔法斯特市的《共和党人杂志》（Republican Journal）编辑杰伊·戴维斯（Jay Davis）将新英格兰的这一时期称为"沉睡的世纪"。戴维斯在沃尔多县志中写道："随着沃尔多县的围栏渐渐倾斜倒伏，树木开始收回那些曾经属于它们的领地。风车解体，坠入河流。田园荒芜，留守只能艰难度日，不少人远走他乡。从一定程度上说，这里是20世纪的荒野。"

此情此景与如今的大平原多么相似啊。2004年，《国家地理》杂志曾报道过该地区的人口流失状况。作者约翰·米切尔（John G. Mitchell）写道，在某些社区中，居民年龄的中位数已经接近60。"实际上，野草似乎正重新占领一些公共土地。从北达科他州到得克萨斯州的大平原上分布着15块国家牧场，占地超过350万英亩（约合142万公顷或1.4万平方公里）。20世纪30年代以来，成千上万不幸的自耕农因破产和止赎而被迫离开家园，而这就是这些国家牧场的由来。我们不由怀疑：如果野草已经重回大平原，那么野牛还会远吗？"实际上，北美野牛的数量已经急剧增长，并成为了理想的家牛替代品。在大平原北部，一些银行正帮助牧场主将家牛换为野牛。正如《国家地理》杂志所指出的那样，这一变化让我们"初步领略了大平原的昔日风采，未来甚至还将揭开更多的面纱"。

新一代移居者会紧随其后吗？在这一点上，我们发生过误判。20世纪70年代中期，乡村地区的人口增长率超过了城市，这在1820年以来还是首次。小城镇快速增长，特别是在汽车制造厂等大型企业周边以及距离市区车程不足一小时的大都市边缘，此种情形尤为普遍。那里房价便宜，油价也低得惊人。但是，在美国广大的乡村和小城镇地区，20世纪70年代所出现的从城市到乡村的移居潮并未能持续下去。一方面是经济原因，另一方面是，乡村地区少了城市那样的聚集性，让有社交需求的人们踌躇不前。因此，虽然郊区扩张是今天的主流，但并没有发生人口向偏远地区大规模迁移的现象。这或许恰恰是目前最好的结果。很多时候，被城市外迁者充斥的小城镇会由于过度开发而失去它们的个性和自然美。

然而，历史中最不缺的就是误判。历史长河波澜壮阔，潮来潮往无常形。1862年，亚伯拉罕·林肯总统签署《宅地法》（Homestead Act），开放了数百万英亩土地供人定居。在撰写本文时，国会正在讨论几项精神气质与之类似的提案。其中之一呼吁为那些愿意到近十年内人口减少的乡村地区创业的人们提供激励措施而非土地，称之为《新宅地法》。该法案提供税收优惠和储蓄信贷，为创业公司提供种子资金，并且帮助大学应届毕业生偿还多达半数的助学贷款。对学生借款人来说，这不是一笔小数目。毕竟，毕业后债务偿还额超过月收入8%的学生高达40%。促使人们迁出大都市区的其他原因或许影响更大，例如无线宽带服务正在日益普及——目前，全国最大的无线宽带网络区域覆盖了一个占地600平方英里（约合15.54万公顷）的农业县，该县最大的城镇中只有13200人。除此之外，服务小城市和小城镇的地区性机场越来越多，人们对大城市遭受恐怖袭击的担忧也越来越重。

有孩子的家庭在考虑了种种因素之后，选择就变得愈加多元。现在，他们可以搬去更小的城市。例如，社会学家罗斯玛丽·埃里克森（Rosemary Erickson）2004年从加州搬回南达科他州的苏福尔斯市安居。她说："住在这里的最大好处是一切都很简单。"这是她第二次重回家乡，上一次是在20世纪80年代。当时，她曾在苏福尔斯外几英里的小村庄戴维斯（Davis）经营自己的生意。苏福尔斯也不小，但与沿海地区拥挤的大都市相比，这里要安静得多，距离大自然也近便得多，四周还环绕着罗斯玛丽少女时代钟爱的大草原和农场。她表示，苏福尔斯"有苏丹难民等不同族裔，文化多样性大大增加。我小时候住在戴维斯的时候，这里只有一个黑人学生"。居住在苏福尔斯，绝不会感到与世隔绝。虽然很多移居者是退休族，但还有一些家庭是为了让孩子能够在南达科他州更加安静的环境里成长，更多地接触大自然。

天气可能是最大的障碍[①],但是借助更加先进并日益完善的隔热技术、更准确的天气预报和新近普及的避风屋,问题也可以解决。"所有大型购物中心都有龙卷风躲避处。很多人都说,'有龙卷风警报,我们去购物中心吧!'"罗斯玛丽笑着说。

因此,我们完全可以有所选择!我们可以选择建设什么样的都市和城镇,选择不同的人口分布方式,选择我们借助这些政治和个人选择所要表达的价值观。有朝一日,我们终将可以在那些正经历着人口流失的地区,创造出一种更加简单的生活方式。

乡间的绿色城镇

我们对乡间绿色城镇的向往由来已久。生于1850年,在英格兰小城镇中长大的埃比尼泽·霍华德(Ebenezer Howard)是城市规划领域中最重要的历史人物。他年轻时移民美国,在内布拉斯加州经营农场失败后来到芝加哥。那是1872年,芝加哥火灾后的第二年,他亲眼目睹了该城的重建。在美国的这些年里,他读了惠特曼、爱默生和其他美国的乌托邦文学,形成了通过城市规划来实现美好生活的主张。1898年,他出版了《明天:真正改革的和平之路》(*Tomorrow: A Peaceful Path to Real Reform*)一书,后来改名为《明日的田园城市》(*Garden Cities of Tomorrow*)。他所设想的"一体式城乡"(town-country)仍旧没有过时。他写道,城镇、乡村和一体式城乡是社会的三大磁石,而一体式城乡不仅结合了前两者在社会和经济层面的众多优点,还规避了它们的许多缺点。于是,各种形式的田园城市运动应运而生。

霍华德设想的关键是,由公民团体成立联合公司,在经济萧条的

---

① 南达科他州,位于美国中西部,温差极大,常年刮风,极端最低温为−37℃,极端最高温为43℃。

农业地区购买土地，建设成新城镇。每座新城镇大约有3.2万人口，生活在1000英亩（约合405公顷）的城镇土地上，外围还有5000英亩的绿化带。在此基础上，他进一步提出了"社会城市"（Social City）的概念，即由铁路或公路干线相互连接的多座田园城市。霍华德的理论在提出后几十年间偶有实践，影响的主要是英国和美国的郊区开发。问题是，绿地的许多重要影响现在正渐渐消失，我们建设的不再是田园城市，而是封闭城市。从开发者的角度来看，恐惧比绿地更卖座。霍华德的"一体式城乡"概念虽然从未真正开花结果，但适逢新城市主义思想勃兴，这一概念或许会重受欢迎。新城市主义是一种社区设计理念，通常与明智开发控制郊区扩张联系在一起。这一理念主张重新引入多种传统要素，例如前廊、后院车库、多用途建筑，以及让住宅毗邻商业服务区。

当然，要想创建能够让子孙后代重回大自然怀抱的新式绿色城镇，其困难并非只在于设计，还在于，要想让这些城镇真正做到绿色环保，我们还需要借助某种交通机制来把它们与就业地相互贯通连接。仅仅想到汽车是不够的，仅仅想到混合动力汽车也是不够的。我们不仅要依靠社区设计，还要综合运用其他手段，例如紧凑型绿色城市（green-urban infill）、绿色城镇（green towns）、增加公共交通选择，以及提倡远程办公和电话会议。

埃比尼泽·霍华德将会认可这样的城镇是"一体式城乡"的新形式，是未来的田园城市。这类城镇规划或试验项目已经存在，它们类似迈克尔·科比特在加州戴维斯大学城的"乡居"项目，只是"乡"的特征更为突出。例如，奇维塔斯（CIVITAS）是温哥华一家享誉国际的多学科综合性土地规划企业，它为加拿大不列颠哥伦比亚省里士满市农地保护区内的吉尔摩（Gilmore）农场制定了一套可持续发展的长期规划，覆盖整个325英亩（约合132公顷）的农田。根据该公司的说法，该规划将在现有农田的基础上，围绕商业街等一系列公共空间，建设两个布局紧凑的村庄。村庄周围的农田将采用集约化农业技术，种植特色作物。"该规划也为建设生态公园、野生动植物观赏基地、环境研究基地和动物保护基地等多种形式的自然保护区提供了可能。"

奇维塔斯公司的另一个项目是位于不列颠哥伦比亚省措瓦森市的"海湾村"(Bayside Village),他们希望建设一座"生态村:一个与周围乡村环境融为一体的微型住宅区"。与其他常见村庄相比,这里的道路更窄、"更人性化"。本地植物组成的景观,将为住宅区内的鸣禽提供新的栖息地。生态村的独户住宅区将"坐落在经过景观提升的大片野生动植物栖息地内,其中有农田、牧场、一座自然公园、一处水禽沼泽,还有一处为鸣禽设计的滨海缓冲区"。

有人可能会怀疑其实际效果,认为这种新城镇不过是纸面功夫,还可能为郊区扩张打开新的缺口。考虑到以往社区规划和新城镇开发中的鱼龙混杂,这样的质疑并非空穴来风。但是,如果规划者不是头痛医头、脚痛医脚,而是能坚持绿色城市主义的原则,在法律保障下落到实处;如果我们能够为绿色城镇的开发设定边界,那么结果或许会相当不错。至少,这样的概念城镇也能提醒我们,建设城镇的方式不止一种。

为什么说这种未来主义的思维对孩子和大自然的关系至关重要呢?虽然我们在家里、学校或者生活的任何地方都能随时做很多鼓励孩子接触大自然的事情,但从长远来看,只有从根本上改变我们的文化模式和生活环境,我们才能真正拉近孩子与大自然的距离。更何况,我们的目标并非只是维持当下的水平,而是要大幅改善——为子孙后代创造更美好的生活。我们可以节约能源,善待地球,同时在文化上创造更多的欢乐。作家彼得·马西森(Peter Matthiessen)曾说过:"我看着荒野消失,深感忧伤,因为这就发生在我们眼皮底下。每况愈下的荒野,是我们心中的秘境,是美国的边疆。那些我曾经见过的大自然,无法再被我的孩子们见到;而到了他们孩子的时候,恐怕已经没有大自然可见了。我对此感到深深的悲哀。现在,只要一看到大自然,我就会悲从中来。"在一定程度上,这种悲伤是可以理解的,但是考虑到未来还有多种可能,考虑到大自然的恢复能力以及新边疆的广阔前景,这种悲伤难免过头。

未来没有什么不可能。那些正汲汲于寻找毕生事业的儿童和青少年,可以成为第四条边疆的建筑师、设计师和政治力量,让他们的子孙后代回归大自然,回归快乐。这是一种冒险吗?当然。但俗话说得好,不入虎穴,焉得虎子?

公元2050年

那个名为伊莱恩的女孩,跑过一排公共自行车,又跑过环绕着村庄的山核桃树下的一群鸭子,突然进入了另一个世界。她沿着穿过许多土丘的那条小路向前跑,身边是遍地的野葱、夹竹桃、耧斗菜和天蓝紫菀,她知道所有这些植物的名字。她在这条沙土小路上寻觅动物的踪迹,找到了长耳大野兔和鹌鹑的爪印。她把一只手叠在郊狼的爪印上,比较大小。

她手脚并用地爬上一座小丘,屏住呼吸,拨开马利筋,从缝隙中向外张望。她坐在草地上,望着天空,想知道是云在移动,还是自己在动。她把手伸进书包,掏出了那本图画书,接着重新躺回草地上,打开书页。她读到:

"那天晚上,迈克斯穿上狼装外套在家里撒野……"

她感到晨风拂过她的肌肤。

她听到蜜蜂嗡嗡。

半小时后,她睁开眼,已无头顶的云踪。她坐起身来。

整个世界明亮起来。在北边的山脊上,她看到一只、两只、三只羚羊。"叉角羚。"她一边低声说着,一边玩味着这个词带给她的感受。它们慢慢地转过头,看向她。伊莱恩看到几台小型电力机械正在西边播种当地的谷物。放眼东边的远处,她看到了一些移动的黑影。"野牛。"她低声说道。然后她发现自己更喜欢"水牛"这个词,于是更正道:"水牛。"

一梦之间,这世界已然变了。

Part7
感受惊奇

一个孩子捧着一捧草
问我那是什么草;
我该如何回答?
我知道的
并不比他多。
——沃尔特·惠特曼

21 大自然是儿童的精神食粮

> 如约翰·缪尔那般去追溯一条河或一滴雨的历史,也是在追溯灵魂的历史或是体内东奔西突的思想的历史。无论是哪种,我们都会不断寻觅,并在无意中撞见神性……
> ——格蕾特尔·埃利希(Gretel Ehrlich)

我儿子马修4岁时问我:"上帝和大自然母亲是夫妻,还是只是好朋友?"

这是个好问题。

在为这本书搜集材料的过程中,我发现许多成年人在谈到小时候被大自然影响到自己灵性成长的历史时,都会充满敬畏,滔滔不绝。他们还会提到这种影响如何随着岁月流逝而不断加深。许多人都想把这一体会告诉孩子,却不知该如何开口:怎样才能解释大自然的灵性,或者我们在大自然中所表现出的灵性,又能不被错综复杂的《圣经》阐释、语义学和政治所羁绊呢?每当我们想把小时候躺在草地上看山观云时所感受到的那种单纯的敬畏之情告诉孩子时,这些东西就会跳出来成为拦路虎,它们也会阻碍孩子重回大自然。

不过还是有一条可以走通的路。

几年前,一群宗教领袖在我家客厅交流育儿心得,其中有一位新教牧师、一位天主教神父、一位犹太教拉比和一位伊斯兰教阿訇。其间,贝斯艾尔教会(Congregation Beth-El)的拉比马丁·莱文(Martin Levin)对灵性做了很精彩的解释:灵性就是能不断地感受到惊奇。他说:"用当代伟大导师亚伯拉罕·乔舒亚·赫舍尔(Abraham Joshua Heschel)教授的话来说,我们的目标应该是生活在彻彻底底的惊奇中。赫舍尔鼓励他的学生每天早上起床都用一种不把任何东西看作理所当然的方式来看待这个世界。一切都非同凡响,非比寻常。永远不以轻慢之心对待生活。灵性就是能够感受惊奇。"

古代文献认为,孩子本身就有灵性。亚伯拉罕在孩提时代就开始找寻上帝。《圣经》告诉我们:"神在天上的荣耀,因婴孩和婴儿的口而改变。"以赛亚预见到未来的某一时刻,"豺狼必与绵羊羔同住,豹子必与山羊羔同卧,小孩子必领他们"。犹太神秘主义认为胎儿了解宇宙的秘密,但一出生就被遗忘了。在《福音书》中,耶稣说:"你们若不回转成为孩童的样式,断不能进天国。"梦幻诗人威廉·布莱克和威廉·华兹华斯等人将孩子的灵性与大自然联系了起来。幼时的布莱克说他看见犹太先知以西结坐在树上(结果因此被揍了一顿)。他还说,有一棵树上有很多天使,他们在树枝上唱歌。华兹华斯的诗歌描述了儿童在大自然中的超验体验。在《颂诗:忆幼年而悟永生》(*Ode: of eternity from memories of Early Childhood*)一诗中,他这样写道:

曾经,草地、树林、溪流、
大地和一切凡俗的景物,
在我看来,确都好像罩了梦中的
天光、辉煌和清新。

当然,也有人认为这类念头只是多愁善感的哗众取宠。在无神论者西格蒙德·弗洛伊德(Sigmund Freud)看来,这种神秘感受只是对子宫内"海洋体验"的退行。正如爱德华·霍夫曼(Edward Hoffman)在《纯真的幻象:儿童的灵性与启迪体验》(*Visions of Innocence: Spiritual and Inspirational Experiences of Children*)一书中所写的那样,"弗洛伊德认为,童年是我们的低级兽性冲动最强烈的时期。"在弗氏看来,受本能驱使的儿童渴望乱伦,以此来自我满足,这与树上那些长翅膀的天使格格不入。

1913年,弗洛伊德最亲密的合作者卡尔·荣格(Carl Jung)与他决裂，并且在融合了东方哲学、神秘主义和神话故事等影响因素之后，提出了一种观察人类心理的新视角。荣格认为，人们到了生命的后半程，会逐渐习惯于直觉体验（visionary experience）。霍夫曼表示："在荣格的学术生涯中，他的思想是有所变化的。"在其自传《回忆、梦与省思》（Memories, Dreams, Reflections）一书中，荣格甚至回忆起，他在7岁或9岁时常常独自坐在一块大石头上问自己："我是坐在石头上面的那个人，还是被他坐着的那块石头？"然而除此之外，荣格几乎再未论及儿童的灵性生活。霍夫曼也认为："他在这方面的主张还是当今主流心理学理论与治疗那一套，很是遗憾。"

即便是20世纪初美国心理学的创始人、对宗教经验抱有浓厚兴趣的威廉·詹姆斯，也从未真正关注过儿童的灵性生活。直到20世纪六七十年代，这一话题才被更多讨论，尤以罗伯特·科尔斯（Robert Coles）的《儿童的灵性生活》（the Spiritual Life of Children）一书为代表。然而，这些研究也没怎么关注到自然对儿童灵性生活的影响这一子话题。遗憾的是，直到现在，人们对大自然如何影响儿童认知和注意力的研究基本还是源于詹姆斯。

霍夫曼是少数对这一领域进行研究的心理学家之一。他是纽约地区的一名执业临床心理医师，专门研究儿童发展。在为20世纪60年代末创立了著名的需求层次理论的亚伯拉罕·马斯洛撰写传记时，他发现这位杰出的心理学家也认为，即便是小孩子也会思考灵性问题。可惜马斯洛还未及展开解释就去世了。霍夫曼循着这些问题继续研究，访谈了许多孩子和数百名幼时曾偶然感受过制度性宗教之外的"奥义、美好或启迪"的成年人。他写道："总而言之，我们无法否认，很多人都曾在幼年时经历过非凡的巅峰体验甚或是神秘体验，人数比我们认为的多得多。这样看来，传统心理学及相关学科对童年的认识相当不完整，估计对成年期的认识也一样。"

与科尔斯的多项研究一样，霍夫曼对儿童的研究也表明，人在儿童时期可能会经历各种各样的巅峰体验或超验体验，有时是被内心的真诚祈望触发，有时是在正式的宗教体验中发生。这些体验既可以表现为"一段梦幻的经历",也可以是"突然撞见神性的某个平凡时刻"。艺术也可以是神性的入口,莫扎特和贝多芬这样的儿童作曲家就是最好的见证。而最有趣的是,霍夫曼发现,那些童年中最极端的超验体验往往发生在大自然当中。

见 证

大自然萌发了珍妮特·福特的灵性生活,她也把这颗种子植入了女儿的心灵。回望自己在大自然中度过的童年生活时,珍妮特发现,那种生活不仅培养了她的环保意识,促使她参与了西弗吉尼亚州山区的保护工作,同时也滋养了她的灵性生活。她最喜欢去的地方是两个长辈所经营的一家奶牛场。在那里,她的想象力和灵性都插上了翅膀。

她奔向谷仓、鸡舍、山坡、草地和小溪,去探索周围触目可及、俯仰皆是的自然宝藏。无论是看小猫出生,还是为在地上发现的还没来得及长羽毛就夭折的小鸟难过,大自然都为珍妮特提供了充足的机会来满足她对生命的好奇心,同时也让她了解,死亡不可避免。

她说:"我仍然对彗星、日食和流星雨等天象心怀敬畏。当我凝视着这些天空中的奇迹时,我常常会不知不觉地想到,在我出生前的漫长岁月里,也有无数人或灵长动物在做同样的事情。无垠的宇宙和其中的奥秘一直在帮助我清醒地生活。我比以往任何时候都更为敏锐,往往为大自然中的寻常事物而感到惊奇。例如,鸟类的每一根羽毛竟然都由数以百万计的细枝末节组成。孩提时的我在大自然中发现了无拘无束的快乐,我仍旧能感受到我在小溪边或星幕下所拥有的那种最纯粹的快乐。"珍妮特说她在大自然中的有些感受,很难用语言准确描述:"上帝在追寻自己的心。"她的女儿虽然没有在乡野间长大,但也有类似的感受。

琼·米涅里(Joan Minieri)已经为纽约市一家多种信仰并存的环保

组织工作数年。虽然她生活在一座繁忙的都市中,但大自然依旧能够点亮她的灵性生活,并让她甘于奉献。米涅里的例子凸显出自然空间在城市中的重要性。已为人母的她认为,父母对大自然的热爱必不可少。如她所说,我们需要"有意识地滋养对大自然的热爱"。她是天主教徒,但是近年来也在练习佛教的冥想。这种冥想能让人在静修中找到安慰。她说:"我和弗兰克认为把孩子带到大自然里是我们作为父母的责任,就像我的父母认为带我去教堂是他们的责任一样。我们也教我们的女儿阿琳(Alin)祈祷,但让她走进大自然能为她的祈祷提供非常重要的参照和氛围。因为,大自然是学习给予一切生命爱与尊重的地方,我们在自然中能通过视觉、触觉和嗅觉来了解所有生命,理解为什么会受到感召而奉献力量。"

米涅里微笑着补充道:"我希望,她长大了还会继续如此强烈地、如此发自真心地喜欢虫子。"

在另一些父母看来,大自然对灵性生活的重要意义还在于,自然是对伦理问题的绝佳展现。对他们来说,接触大自然是孩子们必不可少的经历。例如,有些人会质疑钓鱼行为,但在另一些人看来,钓鱼是让孩子接触环境保护、了解人与动物的关系、认识生死等一系列伦理问题的途径。

赛斯·诺曼(Seth Norman)便持这种观点,他算得上是美国最擅长飞蝇钓的作家。诺曼教他的继子钓鱼,这项活动不仅能让人感到惊奇,也能避免把大自然浪漫化或神化。我让他谈谈他在大自然中的灵性生活,他却这样说道:"我在荒野里看到的野蛮越多,就越欣赏人类。自然中当然也有许多美好的事物,但森林和沙漠绝非伊甸园。动物相互猎杀,毫无公平可言,这让我困惑不已。更让我惊讶的是,人类几乎对此无能为力。我花了很多年才搞明白,我全知全能的天父真的救不了我带回家的一些动物幼崽。我多希望我能很早领悟到这一点。"

他还记得,自己幼时曾在大自然里提出过许多有关上帝的尖锐问题。"现在也是一样,想通这一切对成年人来说也绝非易事。一旦那些看着迪斯尼动画长大的孩子发现,养活一只狮子王需要葬送一大群小鹿斑比，而毛格利的狼朋友会吃掉桑普兔和他所有的孩子，他们肯定会感到非常震惊。最终，我们大多数人都会认为，是人类，而非大自然，创造了道德、价值观和伦理，甚至连大自然本身需要得到保护的观念也是。我们选择做牧羊人和守护者。我们选择用明智的方式生活，保护水和空气等一切保持生态平衡的重要元素，哪怕我们刚刚才开始了解它们。我们也可以不这样做，任由自然恣意横生。自然精美无比，却也冷漠无情。"

大自然让孩子知道，他们在这世上并不孤单，还有许多东西陪伴着他们。约翰·伯格（John Berger）是一位艺术评论家和电影评论家。他1926年生于伦敦，现在居住在法国郊外，最擅长描写人类如何体验和看待这些东西。他在《影像的阅读》（*About Looking*）一书中写道，动物在最初进入人类想象时，往往扮演着信使或征兆的角色，带有神奇甚或是神谕的色彩。动物过着自己的生活，同时也"给人类提供了不同于人际关系的陪伴。其区别在于，动物所纾解的是人类这一独特物种的孤独"。例如，印度教徒认为大象驮着地球，而乌龟又驮着大象。伯格将在流传有序的古代文献中那些"人类持续使用动物进行比喻的现象"称为拟人论（anthropomorphism），认为这曾经是人类与动物关系的核心。但在过去的两个世纪里，动物沦为原材料和试验对象，成为机器般的存在，彻底改变了人类与动物的关系，拟人论也变得危机重重。随着野生动物逐渐淡出我们的生活，"人类陷入新的孤独之中，拟人论让我们加倍不安。"然而，我们却从来没有这么多家庭拥有这么多宠物，至少在富裕国家是这样的。伯格写道："在这个工业化的世界里，孩子们被玩具、动画、图画和装饰品中各种各样的动物形象所包围，没有其他的东西能够与之媲美。"虽然这些动物形象的玩具一直受到孩子们的喜爱，"但直到19世纪，才成为中产阶级儿童的标配。"

在这期间，动物玩具也从抽象变得具体。传统竹马原本只是一根棍子，"像扫帚柄一样骑着玩。到了19世纪，这种象征性的竹马玩具就进化成了能前后摇摆的木马，外形和颜色都跟真正的马一样真实，有时还会用真皮和鬃毛装扮成奔马模样。在人们的意识层面,动物成为被观察的对象,而忽略了动物也能观察我们的事实。"但这些真的不重要了吗?在哄我的儿子们睡觉时,总有人会拿起一只毛绒动物,学它的样子说话。有时是棉考拉,有时是化纤猴子,有时是布鱼;每个都有主见,每个都有名字,每个都有个性。科学或许看不惯拟人论,但孩子们不会。每经过一个十年,人类生活中的毛绒动物都会变得更多些。它们一排排、一堆堆地出现在每一座机场的每一条走廊里,出现在每一个商场的摊位上,出现在动物园和博物馆乃至快餐店里。伯格写道,这些玩具"关照着我们人类物种的茕茕孑立,关照着我们的强烈渴望和灵魂虚空。这种饥渴的内核便是信仰"。他补充道:"即使荒野正在淡出孩子们的生活,他们也仍旧在表达这种饥渴。或者更确切地说,是我们察觉到了他们的饥渴,把身边的动物用作拟人符号,化作图腾滋养他们的灵魂。我们绕了一大圈又回到了原点。"

即便最理性的父母也会跟泰迪熊对话,或者模仿泰迪熊讲话。几乎所有父母都能在童年记忆里找出一些闪耀着灵性光芒的时刻,或者回忆起自己孩子的类似经历,那些时刻往往身处大自然中。然而,大自然对孩子灵性生活的重要性并没有得到应有的关注。这类研究的缺失或许说明这是一个有些艰难的课题。毕竟,孩子在大自然中的灵性体验——特别是独处体验——不是成年人或研究机构所能控制的。

一些宗教和信仰否认大自然与灵性的关联。它们怀疑环保主义,认为它是一种带有文化泛灵论色彩的宗教替代品。这种成见在美国文化中根深蒂固,或许是阻碍孩子们回归大自然的障碍中最隐秘的一种。

苏珊娜·汤普森(Suzanne Thompson)敏锐地意识到了环境对人类行为的影响。几年前,50岁出头的她环顾自己在南加州的社区,发现那里毫无生气,也很难保障孩子们的安全。父母们除上班外很少到户外活动,这意味着孩子们到外面玩的时候就可能被坏人伤害。于是,她把自家的前院改造成了一座庭院,用鹅卵石砌了院墙,放置了几把舒适的木制椅子,并且告诉邻居们,他们可以用这个院子来社交。一天傍晚，我来到了汤普森的社区庭院，看到她的邻居们正坐在一起谈笑，他们的孩子们则有的坐在墙上，有的在碧绿的草地上玩耍。她的简单创意重塑了社区的精神风貌。

她喜欢待在大自然里，也鼓励女儿这样做。但是与许多保守的基督徒一样，她对任何强调天人合一的文化和那些她所谓的"环境议题"始终保持着怀疑的态度。

她说："上帝创造了人类，把人类安置在一座花园里，让他们享受花园、管理花园，同时服从于造物主。"她认为，《创世记》的核心思想是："人类被按照上帝的形象创造，并且拥有上帝独有的一些能力，例如自由选择、创造和支配创造物的能力。"在她看来，如果对《圣经》理解不够，对环境的关注就会沦为多愁善感、自然拜物、生物平等主义（"抬高动物，贬低人类"）和生物中心主义（"无视《圣经》中优先满足人的需求而非动物的需求的思想"）。汤普森认为："我们要先让孩子跟大自然有足够的互动，然后再用抽象的语言向孩子们解释这样做的重要性。这不只是他们感不感兴趣的问题……还涉及背后的原理。"

然而，环保主义内部的一股新热潮表明，她的信仰与大力保护自然并让儿童接触自然之间并不矛盾。

信仰型环保主义、科学和我们的下一代

如果我们不关心上帝的创造物，我们便不会关心上帝。总部位于马萨诸塞州阿默斯特的全国宗教环境合作组织（the National Religious Partnership for the Environment）的创始人兼负责人保罗·戈尔曼（Paul Gorman）说："我们把孩子与创造物分开得有多远，就把他们与造物主上帝分开得有多远。"在他看来，"任何参与了这一分离的宗教信仰都是异端邪说，罪孽深重。许多人都开始认同这种激进的观点。"

这种观点确实激进，但一点也不边缘。戈尔曼的组织成立于1993年，是几大犹太教和基督教信仰团体和教派的联盟。它的四家发起机构有美国天主教会议（the U.S. Catholic Conference）、全国基督教教会理事会（the National Council of Churches of Christ）、环境与犹太人生活联盟（the Coalition on the Environment and Jewish Life）和福音派环境网（Evangelical Environmental Network）。戈尔曼介绍了一股重视信仰的环保热潮，这股热潮挑战了自由主义或保守主义刻板印象，正方兴未艾。

这一联合并不是什么新鲜事。1986年，我参观了华盛顿州的霍特科姆县，这片农业区拥有悠久的荷兰宗教传统，美得令人心醉。非营利组织"基督教公民忧心者"（Concerned Christian Citizens）在那里宣扬保护环境，反对堕胎。该组织的负责人亨利·比尔林克（Henry Bierlink）告诉我："我们拥有基督教的照看者伦理观，这跟美国人对环境的态度不同，他们从《圣经》中提取出'征服地球'律法。但我们认为，上帝赋予我们的责任是照看这片土地，而不是征服它，我们只是这片土地的过客，需要小心地把它传承下去。"霍特科姆县的民众虔诚地践行着该县的生态理念。那里的许多农场主拒绝把他们的土地卖给开发商，而是与公共土地信托基金会合作，以此来永久地保护他们的绿色牧场。在《自然保护》（*Nature Conservancy*）杂志的一篇封面文章中，戈尔曼介绍了这一伦理观的发展，特别是1990年之后的传播。在那一年，时任教皇约翰·保罗二世提出，从道德上讲，基督徒有责任保护上帝的创造物。

今天，在阿肯色州，孩子们会在犹太会堂庆祝"树之年"（Tu B'shevat，即犹太教的植树节）时种下当地草籽。与此同时，西北太平洋地区的天主教主教们则发出了一封牧函，宣布哥伦比亚河流域为"神圣的公地……是上帝存在的启示……指示我们逐步作出改变"。

一些宗教人士可能会认为，这种论调是亵渎神明的万物有灵论，是自然崇拜。但在北卡罗来纳州的罗利市，《新闻与观察者》（*the News and Observer*）也报道了这样一件事：一家浸信会教堂的"环境使命小组"在教堂的另类圣诞集市上出售蚯蚓堆肥箱，并且举办了"儿童与大自然手牵手"的夏令营活动。如今，美国各地的宗教场所都开设了圣经生态学课程，讲授《创世记》中有关生物多样性的知识。戈尔曼说："争论还在继续。有些人听到人是统治者这样的言论，便将其视为人类贪婪的源头，这是可以理解的。但人类对大自然的破坏并不需要宗教圣典去背锅。是的，从照看者而非统治者的角度考虑问题确实重要，但我一直认为，鉴于人类对自然的控制能力，无论是否喜欢，我们都已经拥有事实上的统治力。"

正如许多礼拜场所逐渐拥抱自然，环保组织也愈发能够启迪人的灵性。例如，大自然保护协会（Nature Conservancy）将其购买土地的行为称为赎回。公共土地信托基金会也表示，它将"土地的灵魂转化为文化的灵魂"。比尔·麦吉本在其1989年出版的经典环保著作《自然的终结》（The End of Nature）中虚构了一则可以完美概括我们这个时代的报纸标题——《人类取代上帝：一切都已改变》。如果主日学校开始变得像是生态学课堂，如果环保主义者（他们中的许多人对宗教都敬而远之）像是街头的传教士，那么这意味着什么呢？这对双方来说都是好事。

我们不应低估这种新的协同作用对推动下一代回归大自然的促进作用。

信仰型环保主义可以产生奇特的伙伴关系和强大的联盟。2003年，戈尔曼和一群福音派教徒以"耶稣会开什么车"的潮流抵制耗油的越野车。2002年，全国教会理事会和塞拉俱乐部联合赞助了一则电视广告，反对在阿拉斯加的北极国家野生动物保护区（Arctic National Wildlife Refuge）开采石油。同一年，参议院以微弱优势否决了在该保护区开采石油的提案。在激发年轻人热爱大自然方面，礼拜场所的作用或许比学校更大。戈尔曼说："随着信众日益认识到大自然与宗教的密切联系，他们开始越来越多地讨论关于大自然的话题。但你必须从父母们开始。最为首要的是，让父母们理解这一联系。未来的关键不在于设计什么课程，而在于对创造物的觉醒。孩子们必须感觉到，在父母心中，这一联系至关重要、不可动摇。孩子们总能看透我们的心思，他们知道什么是假的。随着这一联系在我们眼里变得越来越真切，我们对大自然的爱也会变得越来越真实，孩子们也会对此产生积极的反应。最重要的是觉醒。这种觉醒和发现的快乐，近乎赤子之心。"重新发现灵性生活与大自然的联系必将如此。"这是可能的，也是美妙的。"

戈尔曼会怎么看苏珊娜·汤普森那种害怕孩子们崇拜大自然而不是创造了大自然的上帝的担心呢？对于《创世记》，戈尔曼说："创世的目的实际上是让我们，包括孩子和所有人，都更加接近造物主。身为父母，你鼓励孩子去体验大自然不是因为大自然很美，而是因为你要让孩子接触更加宏大、比人类的一生一世更加长久的东西。"人能通过大自然进入超验状态，也就是说，能够体验到超越个体的存在。在大多数人的灵性之旅中，要么被自然唤醒，要么变得更加强大。戈尔曼说："个体的灵性之旅尤其如此，而神学是基督教堂和犹太会堂的事。当然，《圣经》使用的是大自然的语言。例如，'耶和华是我的牧者，我必不至匮乏。他使我躺卧在青草地上。他领我在清水旁。他使我的灵魂苏醒。'"

将人的灵性生活与大自然重新联系起来，不仅要靠信仰型组织。许多科学家认为，科学的实践和传授，离不开重新发现或承认大自然的神秘以及它对灵性生活的影响。1991年，包括爱德华·威尔逊和斯蒂芬·杰伊·古尔德（Stephen Jay Gould）在内的32位诺贝尔奖得主和其他杰出科学家共同发表了一份《致美国宗教社区的公开信》（*Open Letter to the American Religious Community*）。这封公开信深刻地质疑了人类对环境的作为，并且促成创建了"全国环境宗教之友"（the National Religious Partnership for the Environment）。这些科学家们写道，只靠科学数据、法律和经济激励措施是不够的，保护栖息地还不可避免地牵涉道德，"我们科学家……向世界宗教社区发出保护地球环境的紧急呼吁。"其中，乔治城大学物理学与宗教学教授赛义德·侯赛因·纳斯尔（Seyyed Hossein Nasr）主张："如果世界只是一碗相互碰撞的分子，那么大自然的神圣何在？"

北亚利桑那大学可持续环境中心主任、《童年地理》(*The Geography of Childhood*)一书的作者加里·保罗·纳卜汉(Gary Paul Nabhan)认为,他的生态学同行们对生活社区所具有的精神内核的认识正变得越来越深入。他们也开始认识到,科学和宗教都有一个核心特征,即两者都臣服于人类的体验。纳卜汉说:"科学常常提醒我们,我们可能会错得多么离谱。"如果科学家只依靠理性,那么"我们的工作就毫无意义。我们需要把它置于某种灵性的背景当中"。

环境也是如此。而儿童是关键。1995年,麻省理工学院出版社公布了一项关于美国人对环境问题的真实看法的大规模调查结果。研究人员对他们的发现感到非常惊讶。他们在人们使用语言的方式中看到了环保意识的增强(例如,以前人们常说"沼泽",现在更常说"湿地"),他们也识别出了一套核心的环境价值观。这份来自麻省理工学院的报告指出:"对父母来说,把环境伦理建立在对后代负责的基础上,能够为环境价值观提供具体的情感根基。与把环境伦理建立在一系列抽象原则的基础上相比,这样的根基更为坚实。"研究人员断言,环境价值观已经与关乎父母责任的一系列核心价值观融为一体,这是"一则重大发现"。绝大多数被调查者都明确援引造物主上帝来证明环境保护的合理性,这一点在不同的调查对象中都表现出了惊人的一致性。研究人员不禁发出疑问:"这到底是怎么回事?为什么这么多不信教的人要拿上帝创世来作为依据?似乎神创论是美国文化里用来表达大自然神圣性的最近似的概念。无论人们是否真的相信《圣经》中的创世论,它都是我们表达这一价值的最佳载体。"如果麻省理工学院的报告所言不虚的话,那么在环保运动中鲜少提及的灵性论就会比功利论有力得多。换句话说,与其为了保护某种蟾蜍而争论,不如呼吁保护上帝的创造物(其中包括蟾蜍)来得有力。这种做法尊重子孙后代所拥有的对上帝创造物(包括其积极功用)的权利,带有强烈的灵性属性,因为它大大超越了我们这一代人的需求。这种代表未来世代的灵性论,是我们在捍卫地球和人类物种时可以运用的最具情感力量的武器。

上帝与大自然母亲

未来几十年将是西方思想与信仰的关键时期。对学生们来说，更多地关照灵性意义或许可以重新促使他们对大自然和科学的奥秘产生敬畏。对环保运动来说，他们更有可能吸引到更多的支持者，更有可能超越功利论，转向灵性论。因为，环保说到底是一种诉诸灵性的行为。毕竟，我们为子孙后代所保护的是上帝的创造物。对父母来说，这种更高层次的保护将会给予他们更大的动力去让孩子们了解绿色牧场和平静水域所具有的生物学价值和精神价值。

我们的家庭和机构需要认真聆听孩子们对天然造化的渴望。心理学家爱德华·霍夫曼认为，14岁以下的儿童既无力描述他们幼时在大自然中的灵性体验，也不具备相应的语言技能。但我的经验告诉我，如果我们愿意倾听，那么儿童和青少年就会吐露许多关于大自然和灵性的故事。有个九年级的孩子跟我讲了一件让他感到非常神奇的事：

从很小的时候起，每次听到"大自然"这个词，我都会想到一片远处群山环绕的森林。对于这件事，我本来没有想太多。直到有一年，我和家人去马默斯山度假时，突然涌出一个念头，想要找找跟我脑海中的印象相似的地方，于是我告诉父母我要去走走，随后就拿起外套出发了。

让我惊讶的是，走了大约五到十分钟的样子，我就找到了那个地方。我满怀敬畏地站在那里。一切均如我所想象，几十棵巨松矗立眼前。脚边一百英尺（约合30米）左右的地方，铺着薄薄的一层雪，松针散落一地。越过树顶，一座高山赫然在远方。我身旁有一条小溪，潺潺的流水声充满耳鼓，间或有汽车声从身后不远的公路传来。我呆若木鸡。感觉自己只在那里站了约摸五到十分钟，但后来才知道已经过去了两个半小时。

我父母一直在找我，因为天马上就要黑了。他们终于见到我时，我只能告诉他们我迷路了。因为我实在不知道该怎么描述这样的经历，该怎么表达这种震撼人心的宗教体验？这件事让我开始认真地思考，什么是大自然的真正意义。我的结论是，一个人对大自然的看法，就是他对天堂或人间天堂的看法。就我而言，当我站在那里的时候，感觉美得要窒息了。

弗雷德·罗杰斯（Fred Rogers）是一个懂得如何倾听的人。在他去世前几年，我为报纸专栏而采访了他。当时，我带了刚满6岁的儿子马修。我儿子原本性格外向，活泼开朗，可这一天却显得局促不安，一句话也不说。我介绍他给罗杰斯先生认识时，还看到他的上嘴唇在颤抖。罗杰斯微笑着跟他握了手。不久后，罗杰斯突然中断了谈话，在马修身边坐了下来，因为马修刚从他的小背包里掏出了一本关于石头的书。

罗杰斯先生说："我也喜欢石头。"他说，他有一台抛光机，因为总开着比较吵，就搁在了仓库里。马修的眼睛睁得大大的，因为他的生日礼物也是一台抛光机，用来打磨他收集来的最漂亮的石头。罗杰斯和马修一起低头看着其中一页，小声讨论着石头的秘密。

我突然想起，罗杰斯是一位资深牧师，便向他提出马修的神学问题："他们是夫妻，还是只是好朋友？"当初，我听到儿子问这个问题的时候，不由自主地笑出了声，可此时的罗杰斯先生并没有笑。

"这是个很有意思的问题，马修，"他思索良久，接着说，"你的爸爸妈妈结婚了，生了两个聪明善良的儿子。对那两个儿子来说，爸爸妈妈非常非常重要。我觉得，我们也可以用这种方式来理解上帝和大自然，他们也像爸爸妈妈一样爱着我们。"

也许这种说法不太政治正确（因为还有单亲父母），但对马修来说却很受用。随后，罗杰斯先生又接着跟我儿子低声耳语。虽然我什么都没听到，但看到马修笑了起来。

后来，当我们准备离开时，罗杰斯先生又在马修身边坐了下来，并对他说："将来你找到你自己对那个问题的回答时，能不能把结果告诉我？"

22 浴火重生：发起一场运动

天一亮，我的妻子凯西（Kathy）就醒了，走到外面去拿报纸。一股热浪袭来，她抬头一看，天空一片昏黄，黑烟升腾，空气中还夹杂着一股焦臭味。

"出事了！"她摇晃着我的肩膀说。

4小时后，我们驾车驶离斯克里普斯牧场，一团熊熊燃烧的橙红色正对着我们的巷子虎视眈眈。我们的面包车装满了过去的记忆，有相册、孩子们画的画、他们出生时穿的衣服，还有从墙上拽下来的照片。猫在纸箱里叫唤，与警笛声交响。"怎么会这样？我们家要没了么？"当时十几岁的儿子马修抽噎着说。他吓懵了，不敢相信眼前的一切。他觉得自己的世界即将消失在火焰中。"没关系，"我回答到，试图安抚他，"把这当成一次冒险吧。嘿，我就是伴着龙卷风长大的。我小时候，每年春天都这样。"

"可我不是。"他说。他说得没错。

我们一路向西北方向行驶，远离后视镜里那团升腾的烟云。路上挤满了车，车距已经压缩到极限。40分钟后，我们把车停在了高速公路边一家汉普顿酒店的停车场里，不远处就是大海了。酒店为撤离人员提供了折扣价。大厅里挤满了茫然无措的圣地亚哥人和他们的宠物。人们围着一台大屏幕电视，以手捂嘴，一脸错愕。

大火在离我们家三个街区的地方，终于停下了脚步并转变了方向，风把它吹回到人烟稀少的郊外了。

2003年10月，当南加州历史上最大的火灾结束时，有二十多人死亡，两千多幢房屋被大火夷为平地，库亚马卡森林——我在圣地亚哥县最眷恋的地方——已经消失。大火如此猛烈，连房屋大小的巨石都爆裂了。那些预计有八百年树龄的树木全都烧成了木炭。

你在这本书中读到过的一些为儿童提供自然体验的场所也未能幸免。建筑设计师坎迪·范德霍夫两年来一直致力于在这片山地中创建克雷斯特里奇生态保护区，让中学生们感受大自然奇迹。可据她所说，保护区的大部分区域都已被烧毁。

范德霍夫曾与保护区的其他志愿者们一起花费数周在保护区入口处建造了可用于教育的观景凉亭。这座凉亭由艺术家詹姆斯·哈贝尔设计，主要由可生物降解的压缩草块建成，也在大火肆虐克雷斯特里奇保护区的时候被摧毁，如今只剩下烧焦的橡树干和发黑的巨石，巨石上那些库梅耶原住民曾用来研磨橡子的孔洞依旧清晰可见。

东边30英里（约合48公里）外，掩映在一片灌木和橡树中的哈贝尔的院落也被烧毁。哈贝尔花费40年，用混凝土、土坯、石头、木头、锻铁和玻璃建造了许多建筑物，确切地说是雕塑。几十年来，他不断地在这里添一点装饰，又在那里加一块增加光照的玻璃。这些建筑与其说是建造的，不如说是从土里生长出来的。多年来，成千上万的游客前来参观，感受哈贝尔的创意。然而，院落大部已经在大火中焚为灰烬，那些像幽灵一样出没的野鹿也不见了踪影。

尽管如此，哈贝尔——那个慈眉善目、双手因麻痹而颤抖的老者——仍旧相信开始，相信重生。

火灾发生几周后，他与妻子安妮（Anne）又回到了他们的那片土地，种下希望，重拾美好。后来，我收到了哈贝尔的一封信，信中完美地描述了诗人加里·斯奈德对大自然精神的理解——它不仅是万物的出生、构造、表达、经历，还是即将新生。

今年，将有杰作从灰烬中诞生，就像碧草从草木灰中生长出来那样，因为毁灭会带来意料之外的收获。审视我们的土地时，我们发现空旷中蕴藏着一种从未察觉到的美感。曾经隐藏不见的巨石露出了真容,如同被工人放置在花园里一般。大火后的寂静正好有益省思。烧焦的坚硬土壤已经变得柔软,让人忍不住想踩上去。地势的起伏也一览无遗。这种空旷,这种新的空间,让我们感到兴奋。它是一扇大门,通往另一个隐约可见的世界。我们要做的是走进去,去弄清楚这扇门通往何处。

这个故事是一个隐喻。儿童和大自然的疏离或许就是一场火灾,并且只是一场火灾。我们期待着浴火重生。

该播种了

让儿童重回大自然怀抱的任务似乎十分艰巨,甚至遥不可及。但我们必须抱有这样的信念,认为儿童与大自然的疏离是可以逆转的,或者至少也是可以减缓的。如果不紧守信念并采取行动,那么人类和大自然的未来都将难以想象。

近年来发生了一些可喜的改变。

我们都会记得,20世纪五六十年代时,人们会毫不犹豫地随手把空汽水罐或烟头扔出车窗。而现在,这种行为已近乎绝迹。垃圾回收和禁烟运动都是社会与政治力量联手的最佳范例,在短短一代人中就移风易俗,其中有许多经验和教训可供我们吸取。迈克尔·珀楚克(Michael Pertschuk)是华盛顿特区倡议社(Advocacy Institute)的共同创办人,也是卡特总统时期的联邦贸易委员会前主席,他是在20世纪60年代初发起禁烟运动的重要人物。目前,珀楚克是反对跨国烟草企业向发展中国家扩张的领导者。他已经写了4本著作,用来向公众宣传。他同样渴望看到一场让子孙后代重回大自然怀抱的运动。

与民权和劳工运动不同,烟草控制运动是自上而下发展起来的,它源自于科学研究和卫生主管部门的担忧和倡导。与此同时,禁烟运动则因被动吸烟所导致的病痛和夭寿而从下至上勃兴。但是，他们起初并没有关联。

珀楚克说："只有当科学能够确凿地证明被动吸烟威胁到非烟民的生命时，这两场运动才合二为一。只有权威的科学机构和社区居民组织共同发力疾呼、挑战旧俗，这项运动才站稳了脚跟，具有了从根本上改变社会规范的力量。"包括肺脏、心脏和癌症健康志愿者协会在内的许多全国性团体都加入了这场运动。在禁烟有益健康的大规模宣传和公众教育运动的基础上，它们有序组织，四处游说，推动立法创建无烟环境。"让儿童重回大自然的运动虽然刚刚萌芽，但也与之类似，不仅得到了科学机构的大力支持，也得到了父母们的热情响应。前者不断深入研究童年缺少自然体验造成的健康风险，后者为孩子沉迷电视和电脑而忧心忡忡。"同样地，这场运动不仅将会在全国性机构的组织推动下兴起，也将在个体的觉醒和决心中走向繁荣。

目前的形势十分喜人。我们看到，环境依托式教育运动、校园栖息地运动和简单生活运动正在稳步推进。环保组织和礼拜场所正在觉醒。生态校园正在美国和欧洲遍地开花。人们也日益认识到，我们的身体和精神健康都离不开大自然。我们也看到，人们日益倾向于通过改变法律条文来减轻我们的诉讼负担。尽管侵权法改革充满争议，其解释也要依靠律师，但是，若要缓解如此多的家庭对诉讼的恐惧，法律改革就势在必行。一些全国性的团体也在努力改善社区设计，鼓励步行和接触大自然。这些团体有"铁路变步道保护协会"（Rails to Trails Conservancy）、公共土地信托基金会和"设计激发生活"（Active Living by Design）项目。公共土地信托基金会的目标是确保所有美国家庭都能拥有社区公园。"设计激发生活"则是罗伯特·伍德·约翰逊基金会的一个全国性项目，也是位于北卡罗来纳州教堂山的联合国大学公共卫生学院的组成部分，主要研究通过社区设计和公共政策来增加身体活动的方法。其研究对象之一便是城市中的大自然。

我们还看到，一些潮流和运动存在相互融合的可能。新城市主义、明智开发、宜居社区、绿色城市主义和新农业运动等等这些潮流的发展方向都大同小异,被共同的思潮所推动:人们不仅越来越不愿意依赖石油等化石燃料,也日益担忧全球变暖等负面环境事件,他们还渴望改善自己所居住的城市或城镇。这些潮流的支持者们都敏锐地认识到,我们的建筑环境能够直接影响我们的身心健康,他们也都为生活日益远离大自然而深感悲哀。上述每一项运动,一旦虑及孩子,就都平添了特殊的意义和动力。

研究的深入也将带来更多的力量。伊利诺伊大学的研究者泰勒和郭表示,当前最需要的是对比实验研究。这类研究或许可以证明,大自然不仅可以促进儿童的健康发展,而且比其他常用方式都更加有效。虽然获取这类知识的成本十分高昂,但这类知识能发挥极大的作用,保护并最终增加孩子和我们所有人都可以享用的自然空间。

更多的乐观理由

在西弗吉尼亚州和肯塔基州,煤炭开采仍在大行其道。那些机械还在地平线上肆虐。炸山式的露天剥采已经侵蚀了500平方英里(约合1295平方公里)的山脉,而填谷式的开采掩埋了1000英里(约合1609千米)长的溪流,更别提它们破坏的数不清的社区了。煤炭公司坚持认为,开采煤炭对当地和全国经济都十分重要,但许多西弗吉尼亚人和肯塔基人却并不这么看。这类采矿行为往往会留下像月球表面那样的不毛之地。在洗煤和加工过程中,煤炭公司会用到很多化学品,这些化学物质会与山体碎屑混合成煤浆,流入蓄水池,与里面的雨水混合在一起。

2000年10月11日,肯塔基州伊内兹附近的一座蓄水池发生泄露,排出了2.5亿加仑(约合95万立方米)的煤浆和废水。其泄露量是全国最严重的埃克森-瓦尔迪兹号油轮漏油事件的20多倍。污染把西弗吉尼亚州和肯塔基州长达70多英里(约合113千米)的溪流中的所有水生生物全部毒死。我的朋友珍妮特·福特是俄亥俄河谷环境联盟（OVEC）的领导人之一，她正在与炸山采矿的行为作斗争。最近，俄亥俄河谷环境联盟取得了一系列成功，这让她对环保事业的未来充满了希望。而且，有证据表明，人们也越来越关注儿童远离大自然的问题，本书中提到的许多人就是例证。她说起自己认识的一些人，有"不怕鞋子沾些泥巴"的成年人，也有"选择在自己的小块土地上轻快行走的新一代回归土地者"。他们住在偏远的乡村，自己在家里教孩子。"孩子们渴望了解其他生命，因为它们与自己的福祉息息相关。这就是他们的日常生活，而不是偶尔才会到树林中进行的远足。他们教育孩子珍视和关心地球，把它看作自己的生命源泉。因为，这才是他们生命的真相。"

最令她感到鼓舞的是，她的女儿和同时代的许多年轻人一样，也在"以一种我从未想象过的方式"了解整个世界。"年轻一代的足迹已经远远超出国界，他们不仅能接触到不同的文化，也能发现我们在美国的铺张浪费、用后即弃的生活方式给国境之外的世界造成的巨大灾难。他们的亲身经历与年轻人的理想主义巅峰相互叠加，定会让他们成为新的领导者，让他们挺身而出拯救更多的自然空间，也为天下所有族裔去争取更大的公平。

"虽然我对社会和环保事业的热情来自我在大自然中的丰富经历，我也读过许多改变了这个世界的名人传记并深受鼓舞，但我认为，年轻人在世界各地的见闻也能使他们迸发出拯救地球和地球居民的热情。年轻人的朋友越来越遍及全球。我女儿已经可以通过互联网直接与布宜诺斯艾利斯或加德满都的年轻人交谈，而无需依赖翻译。她可以在几秒钟内直接了解第一手资料，发现真相。所以，我对未来充满希望。"

我希望珍妮特是对的，但我认为，只有当全社会愿意为让孩子们重回大自然的怀抱而付出远超当下的努力，也超过我们如今对环保事业投入的心血时，她的乐观期待才不至于落空。就在她跟西弗吉尼亚州的炸山采矿行为作斗争时，另一种类型的露天剥采也正在我家附近上演。轰鸣的巨大平地机将起伏的自然地貌强行推平，实际上也是在将圣地亚哥推掉。在大型建筑项目中，几台挖土机通常可以在一天内挖走9万立方码（约合近7万立方米）的泥土。如果把这些泥土看作9万个立方体，再一个一个地堆叠起来，你就会得到一座高达51英里（约合82千米）的通天巨塔。这只是一个开发项目一天的工作量。这种对景观的剥离是建设新型城市的第一个阶段。在这样的城市里，几乎没有什么不会被人的双手改变。除非另寻他路，否则这些社区就将会是未来数代美国儿童所成长的地方。

在为写作这本书做研究期间，我曾对大学生进行访谈并备受鼓舞。只要谈到大自然对健康的影响，无论是对身体健康、心理健康还是灵性健康，气氛就会明显改变。哪怕我们一开始讨论的是臭氧层空洞等客观话题，但是过不了多久，话题就会转向内心的感受。一些学生走到我面前说，他们从未以这种个人化的直接方式来思考大自然的命运。我感觉到，这些年轻人，或许可以算是远离大自然的第一代人，渴望承担更大的使命。其中一些学生后来写信告诉我，针对儿童与大自然话题的班级讨论让他们深受触动。只要有一点点水，大自然的种子就会生根发芽，哪怕它还在休眠。

也许，随着岁月的流逝，这些年轻人会意识到他们在这项事业中的使命，进而奉献出自己的心力。这么做不仅是出于特定的理念，也不只是为了生存，还因为他们已经看到了自己和后代（包括我们当中的许多人）有朝一日所可能拥有的快乐——只要我们能迅速行动起来。

23 珍惜当下

似乎只是前些天……

孩子们还小。我们在内华达山脉东侧山坡的一幢木屋里安顿了下来。木屋紧邻欧文斯河，有三间房子。我们能听到十月的风从山上吹下来。贾森和马修躺在床上，我在给他们读故事。那是吉姆·凯尔高（Jim Kjelgaard）写于1955年的一本儿童小说《猎狮犬》（*Lion Hound*），这本旧书还是我初中时的。我读道："约翰尼·托林顿醒了，还要两个小时，秋日的黎明才会到来。

"他在温暖的床上伸了足足5分钟懒腰。听到风从卧室开着的窗户吹进来，他把被子拉到了下巴颏。这风虽不比昨天的冷，但还是有点不同。"小儿子睁大了眼睛，而大儿子贾森则把脸埋进了毯子，想必他一定看得到那头来回巡视的狮子。

第二天傍晚，马修和妈妈去了城里，我和贾森步行去欧文斯河，用没有倒刺的鱼钩钓鱼。其间，我们看到一只大蓝鹭轻盈地跃起，飞向高处。我想起很久以前，一只苍鹭也是这样从林中的池塘跃起，我也同样感到一股对大自然的敬畏之情油然而生。我看着贾森把钓钩拉起，在头顶划了个大圈。他站在木棉树下，用坚定的语气告诉我，他想自己拴钓钩。我明白，对钓鱼这事，我已经该放手了。

天色渐暗，直到水面看不清，我们才在一片冷寂中向家走去。灌木丛里传来响声，我们抬头一看，七只长耳鹿正注视着我们，黯淡的紫色天幕映出了它们的脑袋和长耳朵的剪影。我们还听到灌木丛里有其他声音传来。走到碎石路上，一辆轿车从后面开了过来。一个老人摇下车窗，问我们："还远吗？要不要捎你们一程？"

"不远了。"我说。

我们看到了木屋里的灯光。马修和妈妈正在等我们。今晚，在兄弟俩睡觉前，我还会给他们读几页《猎狮犬》。

贾森现在已经是独立生活的男子汉了。马修也上了大学。想到他们已经长大成人，我感到既欣慰又轻松。同时，发现自己陪伴孩子的岁月已经成为回忆，心里又涌起一股深深的悲伤。幸运的是，我和孩子们在大自然中度过了许多时光。那是我最珍贵的记忆，我希望也是他们最珍贵的记忆。

我们真的没有多少时间来讲述我们的故事，把我们对地球的爱传递给我们的孩子。那些时光无比美好。我们一起在大自然中冒险的那些经历将永远印刻在孩子们的脑海里，成为他们的珍藏。

本书实操指南

塑造一个孩子
从内心到外在
需要整个宇宙
教育一个孩子
成就一个孩子
需要整个宇宙
——托马斯·贝里

田野手记：一场运动的发展及如何参与

"一场让儿童重回大自然的运动正在全国各地兴起。"
——《今日美国》，2006年11月

2005年，《林间最后的小孩》首次出版后不久，我沿着威斯康星州密尔沃基市的一条小路散步，走向密尔沃基河穿行其间的滨河公园（Riverside Park）。乍看上去，我遇到的那些年轻人似乎没什么特别之处。那是一群市内的高中生，各个嘻哈装扮。我以为，我只能在他们眼里看到那种如今已遍布城市、郊区，甚至乡村社区的愤世嫉俗，那种戴维·赫伯特·劳伦斯早就说过的"无所不知"的老气横秋。然而，今天的情形有所不同。

随着钓钩抛出，爽朗的笑声便从泥泞的河岸传来。慵懒的河流和公园的美景，让这群年轻人陶醉其中。躲过几次钓线的回甩后，我穿过树林，来到城市生态中心（Urban Ecology Center）的两层小楼。建造它的木材等材料是从废弃建筑回收来的。

这座公园最早由美国景观建筑学的创始人弗雷德里克·劳·奥姆斯特德（Frederick Law Olmsted）设计，建于19世纪末。当时，这里是一片绿树成荫的山谷，里面有一座瀑布、一座可以滑雪橇的山丘，以及可供滑冰、游泳、钓鱼和划船的地方。然而在20世纪70年代，为了建运动场，它被整个推平，不再有起伏的地势。河流也受到污染，不再适合人类接触。公园维护不力，居民纷纷搬走，暴力犯罪和毒品交易孳生。公园黯淡下来，不再美丽。到了90年代，这里发生了一连串的变化。河上的一座水坝被拆除，自然水流冲走了污染物。一位退休的生物物理学家创建了一家小型户外教育机构，日后发展成为了非营利性的城市生态中心。目前，这里每年接待来自附近23所学校的1.8万余名学生游客。

这家机构的负责人、曾做过科学教师的肯·莱茵巴赫（Ken Leinbach）带我参观了这里。我们爬上一座可以俯瞰公园的木塔顶端。他告诉我："公园过去5年没出现过严重暴力犯罪。我们认为，环境教育是城市振兴的利器。"该中心欢迎周边社区的孩子和他们的家人，以便他们能够将树林与快乐和探索联系起来，同时逐渐淡忘这里曾是一片危险之地。

在滨河公园，大自然不是问题，而是解决方案。

几十年来，在世界各地，环境教育者、环保主义者、自然主义者等人士一直在努力（往往还要付出相当大的勇气）将更多孩子带到大自然中，同时却常常得不到行政当局的充分支持。不过在今天，一些具有共性的发展趋势却正在将这些老牌倡导者们的担忧曝光在更多人面前。这些发展趋势有：人类日益发现自身福祉与学习能力、环境健康密不可分，儿童肥胖症和自然缺失症日益受到关注。现在，最大的课题是深入、持久的文化变革。

2006年，美国一些志同道合的人成立了一家非营利组织——儿童与自然组织（C&NN），我现在担任该组织的名誉主席，以此来追踪和推进让孩子回归大自然的运动在全球的开展。截至2014年12月，儿童与自然组织已经在美国48个州、澳大利亚、加拿大、哥伦比亚、中国香港、意大利、墨西哥、新西兰等地发现了118项区域性的草根运动。这些具有鲜明地区特色的运动将一些平时不大可能共事的群体聚集到了一起，例如保守派和自由派、环保主义者和开发商、教育家和医生，共同推动子孙后代重回大自然的怀抱。至少有10位美国州长发起了全州范围的相关会议或运动。

多家图书馆也参与其中。一些图书馆变身为"自然图书馆"，它们不仅拥有自然阅读空间，还为读者提供附近可供亲近自然的地点。它们甚至提供背包、双筒望远镜和钓竿，供读者借用。我们也看到，坚持开展户外教学的教育工作者、即将成为这类运动的下一代领导者的年轻人和喜欢聚在一起徒步旅行、做园艺或进行其他自然活动的家庭都在稳步增多。在儿童与自然组织追踪的两百多家家庭大自然俱乐部中，许多俱乐部的成员家庭多达数百个。圣地亚哥的一家家庭自然俱乐部甚至吸引了超过1500个成员家庭。如果这些俱乐部能够像过去几十年里的读书俱乐部那样风行起来，结果会怎样？如果未来几年里，家庭大自然俱乐部的数量能够上万，结果又会怎样？

这场运动的新领袖几乎出现在每个领域，而且年龄跨度巨大。2006年，眼见许多国家公园和州立公园的公众使用率急剧下降，国家公园管理局和全国州立公园董事协会（NASPD）的领导层联合签署了《儿童与自然行动计划》（Children and Nature Plan of Action）。2007年，美国林务局启动了"更多孩子到林间"（More Kids in the Woods）项目，资助地区性的儿童户外活动。同年，美国时任内政部长德克·肯普索恩（Dirk Kempthorne）要求内政部的三百名高层管理人员提出具体措施来扭转自然缺失的恶化趋势。肯普索恩的继任者们也投入了这项事业。第50任内政部长肯·萨拉查（Ken Salazar）建立了一支青年环保军（Youth Conservation Corps），第51任内政部长萨莉·朱厄尔（Sally Jewell）不失时机地利用自己的号召力，召集政府和私营部门来解决儿童和青少年生活中的自然缺失问题。

在过去十年里，环保事业的领导者们目睹了他们的成员逐渐变老，开始认识到为未来培养年轻支持者的重要性，于是加倍努力。2007年，塞拉俱乐部的"通往户外之桥"（Building Bridges to the Outdoors）项目让1.1万余名年轻人走入了大自然，其中许多人来自城市社区。国家野生动物联合会发起了"绿色一小时"（the Green Hour）活动，旨在说服父母鼓励他们的孩子每天用一小时亲近大自然。公共土地信托基金会进一步加大了推动儿童回归大自然的力度，以便确保今天受到保护的自然区域能继续得到子孙后代的保护。大自然保护协会（The Nature Conservancy）与"儿童与自然组织"和"生态美国"（ecoAmerica）合作，发起了全国性的"自然岩石"（Nature Rocks）活动，推动美国家庭重回大自然。荒野协会（the Wilderness Society）、土地信托联盟（Land Trust Alliance）等多家环保组织发现，大自然中的孩子是一个极度濒危的指标性物种，如果未来几代人无法对大自然产生感情，保护工作就会遭遇挫折。北美环境教育协会（NAAEE）等教育组织也在继续扩展他们的服务项目。

从某种程度上说，这场运动的推动力量是组织利益或经济利益，但这里也有更深层次的原因。2006年，环保营销机构"生态美国"（ecoAmerica）委托斯坦福咨询研究所（SRI Consulting Business Intelligence）对美国人的环境价值观进行了一次全面调查。"生态美国"主席罗伯特·佩尔科维茨（Robert Perkowitz）表示："我们发现，人们对大自然最大的普遍担忧实际上是孩子们与大自然的疏离，这对我们很有启发。"

为什么这个问题如此受人关注？它是否与人类的某种原始动机有关？从生物学上讲，我们仍旧是猎人和采集者。我们身上有一些我们并不完全理解的东西需要我们待在大自然里。我们知道，谈到孩子与大自然的疏离，那些上了些年纪、犹记得小时候经常在外面玩耍的人几乎总会提起那时候的某棵树、某个堡垒、某片森林、某条小溪或某片草地。那些是他们的"缘起之地"，或者用自然主义者罗伯特·派尔的话来说，是他们或许第一次为这个世界的可见和不可见的辽阔而感到敬畏和惊奇的地方。

当人们分享这些故事时，他们的文化、政治和宗教之墙就会轰然倒塌。随即，平时不大可能走到一起的人会联合起来，想法也会源源不断地涌现出来，直至产生更加有效的方案去解决根深蒂固的社会问题。例如，房地产开发商注意到了一个潜在的新市场。克林特·伊斯特伍德（Clint Eastwood）召集了加州几家最大的开发商，一起讨论如何设计、建造和销售能让儿童接触大自然的未来社区。他们收集了一些提议，例如，原样保留一部分土地和栖息地（这是一个良好的开端）；采用绿色设计理念；将自然小径和自然水道融入设计当中；摒弃或减少劝阻或禁止户外玩耍的传统规定和限制，同时添加鼓励上述活动的规则；允许孩子们建造堡垒和树屋、植树种草；以及创建小型的原生态自然体验中心。

从通过披上绿色外衣来为郊区的进一步扩张涂脂抹粉,到将衰败的城市和郊区的部分社区重新开发成充满活力的、大自然成为日常生活重要元素的生态社区。这两者之间的跨越并没有那么大。

让儿童重回大自然的运动背后是这样一条基本理念——儿童的健康和地球的健康密不可分。前美国疾病控制中心国家环境健康中心主任、现华盛顿大学公共卫生学院院长霍华德·弗鲁姆金最近描述了自然体验对儿童健康成长和成人幸福感的明显益处。他说:"如同保护水和空气是促进公共健康的战略一样,保护自然景观也可以是强有力的预防医学措施。"他认为,未来关于大自然对健康的积极影响的研究应该与建筑师、城市规划师、公园设计师和景观设计师合作进行。他曾写道:"也许我们会建议患者去乡下待几天,花点时间做园艺。我们也可以在风景优美的地方建医院,或者在康复中心修建花园。也许支付医疗保健费用的……组织会来资助这类举措,特别是在它们被证实在成本和疗效方面可以媲美药物的情况下。"他补充道:"当然,我们还需要学习很多东西,比如什么样的自然体验对健康最有益,需要体验到什么程度,这种程度如何衡量,以及哪些人群最能从中受益。但我们目前所了解的已经足够让我们开始行动了。"

今天,越来越多的医生开始开具"公园处方"来进行预防和治疗。在华盛顿特区,罗伯特·扎尔(Robert Zarr)博士建立了一个可用绿地的数据库,并且组织儿科医生利用它来向家长提供建议。儿科职业治疗师也注意到了自然体验的好处。著名儿科专家安吉拉·汉斯科姆(Angela Hanscom)认为,在大自然中玩耍是"所有儿童的终极感官体验,是预防感官功能障碍的必要措施……我们越是限制儿童的身体活动,将他们与大自然分开,我们见到的感官障碍就越多"。生态心理学和自然疗法领域也在不断发展当中。

这样的理念也正在以实物形式体现出来。明尼阿波利斯市的沃什伯恩儿童中心(Washburn Center for Children)每年为大约2700名青少年提供心理健康服务。几年前,该中心打算建造一座新建筑来取代原有的旧楼。2014年10月,商业杂志《金融与商业》(*Finance and Commerce*)

报道了沃什伯恩儿童中心的开创性设想。记者布莱恩·约翰逊（Brian Johnson）这样写道："治疗……儿童的关键之一是让他们接触大自然。大窗户、丰富的自然光……弯曲的走廊、高高的天花板、丰富的景观和户外元素将让参观者眼前一亮……外面，一座有草坪、攀爬设施、篮球场和小径的大面积玩耍场地将取代过去狭小的沥青游乐场。"大自然的疗愈力量将实实在在地蕴含在这座新建筑当中。

教育领域是一大难点。但自然幼儿园、自然校园和学校花园的数量正在增加。如今，新的研究证明，绿色学校能提高学生参加标准化考试的成绩。《太平洋标准》（Pacific Standard）杂志于2014年报道："接触大自然早就被证明与压力水平降低、大脑灵敏度提升有关，但一项新的前沿性研究发现，接触大自然还与标准化考试成绩的提高有关。据台湾嘉义大学吴治达领导的研究小组称，即使在控制了种族、社会经济地位和城市居住地等变量后，接触大自然较多的马萨诸塞州三年级学生在英语和数学科目都取得了更好的成绩。该研究结果发表在在线学术期刊《公共科学图书馆：综合》（PLOS ONE）上。另外，在伊利诺伊大学，对芝加哥500多所学校进行的一项已经进行10年、但尚未公布结果的研究初步显示，自然元素更加丰富的学校在标准化测试中的表现同样令人震惊。自然元素更加丰富的学习环境似乎对最需要这种环境的学生最有帮助。

将更多自然体验融入教学并不意味着排斥科技元素。我们需要鼓励"两条腿走路"的平衡思维，既要肯定数字技能的价值，也要重视自然元素对多种感官能力和认知能力的明显促进作用。在2015年，教育的未来仍旧为数字技术产业的经济力量所主导。如果没有其他经济利益的制衡，那么只有社会运动才能确保我们的校园实现这一平衡。

此外，社会运动对推动早该进行的政策变革也必不可少，并且已经取得初步成效。例如，加州已经在讨论相应的立法来资助服务于问题青少年的长期户外教育和休闲娱乐项目。在国家层面，众议院和参议院也在讨论"不留一个孩子在室内"（No Child Left Inside Act）的提案，旨在将环境教育带回课堂，并间接地让更多的年轻人来到室外。

该提案在众议院获得了批准，但在参议院陷入了僵局。更多立法正在进行当中。不过，在这个立法"难产"的时代，政策变革最大的希望或许还在地方层面。

2008年，城市人口在人类历史上首次超越了乡村人口。问题不在于城市，而在于大自然在城市中的消失。2014年，儿童与自然组织和全国城市联盟（NLC）——一家为全美1.9万座城市的市级领导们提供支持的组织——发起了一份为期三年的倡议，号召市政当局推动儿童与家庭回归自然。该倡议特别关注城市化程度最深的社区，旨在为地方政府设定未来标准，确定衡量进展的方法，并为市长等市政领导者开发培训项目。全国城市联盟还在全国范围内与美国内政部和基督教青年会（YMCA）合作，共同推动儿童回归大自然。如果有一天，全世界的城市都开始竞争"儿童回归自然最佳城市"称号，那将是一幅怎样的画面？

在我们的日常生活中，让儿童回归大自然的障碍仍然十分巨大。例如，社会的虚拟化程度越来越深，人们对现实世界的恐惧越来越大，城市公园逐渐消失，社区附近的自然空间不断遭到破坏，贫富差距扩大，人们参与身体活动的兴致越来越低，还有在文化上，人们对未来越来越绝望。鼓励孩子重回大自然怀抱的运动还必须提升其自身的文化和种族多样性。所有孩子都需要大自然，而不仅仅是那些父母喜爱大自然的孩子，不仅仅是那些属于某个经济阶层、某种族裔、某种性别或性别认同，或者拥有某些特定能力的孩子。所有孩子都需要大自然。

只有当儿童对大自然的回归被大多数人认为是人类健康发展的基石，而不只是某些人所享有的奢侈消遣时，这场运动才会取得长足的进展。2012年，国际自然保护联盟（IUCN）的世界自然保护大会（World Conservation Congress）通过了一项决议，宣布儿童拥有体验大自然和健康环境的人权。代表了150国政府以及1000余非政府组织的一万多人出席了这次大会。《儿童拥有体验大自然和健康环境的权利》呼吁国际自然保护联盟的成员推动将这一权利纳入联合国《儿童权利公约》（美国已签署但国会尚未批准）的框架内。即使只具有象征意义，这项决议的通过对担心人类远离大自然的人们来说依旧意义重大。这种人权是无条件的，与之相伴随的责任也是无条件的。

在适当的条件下，文化和政治变革可以迅速发生。垃圾回收运动和反吸烟运动已经证明，社会和政治压力确实可以在一代人的时间内改变社会。让儿童回归大自然的运动或许还具有更大的潜力，因为它对我们的触动更加深入，在身体与心灵层面都是如此。

几大宗教的领导者已经站出来，支持儿童重回大自然。这些宗教领导者明白，所有的灵性生活都始于好奇心，而好奇心的一大指向就是大自然。

除此之外最重要的进展是，越来越多的父母家人决定尽一切努力将大自然引入他们的家庭生活，并且养成亲近自然的习惯。衡量成功的真正标准不是开展了多少项目或者通过了多少法案，而是文化变革的程度。只有文化改变了，拥抱大自然才能成为每个家庭、每个学校和每个社区的自动选择。我们不知道这场刚刚开启的运动能否持续下去。但那些参与其中的人，以及几十年前已经开始为变革而努力的先驱们，不仅是在拯救大自然，也是在找回自己的人性。马丁·路德·金教导我们，任何社会运动的成功与否都取决于它能否描绘出一幅人们愿意追求的未来。思考儿童对大自然的需求能帮助我们描绘出这样的未来。

2005年，我参加了基维拉联盟（Quivira Coalition）的一次会议。这是一家新墨西哥州的组织，旨在将牧场主和环保主义者聚集在一起，协同行动。（该联盟正在制定一项计划，把牧场建设成为新的校园。）轮到我发言时，我告诉听众，童年时的我对我家附近的树林有一种强烈的主人翁意识，我拔掉了几十根开发商树立的调查标尺，妄图阻止推土机的到来。我讲完后，一位牧场主站了起来。他穿着旧靴子和旧牛仔裤，晒黑的脸上有许多皱纹，白胡子从嘴角两侧耷拉下来，厚厚的塑料框眼镜上沾满汗渍。"你讲的那个拔调查标尺的事，"他说，"我小时候也干过。"

所有人都笑了，我也笑了。

可是随后，这个人却哭了起来。虽然感到有些尴尬，他还是继续谈了他突然感到难过的缘由——他可能是对土地和大自然怀有那种主人翁意识的最后几代美国人中的一员。

这场运动的力量就蕴藏在这种感觉里。在我们心里，那是一块推土机无法抵达的净土。开发商和环保主义者、企业首席执行官和大学教授、摇滚明星和牧场主，可能在其他方面没有什么共识，但他们都认可：谁都不想成为把在大自然中玩耍的快乐说给孩子听的最后一代人。

理查德·洛夫
2015 年 3 月

我们能做的100件事

具体的自然体验活动和社区行动是永远列不完的,下面的建议只供抛砖引玉。父母、(外)祖父母等近亲属是首先可以采取行动的人,但只靠他们无法解决社会的自然缺失问题。教育者、保健专家、政策制定者、企业家、城市设计师都必须伸出援手。这里介绍的许多活动都需要在成人或近或远的看护下进行,但最重要的是,孩子能够在日常生活中体验(有时是独自体验)快乐和惊奇,能够创造自己的体验方式,并且随着成长扩大探索的范围。

儿童和家庭的自然体验活动

1. 你家有土吗?"在南卡罗来纳州,一卡车土跟一个电子游戏一个价!"该州的一位父亲诺曼·麦吉(Norman McGee)说。他为他的女儿们买了一卡车土,还有一些塑料桶和铲子。

2. 邀请本地动植物进入你的生活。准备一只给鸟喝水、洗澡的盆子。用本地植物取代部分草坪。给蝙蝠搭个窝。让你家的院子成为国家野生动物联合会认证的野生动物栖息地(www.nwf.org/backyard)。

3. 将大自然作为解压剂。孩子在大自然中获得的一切健康益处,带孩子进入大自然的成年人也能获得。儿童和父母在户外——哪怕只是在自家后院——共度时光能让他们都获得美好的感受。

4. 给孩子讲讲你小时候在大自然中的"秘密据点",然后帮孩子找到他们喜欢的地方。例如后院柳树下、房后的沟渠、林间的草地、小溪的转弯处。在华盛顿州,荒野意识学校(Wilderness Awareness School)将这样的地方称为"静坐区",并且建议:"让这里成为你练习静坐的地方——一个人坐、经常坐、保持安静……这里将成为你与大自然亲密接触的地方。"

5. 帮助你的孩子发现隐藏的小世界。找一块废木板，把它放在土地上。一两天后回来，掀开木板（小心比较凶的动物），看看有多少小动物把那里当成了家。在生物图鉴的帮助下辨认是什么动物。每个月都来看看，木板下面又搬来了哪些新房客。

6. 捡回老玩法。在黄昏时收集萤火虫，到黎明时放飞。收集树叶。在鱼缸里养鱼养虾。钓小龙虾，把一块肝脏或熏肉绑在绳子上，扔到小溪或池塘里，等待小龙虾上钩。

7. 让（外）祖父母参与进来。他们往往比父母有更多闲暇时间，至少时间更灵活。而且，大多数（外）祖父母都经历过整天在外面玩耍的时代，他们认为孩子也应该这么玩，也会想要把这种习惯传给儿孙。

8. 鼓励孩子在后院露营。给他们买一顶帐篷，或者自制一顶帆布帐篷，在后院支一整个夏天。积极带孩子参加露营活动。

9. 当云彩观测员，建一座后院气象站。看云不需要穿特定的鞋子，也不需要开车去空旷的足球场，只需抬头往上看，甚至可以隔着卧室的窗户看。准备一本指导手册。加文·普雷特-平尼（Gavin Pretor-Pinney）在他的精彩著作《观云指南》（The Cloudspotter's Guide）中写道，卷层云、积雨云，或者飞碟样子的透镜云"是要提醒我们，云是大自然的诗歌，在山顶和峭壁间的稀薄空气中轻声吟唱"。关于建后院气象站，你可以阅读马克·布林（Mark Breen）、凯瑟琳·弗里斯塔德（Kathleen Friestad）和迈克尔·克兰（Michael Kline）合写的《给孩子的天气预报书》（The Kid's Book of Weather Forecasting）。

10. 让"绿色一小时"成为家里的新传统。国家野生动物联合会建议父母每天给孩子"绿色一小时"（www.greenhour.org），以供孩子在户外自由玩耍，与大自然互动。开始的时候，能做到15分钟也很好。国家野生动物联合会建议："想象一张地图，你的家在地图中央。以你的家为圆心画几个不断扩大的圆圈，以此来代表孩子伴随成长而不断扩大的活动范围。随着孩子技能增长，信心增强，尽可能鼓励他们独立探索。"

11. 引入"晴天规则"。一位父亲说："尽管一开始会引发不满和抱怨，但我是认真的。如果外面下雨，气温低……我会允许他们看电视，但如果天气很好，他们就没理由继续待在沙发上了。我告诉他们，我们一起出去。去吧！去建造点什么东西！"（www.familyeducation.com）或者即便真下雨了，也可以到外面玩水。向你的孩子展示踩水坑、挖水沟、玩树叶船的乐趣。毕竟，没有所谓的坏天气，只有衣服穿得不合适。

12. 外出徒步。如果孩子还小，你可以选择较为容易的短途路线，并要准备时常停下来休息。你也可以让孩子坐婴儿车。奥杜邦学会（National Audubon Society）建议："如果宝宝不满5岁，你可以考虑召集同样情形的父母用婴儿车推着孩子每周去大自然里徒步一次。"带大一些的孩子徒步时，你可以参考美国徒步旅行协会（American Hiking Society）的建议。让孩子参与徒步活动的计划；储备好体能，不要超越极限（从当天往返的短途线路开始）；背包不要太重。如需了解更多信息，请咨询美国徒步旅行协会（www.americanhiking.org）或读一本好的徒步指南，例如约翰·麦金尼（John McKinney）所写的《徒步的乐趣》（*Joy of Hiking*）。

13. 自创自然体验游戏。一位母亲建议："为了帮助孩子在较长的徒步旅行中保持专注，我们可以一起玩'寻找十种动物'游戏，比如哺乳动物、鸟类、昆虫、爬行动物和蜗牛。发现动物的爪印、洞穴等表示动物经过或住在那里的迹象都算是找到了动物。"

14. 一家人在月圆之夜出去散步。得克萨斯州公园与野生动物部（TPWD）（www.tpwd.state.tx.us/kids）建议："外面有很多奇异的动物、景象和声音。你需要带上手电筒。注意听动物的叫声。猫头鹰和蝙蝠在寻找猎物。注意发光的东西，比如虫子和树上的真菌。"另外，记得抬头看星星。

15. 放置一个"聚宝盆"。"带孩子到户外活动周"（Take a Child Outside Week）的发起人利兹·贝尔德（Liz Baird）小时候会在口袋里装满从大自然里搜罗来的宝贝，例如橡子、石头和蘑菇。利兹回忆道："洗衣服时，我妈妈总是会在洗衣机或烘干机底部发现这些宝贝或它们的碎片。无奈之下，她想出了'利兹的聚宝盆'的主意，让我把口袋里的东西放进碗里。这样我既能继续赏玩那些东西，又不至于给洗衣服添乱。我还怀疑妈妈会偷偷地把那些烂在碗里的东西拿出来！"如今，利兹的办公室里仍旧有一个聚宝盆。

16. 打开所有感官。练习同时使用所有感官。坐在树下，有意识地聆听每一声鸟叫和虫鸣，观察眼前的景象，注意身体碰到了什么，鼻子闻到了什么，大自然在传达什么。2005年，加州大学伯克利分校的研究者让大学生们戴上眼罩和消音耳机，在一片草丛中行走。令人惊讶的是，大多数学生都能凭借气味的指引走完30英尺（约合9米）长的曲折路线。

17. 野外摄影。既适合儿童和青少年，也适合成人。数码相机方便携带，价格便宜，不用购买胶卷。当然，野外摄影也可以非常费钱，但刚开始的时候，使用小型数码相机通过双筒望远镜的一个目镜来拍照就已经足够了。

18. 鼓励孩子建造一座树屋、堡垒或藏身地。你可以为他们提供原材料，例如树枝、木板、毯子、箱子、绳子和钉子，但最好让孩子自己来当设计师和建造者。孩子年龄越大，建筑就可以越复杂。为了打开思路，你可以阅读戴维·索贝尔的《孩子们的宝地》（Children's Special Places）。由斯泰尔斯夫妇（David and Jeanie Stiles）所写的《你可以建造的树屋和玩具屋》（Treehouses and Playhouses You Can Build）介绍了如何搭建更加坚固的建筑，从简单的平台到由绳索桥连接的多层或连接多棵树的房屋，应有尽有。

19. 认养一棵树。挑选一棵现成的树，或者特意种植一棵树来纪念家庭的重要时刻——出生、去世或结婚。走上前去，抱抱它。"带孩子到户外"（Take a Child Outside）项目（takeachildoutside.org/activities）建议在树经历第一场雪或一场大风后给它拍照。用蜡笔和纸制作树皮拓印。记录哪些动物利用过这棵树。种下树的种子。如果树死了，保存一些树叶或树枝作为纪念。安蒂奥克大学新英格兰分校教授戴维·索贝尔说，有研究发现了一个很有意思的性别差异：男孩倾向于喜欢整体的树林，女孩则倾向于喜欢个别的树。

20. 建造冰屋或雪洞，玩雪橇、滑雪板或穿雪鞋玩。穿雪鞋玩耍不需要购买课程或缆车票。雪鞋有儿童的尺寸，但也可以用硬纸箱自制。随着孩子逐渐长大，他们可以进一步尝试高山滑雪、越野滑雪或使用滑雪板。关于冰屋或雪洞的建造，你可以参考诺伯特·扬基伦（Norbert E. Yankielun）所写的《如何建造冰屋》（*How to Build an Igloo*）。

21. 在后院挖个池塘或在门廊或露台处设置一处生态水景。许多苗圃和在线商店都有水生植物出售，它们即使在装满卵石和水的浅盆中也能生长良好。你可以在水里添一条金鱼或其他小鱼，以防蚊子在水中繁殖。青蛙和乌龟也是不错的选择。一些看起来像是微型百合花的浮游植物能招引其他动物前来。

22. 做点脏兮兮的事。埃米·珀楚克（Amy Pertschuk）跟丈夫住在加州索萨利托市的一座船屋里，有两个小孩。她说："我们上一次去海滩是参加基督教青年会赞助的徒步活动，有博物学家带队，但我儿子和他的朋友们花掉大半天做了一件更好玩的事情——收集黏糊糊的海藻。他们用海藻装饰了一个浮木房子。海藻用完后，他们又用一些恶心到你必须用棍子挑到你面前三英尺开外的东西来代替海藻。记得带上换洗的衣服。"

23. 做自然笔记。一些指南类图书能指导儿童、青少年和成人用文字、绘画和照片记录他们在户外的发现。例如阿德里安娜·奥姆斯特德（Adrienne Olmstead）所写的《我的自然笔记》（My Nature Journal）和克莱尔·沃克尔·莱斯莉（Clare Walker Leslie）、查尔斯·罗思（Charles E. Roth）合写的《做自然笔记》（Keeping a Nature Journal）。

24.种植。如果孩子还小，你可以选择大一些的种子来方便他们抓握。你也可以选择成长迅速的植物，例如蔬菜。无论是幼童还是青少年，小园丁们都可以通过种植来丰富家里的餐桌。如果你居住的社区有农贸市场，你就可以鼓励孩子把吃不完的食物拿去售卖。此外，你也可以鼓励孩子拿食物与邻居分享，或者捐给慈善机构。即便你住在城市，你还是可以设法建一座"花园"。平台、露台或平整的屋顶通常都能放下几只大花盆。如果照料得当，树在花盆里也可以长得很好。

25.外出观察蛾子。黛博拉·丘奇曼在《美国森林》杂志中建议："用搅拌机把不新鲜的水果、啤酒或葡萄酒（或者快要过期的果汁）和甜味剂（蜂蜜、白糖或糖浆）一起打成浓浆，带支画刷，在日落时分跟孩子去外面，把浓浆涂到至少6处木质表面上。最好是树，也可以是没上过漆的木头。等天完全黑后，再去看看你们引来了什么？你通常会发现蛾子、蚂蚁和蠼螋等昆虫。"

26.帮助修复蝴蝶的迁徙通道。多种一些能为蝴蝶幼虫提供花蜜、栖息地和食物的本土植物。例如，蜀葵是小红蛱蝶的宿主植物，羽扇豆是卡纳蓝蝶的宿主植物，而马利筋则是帝王蝶的宿主植物。你可以访问蝴蝶和蛾子的宿主植物数据库（www.thebutterflysite.com/create-butterfly-garden.shtml），也可以了解北美授粉者保护运动（the North American Pollinator Protection）（www.pollinator.org）。

27.饲养蝴蝶。从卵到毛毛虫，到蛹，再到化蛹成蝶。

28.夜晚驾车去野外寻找蛇等野生动物。在春秋两季，特别是在雨后，或是在道路因为白天吸收光照升温并保持一定热度时，驾车在一条无人的道路上慢慢行驶，仔细观察车灯照射的路面。根据地点和季节的不同，你和孩子可能会发现蛇、壁虎、蟾蜍、蝾螈、袋鼠等受到温暖路面吸引的夜行动物。但要小心毒蛇，还要注意其他车辆。

29.参加日间营、单周营和夏令营等营地活动。美国营地协会（American Camp Association）（www.campparents.org）提供了一份指南和在线数据库，其中有2400多个经过认证的营地，包括专门提供自然体验的营地。在塞拉俱乐部等机构的帮助下，全国军人家庭协会（National Military Family）通过紫色行动（Operation Purple）（www.nmfa.org）为军人家庭的孩子提供免费夏令营服务。

30.收获农作物。在过去的几十年里，大多数孩子都有务农的亲人，例如住在农场的（外）祖父母。今天，孩子可以在商业农场或向公众开放的果园里采摘浆果等水果或蔬菜，以此来了解农业生产。你可以考虑加入当地的食品合作社[①]，有的合作社会邀请公众帮助收获农作物。

31.全家去州立公园或国家公园度假，用帐篷露营或者租住小木屋。如果时间不多，你可以参加当地和州立公园提供的家庭出游计划，例如康涅狄格州的"大公园探险"项目（www.nochildleftinside.org）。有的项目还提供钓鱼课程、徒步和地理寻宝活动（www.geocaching.com）。

32.鼓励大一些孩子成为公民科学家，父母自己也成为公民科学家。在野生动物康复中心等野生动物护理机构做志愿者。通过自然历史博物馆、州立公园和国家公园以及野生动物保护团体来帮助恢复栖息地，监测稀有和濒危物种。例如，在加州的安沙波利哥沙漠州立公园（ADSP），志愿者在山顶发现并记录了濒临灭绝的大角羊。一些州还提供博物学和自然测绘的培训。

33.在城市、城郊、乡村或野外观鸟。康奈尔大学鸟类学实验室

---

① 旨在为社区居民提供食物的非营利组织。

（www.birds.cornell.edu）为儿童和青少年提供英语和西班牙语的"城市鸟类观赏"（Celebrate Urban Birds）课程，重点关注城市街区常见的16种鸟。孩子们可以在卫星地图上发布他们看到的鸟类，并且了解他们所在社区的鸟类种群。他们还可以参加"后院鸟类调查"（Great Backyard Bird Count）和"鸟类喂食器观察计划"（Project FeederWatch）（www.birds.cornell.edu/pfw/）。

34.参与童子军等类似项目，例如美国营火（Camp Fire USA）或四健会。你还可以考虑让孩子参加由较好的公共公园系统为儿童和青少年提供的许多课程，包括初级护林员和初级博物学家课程。国家休闲娱乐与公园协会（NRPA）公共政策部主任里奇·多莱什（Rich Dolesh）说："大多数护林员项目都有真正的护林员陪伴，现在有很多正式或非正式的项目来激发青少年的兴趣。"你还可以去了解由信仰型组织和环保团体资助的青少年自然项目，例如塞拉俱乐部资助的"通往户外之桥"（Building Bridges to the Outdoors）项目（www.sierraclub.org/youth）。

35.鼓励你的孩子成立一家社区大自然俱乐部。弗吉尼亚州的一个7岁女孩召集了她的朋友，把他们吸收进了她自己的"户外肆意玩耍女孩"俱乐部。她们一起组织后院露营和猎虫活动。在密西西比州，十几岁的乔希·莫里森（Josh Morrison）为他的朋友和各地的极客们成立了"林中极客"（Geeks in the Woods）俱乐部。他将"极客"定义为"懂大自然的游戏玩家"，并说他和他的朋友们已经"厌倦被贴上"科技成瘾者的标签，他们不仅玩游戏，户外活动也是他们的爱好，"我们或许是调头找回了……虚拟现实与维持所有生命的……大自然之间的平衡关系的一代人。"

36.在户外阅读。关心大自然的人经常提及自然类书籍对童年生活的重要影响。阅读能激发想象力，特别是在户外，例如在树屋里阅读。寻找自然冒险类的图书，特别是那些由儿童或青少年来担当主人公的。

37.为孩子购买自然指南类图书。彼得森（Peterson）、西布利

（Sibley）和奥杜邦（Audubon）系列的自然指南类图书对年龄稍大的孩子和成年人都很适用。对年幼的孩子，还记得那些从前非常流行的口袋大小的金色指南（Golden Guides）吗？它们开始重印了。你也可以在当地的书店、图书馆或网上找到关于徒步路线、河流、湖泊、公园等自然景点的指南。许多出版物都提供地图、难度和年龄分级等详细信息。

38. 了解史前的大自然。你可以带孩子参观地质公园，查看山体断面等受到侵蚀的地貌，探索埋藏在沉积物和岩石中的古老生命。如果你的社区有自然历史博物馆，那就可以请工作人员推荐可以去的地方和实用的野外指南。

39. 去钓鱼。对于5岁及以下的孩子，你可以鼓励他们放下钓竿，沿着水边观察。大一些的孩子可以尝试最简单的渔具，练习最基础的钓鱼手法。为了确保安全，你要把鱼钩上的倒刺压到钩体上。这么做也能防止伤到上钩的鱼。为了拓宽思路，你还可以鼓励孩子订阅巴斯普洛（BassPro）、卡贝拉（Cabela's）和奥维斯（Orvis）等公司免费提供的渔具梦想书。你也可以加入一家钓鱼俱乐部，带着你的儿子或女儿一起去钓鱼。

40. 学习辨认动物踪迹。在土路、河岸或后院寻找动物的踪迹，这项活动适合年龄和技能水平各异的所有孩子。一些营地和野外训练学校面向大童和青少年教授高级识别技能，包括粪便识别。"带孩子到户外"网站（Takeachildoutside.org）介绍了如何制作动物脚印的石膏模型。适合阅读的踪迹辨认指南有艾德·格雷（Ed Gray）所写的《踪迹辨认工具包》（Track Pack），适合各年龄段读者阅读。此外还有《彼得森动物踪迹野外指南》（Peterson Field Guide to Animal Tracks）和保罗·雷森德（Paul Rezendes）所写的《寻迹与观察的艺术》（the Tracking and the Art of Seeing）。

41. 收集石头。即使是特别小的孩子也喜欢收集石头、贝壳和化石。你可以用便宜的抛光机来打磨石头，也可以阅读本·摩根

（Ben Morgan）所写的《猎石者》（*Rock and Fossil Hunter*）。

42. 玩水。对各个年龄段的孩子来说，独木舟、帆船和游泳都是很好的活动。十几岁以上的孩子可能会喜欢上更时尚、更刺激的户外探险活动，例如浮潜、皮划艇、水肺潜水和漂流。注意基本功的训练。你可以在孩子很小的时候就教他们游泳，或者让他们参加游泳课程。记得给孩子准备安全装备。

43. 利用大自然加深亲子感情。还有什么事情能够比远离分散注意力的电子产品、广告和同侪压力，一起去树林里散步更能密切亲子感情呢？回忆童年生活时，成年人常常会提到，在户外冒险是他们最美好的回忆，即使他们当时还抱怨父母带他们出去！如果你小时候没有那么多机会去拥抱大自然，那么现在机会来了。

44. 做好应对突发情况的准备。享受自然体验对健康的益处固然重要，但躲避相应的风险也不容忽视。为此，你需要了解如何防范由蜱虫和蚊子叮咬所引发的疾病，以及其他与户外活动有关的风险。你可以咨询医生或上网查阅相关信息。别忘了带上急救箱。

适合孩子和父母阅读的好书

Attracting Birds, Butterflies and Other Backyard Wildlife, David Mizejewski (Creative Homeowner, 2004)

Backyard Bird Watching for Kids: How to Attract, Feed, and Provide Homes for Birds, George H. Harrison (Willow Creek Press, 1997)

Best Hikes with Children series, guides by geographic region (The Mountaineers)

Camp Out!: The Ultimate Kids' Guide, Lynn Brunelle (Workman, 2007)

Children's Special Places, David Sobel (Wayne State University Press, 2001)

A Child's Introduction to the Night Sky: The Story of the Stars, Planets, and Constellations—and How You Can Find Them in the Sky, Michael Driscoll

(Black Dog & Leventhal, 2004)

The Cloudspotter's Guide: The Science, History, and Culture of Clouds, Gavin Pretor-Pinney (Perigee, 2007)

Coyote's Guide to Connecting Kids with Nature, Jon Young, Ellen Haas, Evan McGown (Wilderness Awareness School, 2008)

Creating a Family Garden: Magical Outdoor Spaces for All Ages, Bunny Guinness (Abbeville Press, 1996)

Fandex Family Field Guides series (Workman, 1999)

Father Nature: Fathers as Guides to the Natural World, ed. Paul S. Piper and Stan Tag (University of Iowa Press, 2003)

Go Outside: Over 130 Activities for Outdoor Adventures, Nancy Blakey (Tricycle Press, 2002)

Golden Field Guides series (St. Martins)

How to Build an Igloo: And Other Snow Shelters, Norbert E. Yankielun (Norton, 2007)

I Love Dirt!, Jennifer Ward (Trumpeter, 2008)

The Joy of Hiking: Hiking the Trailmaster Way, John McKinney (Wilderness Press, 2005)

Keeping a Nature Journal: Discover a Whole New Way of Seeing the World Around You, Clare Walker Leslie and Charles E. Roth (Storey, 2003)

The Kid's Book of Weather Forecasting: Build a Weather Station, 'Read the Sky' and Make Predictions!, Mark Breen and Kathleen Friestad (Williamson, 2000).

My Nature Journal, Adrienne Olmstead (Pajaro, 1999)

National Audubon Society Field Guides series (Knopf)

Peterson Field Guides and *Peterson First Guides* series (Houghton Mifflin)

Rock and Fossil Hunter, Ben Morgan (DK Publishing, 2005)

Roots, Shoots, Buckets and Boots: Gardening Together with Children, Sharon Lovejoy (Workman, 1999)

The Sense of Wonder, Rachel Carson (HarperCollins, 1998)

Sharing Nature with Children, Joseph Cornell (Dawn Publications, 1998).

Shelters, Shacks & Shanties: The Classic Guide to Building Wilderness Shelters, (Dover, 2004)

Sibley Field Guides series (Knopf)

Summer: A User's Guide, Suzanne Brown (Artisan, 2007)

Sunflower Houses: Inspiration from the Garden, Sharon Lovejoy (Workman, 2001)

Take a Backyard Bird Walk, Jane Kirkland (Stillwater, 2001)

Track Pack: Animal Tracks in Full Life Size, Ed Gray and DeCourcy L. Taylor, Jr. (Stackpole, 2003)

Tracking and the Art of Seeing: How to Read Animal Tracks and Sign, Paul Rezendes (Collins, 1999)

Tree houses and Playhouses You Can Build, David and Jeanie Stiles (Gibbs Smith, 2006)

Unplugged Play, Bobbi Conner (Workman, 2007)

Young Birders' Guide to Birds of Eastern Nonh America, Bill Thompson III (Houghton Mifflin, 2008)

对于改善社区的建议

45.为社区的众多家庭成立一家大自然俱乐部。这么做的目的是与其他家庭社交，一起徒步，做园艺，甚至一起恢复溪流生态。开始时，你可以列出有兴趣加入其中的家庭和一套用来安排多个家庭一起活动的机制，这一步通常可以借助互联网进行。家庭大自然俱乐部有利于知识和经验分享，也能给人安全感。儿童与自然组织提供了关于如何成立大自然俱乐部的工具包，可以免费下载（www.childrenandnature.org/resources/family-nature-club-toolkit/）。

46. 面对恐惧。在大多数社区，人们对陌生人都抱有许多不切实际的恐惧。你可以教孩子注意他人的言行，而非关注对方是否为陌生人。根据家庭心理学家约翰·罗斯蒙德（John Rosemond）的说法，"让孩子远离陌生人不是很有效的做法。'陌生人'这一概念，幼儿理解起来并不容易。我们应该做的是教孩子警惕特定的危险行为和情形。"这一观点得到了美国司法部的支持。

47. 认识邻居。投入一些时间参与社区生活。邀请附近家庭的父母前来，一起坐在家门口或门廊里，一边社交，一边远远地看着孩子们玩耍，每周只需几个小时。这样的父母圈子还可以"组团"带孩子到别处玩耍，例如附近的公园。

48. 加入或创建一家"大自然健身房"。在英国，许多家庭和个人正在联合起来，定期在大自然中锻炼身体。加州的"爱上大自然"（Hooked on Nature）组织也在帮助家庭和个人组成"大自然圈子"来社交和亲近自然。

49. 支持童子军、四健会等传统组织，鼓励它们为孩子回归大自然做出更大的努力。例如，2006年，"美国营火"俄亥俄州中部理事会发起了"展望20/10：让儿童重回自然"（Vision 20/10: Reuniting Children and Nature）活动，计划到2010年让"一万名儿童走进森林"。你也可以支持新近成立的、非传统的童子军组织。

50. 为你的城市增添自然气息。促使政府提高新开发和改造区域的城市规划水平，例如种植更多本地树种，规划更多生态公园和适宜步行的社区。多方游说，推动政府提供平价公共交通服务，便利城市儿童和家庭回归自然。开发商和建筑商可以努力建设绿色社区，或者更进一步，用能够将儿童、成人与大自然重新连接的一座座"绿洲"来激活颓败的社区。

51. 在你的社区挑战那些不鼓励或禁止自然体验的传统规定和限制。改写规则，允许孩子们建造堡垒和树屋，在花园植树种草。确保他们能与附近的自然空间亲密接触。

52. 规划者帮助或新或旧的城市公园增添自然元素。在过去20年里，自然游乐区域的规划者们已经熟知如何为人流量大的公园建造生态景观。这类自然游乐区域应该遍布每一座城市。

53.开发商改造开阔地。开发商经常空出一些面积不够大、不足以开辟为运动场，或者位置较为偏僻、不利于建设微型公园的开阔地，我们可以将它们改造为一块块野地。这类城市或郊区地块都可以改造为探险游乐场或"荒野地带"（www.wild-zone.net）。

54.自然中心、自然保护区和野生动物保护区可以重新检视已有的项目和设施，以便设法为幼儿提供更多可供他们自由玩耍的机会，同时鼓励青少年成为志愿者。既要关注孩子，也要关注父母，特别是年轻父母，他们幼时的自然体验可能并不丰富。

55.环保组织可以支持促使孩子走进大自然，不仅学习环保知识，还体验大自然乐趣的户外项目，以此来为未来的环保事业输送新鲜血液。环保组织也可以通过参与区域性的活动来推动儿童重回大自然，同时评估儿童体验自然的深入程度，并将此信息纳入有关濒危或受威胁物种的报告当中。

56.通过宣传大自然对健康和教育，特别是对儿童的益处来保护开阔地。保证将任何拟议的开阔地的一部分用于服务周边的儿童和家庭，最好能够有自然中心来为学校和重视户外活动的学前教育机构提供相关的教育服务。你可以下载公共土地信托基金会（www.tpl.org）的文章《公园对健康的益处》（*Health Benefits of Parks*）。

57.招募家庭在一年一度的全国公共土地日（National Public Lands Day）做志愿者。2006年，约10万人参与修建了步道和桥梁，种植了树木和灌木，并且清除了垃圾和入侵植物。相关信息见活动网站（www.publiclandsday.org）。

58.宗教组织可以发挥领导作用。例如，在休斯敦，市内的教会、非营利组织和得克萨斯州公园和野生动物管理局一起合作，带领城市孩子们去露营、钓鱼和徒步。他们的目标是：通过共同体验大自然来学习生活技能，培养优秀的道德品质。

59.孩子们可以成为"自然领袖"。协助组织地区性的运动，在自然中心做志愿者，或者志愿服务其他项目，例如塞拉俱乐部的"通往户外之桥"和"内城郊游"（Inner City Outings）项目，以及"学生环境保护协会"（the Student Conservation Association）、"户外拓展训练"（Outward Bound）和"服务与环保队"（the Service and Conservation Corps）等项目。其他拥有可供青少年参与的项目的机构有国家野生动物联合会、奥杜邦学会和大自然保护协会。信仰型夏令营也提供这类参与机会。你也可以让孩子加入儿童与自然组织的自然领袖项目（Natural Leaders Network）（www.childrenandnature.org/youth/）。

60. 考虑改变职业，从事面向大自然的工作。随着婴儿潮一代逐渐退休，环保组织正在经历"人才流失"，这或许是你从未想到过的职业机会。或者，如果你希望继续从事你目前的职业，你也可以考虑将儿童走进大自然的运动融入其中。

61. 参加北卡罗来纳州自然历史博物馆的年度国际项目"带孩子到户外活动周"（Take a Child Outside Week）（www.takeachildoutside.org）。

给企业、律师和医疗服务提供者的建议

62. 企业可以捐助资金、提供服务、鼓励员工参与志愿服务或捐赠实物，以此来领导和支持地区性或全国性的鼓励儿童回归大自然的运动。

63. 企业可以参与某项具体工作。你的企业可以为预算不足的学校提供实地考察的巴士服务，资助学校建设户外教室，资助服务于特殊儿童的自然中心和各种项目，联合土地信托组织保护开阔地，以及协助在其上建立家庭自然中心。

64. 为了员工的利益，企业可以资助提供实地自然体验服务的儿童看护中心，或者为员工及其家人提供在大自然中休憩的机会。

65. 拯救你的企业。如果孩子们与大自然继续疏远，户外设备和体育用品行业将面临销售滑坡的窘境。这一行业的相关企业可以

帮助公众认识大自然对儿童发展的益处，或者，在更为实际的层面，为孩子和父母，特别是经济困难的家庭提供更多入门装备。如需更多信息，请访问户外产业基金会（the Outdoor Industry Foundation）（www.outdoorindustryfoundation.org）或休闲船钓基金会（the Recreational Boating and Fishing Foundation）（www.takemefishing.org）。

66.建筑与城市设计专业人士可以召开地区、州和全国级别的会议来讨论能让居民接触大自然的新型住房开发方式。建立重视儿童和大自然因素的开发激励机制。科罗拉多大学教授路易斯·乔拉提议，在绿色产业的绿色建筑评价体系"能源与环境设计领导力"（LEED）中增加儿童与自然设计认证。如需更多信息，请访问社区参与、设计与研究中心（Community Engagement, Design and Research Center）（www.colorado.edu/cedar/）。

67.律师与保险机构可以推广比较风险的概念，将其作为法律和社会的一项标准。建立公共风险委员会，检视我们生活中已经被诉讼彻底改变的领域，例如对大自然的体验。建立"不留一个孩子在室内"法律辩护基金，聘用公益律师帮助家庭和组织对抗限制儿童在户外玩耍的影响极坏的诉讼，并引起媒体对这些问题的关注。如需更多信息，请访问公共利益（Common Good）网站（www.cgood.org）。

68.医疗保健服务提供者和公共卫生官员可以在你的社区倡导儿童亲近自然，把它看作健康成长不可缺少的部分。在继续探寻儿童肥胖症、注意力缺陷障碍和儿童抑郁症的解决方案的过程中，医学研究者、从业者和公共卫生官员应该像如今重视正式体育运动一样，重视在户外，特别是在大自然中进行的自由玩耍。在国家层面，医疗保健协会可以支持自然疗法来作为常规疗法的补充。

69.发起"在户外成长"运动。儿科医生等医疗保健专业工作者可以效仿约翰·肯尼迪总统发起的全国体育健身运动，利用海报、小册子和个人劝导来宣传在大自然中玩耍对身心健康的益处。国家野生动物联合会推出了类似的"绿色体检"计划,"国家卫生与自然资源部门可以效仿美国儿科学会的做法,要求医生提倡定期进行户外活动,并将其作为儿童体检项目之一。"

教育工作者、家校团体和学生助力自然学校改革

70. 家校团体可以支持那些赞助自然俱乐部、开展自然课堂活动和带队实地考察的教师,并为践行"不留一个孩子在室内"口号的优秀教师和校长设立年度奖励。

71. 成为一名自然教师。了解更多关于自然体验有益认知的知识。了解郊游为何能帮助教师减轻职业倦怠。如需更多信息,请查阅《绿色教师》(*Green Teacher*)杂志,有英语、西班牙语和法语版本(www.greenteacher.com),以及由植树节基金会(the Arbor Day Foundation)出版的《向大自然学习》(*Learning with Nature Idea Book*)(www.arborday.org)。

72. 创建一家教师大自然俱乐部。加拿大著名野生动物艺术家罗伯特·贝特曼(Robert Bateman)建议教师创建自己的俱乐部,组织周末徒步等自然体验活动。这类俱乐部不仅有利于自然体验丰富的教师与经验不足的教师分享他们的知识,而且有助于改善教师的身心健康。这些经验也可以拿到课堂上讲授。

73. 让K-12[①]课程包含更多与大自然相关的内容。借鉴专业的环境教育项目,例如"学习树计划"(www.plt.org)和"野外计划"(www.projectwild.org),它们把与大自然有关的众多概念与学校的所有主要科目、要求和技能联系了起来。国家环境教育与培训基金会(NEETF)的"课堂地球"(classroomearth.org)为教师、家长和学生提供了一份包含许多环境教育项目和相关资源的目录。

---

① 指美国从幼儿园到12年级的基础教育阶段。

74. 培训教师。许多教育工作者，特别是新教师，可能会觉得自己没有得到足够的培训来给学生提供户外体验，所以我们需要设置新的培训项目，同时扩大已有项目。许多野生动物保护区与非营利组织合作，提供与公立学校课程标准相对应的专业发展课程（www.fws.gov/refuges）。例如，马里兰州的帕塔克森特研究保护区（Patuxent Research Refuge）定期提供名为"培训教师"（Teach the Teachers）的跨学科研讨会。

75. 建设生态校园。借鉴欧洲的生态学校（Eco-Schools）项目（www.eco-schools.org）、加拿大的"常青"（Evergreen）项目（www.evergreen.ca/en）和美国的"自然学习"（Natural Learning）项目（www.naturalearning.org）等项目的经验。你可以在生态学校网站（www.ecoschools.com）上查到加拿大、挪威、瑞典、英国和美国等世界各国的生态校园建设机构名单。

76. 创办开展自然教育的学前机构，让孩子们通过亲身了解现实世界来开启学生时代。大力发展把社区和自然体验（不仅仅是环境教育）作为课程核心的自然依托式公立、特许或独立学校。如需更多信息，请访问安提亚克的"地点依托式教育中心"（Center for Place-based Education）（www.antiochne.com/anei/cpbe/）。

77. 创建一家生态俱乐部。例如，克伦肖高中是洛杉矶一家以非洲裔美国人为主的高中，那里的生态俱乐部极受学生欢迎。学生们通过俱乐部在周末组织的日间徒步和在附近山区的露营活动，以及对约塞米蒂国家公园和黄石国家公园的考察第一次认识了大自然。这家俱乐部的社区服务项目有海岸清理、入侵植物清除和步道维护。学生有老会员提供指导。他们的成绩也得到了提高。

78. 开启"教室里养鳟鱼"活动或类似活动。在华盛顿州，600多所学校参加了这项活动，每个班都会收到500枚鳟鱼卵来照料。学生们会了解鳟鱼的生命历程和它们对栖息地的要求。等鳟鱼长大一些后，他们还会把小鱼作为鱼苗投放到他们所研究的溪流中。

79. 在校园之外，通过外联项目创建依托大自然的社区教室，让父母、医生、景观设计师、企业家、公园部门和公民领袖参与其中，他们可以协助创建步行可及的、安全的自然学习环境。学习内容包括游览公园和参加过夜露营。

80. 借鉴挪威的做法，把农场和牧场建设成"新的校园"，通过为农场和牧场创造新的收入来源支持农业文化。孩子们能借此了解食物的来源，获得可以受益一生的实际体验，无论他们将来从事什么职业。

81. 让博物学重回高等教育。敦促大学提供许多研究型大学已经取消的基础博物学课程，并资助涉及儿童与大自然关系的课题研究。我们可以让高等教育对应更为丰富的职业选择，例如娱乐休闲业和社区服务业。

82. 推进立法。在国家、州和地方层面推动支持课堂环境教育和户外体验式学习的法案立法工作。

政府的目标

83. 在你的州发起州长运动。例如，2007年，吉姆·道格拉斯（Jim Douglas）在佛蒙特州发起了"不留一个孩子在室内"活动，约翰·鲍达奇（John Baldacci）在缅因州宣布启动"到户外去"（Take It Outside）活动，埃德·伦德尔（Ed Rendell）专门派出了一组工作人员，在宾夕法尼亚州各地组织了一系列关于儿童回归自然话题的公开讨论。州长们还可以支持与加州州长阿诺德·施瓦辛格（Arnold Schwarzenegger）在2007年签署的《儿童户外权利法案》（Children's Outdoor Bill of Rights）相似的法案（访问www.calroundtable.org可查看此法案）。全国州长协会（National Governors Association）也可以采取类似行动。

84. 市长等地方和地区政府官员可以消除分区法规对儿童回归自然运动的阻碍，可以支持市立公园、州立公园和休闲娱乐中心开展环境与户外教育，也可以召集开发商、卫生与儿童专家、景观建筑师和户外活动专家开会，一同商讨未来的开发与再开发政策。

85. 制定法案。这些法案能增加儿童接触大自然的机会，增加对儿童与自然相关研究的投资，进而加强公共卫生与教育工作。

86. 提供州和联邦资金来培训环境教育方面的教师，培育示范性的户外教育和环境扫盲项目，运用财政补助培训教师，让他们懂得如何带孩子们进入大自然，并在美国教育部内重新设立环境教育办公室。

87. 支持能够增加公园等自然空间中自然工作者数量的政策。政府的环保机构可以建立一支更强大的国家环保力量（或家庭环保力量），积极招募各种背景的年轻人进入环保行业。

88. 在联邦和州一级，公园系统可以复制康涅狄格州的"不留一个孩子在室内"项目，该项目已经成功地使居民重新走进了该州的公园。此外，应该支持有创意的自然景点。例如，生物学家梅格·洛曼（Meg Lowman）在佛罗里达州创建的一处并不复杂的"树冠漫步"（canopy walk）景点，使一家州立公园的游客数量翻了一番。

89. 采取政策，让农场主留在自己的土地上，加强土地信托法，并且减少土地所有者因允许儿童在开阔地玩耍而担负的责任。

90. 在内政部、教育部、农业部和卫生与公众服务部之间建立合作关系，聚焦儿童与自然问题。这一问题对各方都有影响，最好通过多方协同的方式来解决。

91. 把眼光延伸到政府机构之外。通过鼓励和参与全国性的"不留一个孩子在室内"运动，政府机构可以寻求与慈善机构合作。例如关注儿童肥胖的基金会、推动体验式学习的教育慈善机构，以及重视土地与社区联系的公民组织。

发起运动

92. 发起一场地区水平的"不留一个孩子在室内"运动。让儿童重回大自然的难点在于因地制宜，成效如何完全取决于各地区的生物学和人类生态学特征，不存在单一的解决方案。不过，各地区的运动领导者已经在相互学习。如需了解更多信息，请访问儿童与自然组织（www.childrenandnature.org）。

93.植物园、动物园、自然历史博物馆和儿童博物馆可以成为地区级的儿童与自然运动的交流中心，也可以成为成人和年轻人参与的讨论小组的交流中心。书店也可以在一年当中的任何时候主办类似的交流活动。

94.响应已经发起运动的社区。芝加哥荒野联盟新发起的"不留一个孩子在室内"活动正在将伊利诺伊州、威斯康星州、印第安纳州和密歇根州的206家组织联合起来，赞助全年的自然活动，例如露营和生态恢复。他们还在为民众编撰《芝加哥荒野联盟野外工作记录》（*Chicago Wilderness Field Book*）。大辛辛那提地区尚未走上正轨的"不留一个孩子在室内"活动提出了这样的问题："我们能否与学前班和日托中心结成联盟，鼓励他们利用当地的绿地？我们能否开设'教师培训'课程，好让学前班和日托中心的员工放心地把孩子带到大自然中玩耍？"他们的经验或许能促进其他地区运动的开展。

95.与研究者、公民组织和游说组织合作，确立自然缺失的基准水平，以便衡量和报告其变化情况。在关于儿童健康与教育状况的报告中体现自然缺失的年度变化数据。

96.确定儿童和成人的自然体验在经济上的重要性。经济角度的全面研究应包括但不止于传统的休闲娱乐活动（钓鱼、打猎、划船和徒步），也不只关注环境毒素的负面影响。它还应考虑自然体验对公众身心健康、教育和就业的经济角度的积极影响。如需了解更多信息，请下载公共土地信托基金的经济报告，包括其2007年发布的《土地保护的经济效益》（*Economic Benefits of Land Conservation*）（www.tpl.org）。

97.打破障碍，促进不同族裔相互对话，也促进不同专业领域人士相互对话，例如儿科医生和景观设计师、公共卫生专业人员和管理公园和休闲娱乐设施的官员、骑行与步行倡导者，以及园艺师、猎人、垂钓者、住宅开发商和环保主义者。邀请宗教人士参与其中。

98.做大蛋糕。机构、组织和个人，特别是那些多年来一直致力于这一领域的，需要得到更多的资金支持。扩大资金支持的最佳方式是让企业等新的参与者加入进来。

99.集合跨越不同政治、宗教、经济发展水平和地理区域的领导者。在地方或国际层面组织见面会，并且利用新的通信技术，以此来协助建立不断扩大的倡导者网络。行动本地化，组织全球化。

100.扩大影响。向学校董事会、家校联合会等相关团体作报告，宣传自然体验对儿童、青少年在学习和身心健康方面的益处，以及让孩子们爱上大自然对保护环境的重要性。

如需了解更多信息，请参阅本书中提出的众多解决方案。另外，登录非营利的"儿童与自然组织"网站，为你的家庭和社区查阅更多信息，例如可以下载的改变行动指南，以及关于州级、国家级项目和最新研究的新闻。与其他人在世界各地的行动相协同。请告诉我们，你的家庭、学校、组织或社区是如何让年轻人回归大自然的。也请将你的想法和建议发送至儿童与自然组织（www.childrenandnature.org）。

2011年，阿尔贡金图书公司（Algonquin Books）出版了理查德·洛夫的《自然原则：在虚拟世界中与生命重新连接》（*The Nature Principle: Reconnecting with Life in a Virtual World*）一书。该书描述了自然缺失症对成年人的影响，并且畅想了我们的生活如同沉浸在虚拟世界中那般沉浸在大自然中的未来。如需了解更多信息，请访问这本书的官方网站（www.natureprinciple.com）。

讨论话题

阅读小组、课堂和社区可以尝试回答以下问题。

成年人

1. 你能记起你小时候在大自然里最喜欢去的地方吗？它是什么样子？在哪里？你是如何找到它的？你在那里的感觉是什么样的？那里现在是什么样子？
2. 你的孩子，或者你认识的人的孩子，他们在大自然中的经历是不是不如你或你的朋友小时候那么丰富？
3. 如果孩子们在户外玩耍的时间不够多，那么前五大原因是什么？
4. 在城区、郊区和乡村地区，妨碍儿童走进大自然的物理、文化、政治和法律障碍有什么不同？
5. 这些障碍，哪些可以由父母较为容易地破除？剩余的，谁可以破除？
6. 大自然能够以怎样的方式"放大"或改变儿童和成人对时间的感知？
7. 你能在你家附近或你所居住的社区中找到可以接触的自然空间吗？
8. 在引导儿童接触大自然时，如何在学习知识和体验快乐与神奇之间取得平衡？
9. 在帮助儿童体验大自然方面，祖父母、姑姑、叔叔等家庭成员应该扮演什么角色？
10. 你能在你的社区中找到能够帮助父母和孩子们到户外活动的机构和组织吗？
11. 自然体验对儿童和成人的健康有什么益处？
12. 自然体验应该在教育中发挥什么作用？

儿童和青少年

13. 你认为大自然是什么？

14. 你最近一次走进你家附近的大自然是什么时候？你在那里待了多久？做了什么？

15. 你能说出多少个电子游戏或卡通人物的名字？

16. 对于大自然，你最害怕的是什么？

17. 对于在户外玩耍，你最喜欢的是什么？

18. 你能说出附近多少种植物和动物的名字？

19. 在树林里，小溪边，沙滩上，或者在野外时，你有怎样的感受？

20. 下次去这些地方时，问问自己，你听到、闻到、尝到、看到了什么？

21. 你的父母或其他成年人最近一次带你徒步、露营、钓鱼或在大自然中探险是什么时候？

22. 你能做些什么来增加户外活动的时间？

23. 你可以做些什么来帮助你的朋友和其他孩子收获更多自然体验？

社区团体

24. 在你的社区，引发自然缺失症的主要原因是什么？

25. 在你的社区，自然缺失症造成了哪些影响？

26. 在你所在的地区，谁在为修复儿童和大自然的关系而努力？谁能够有所作为？

27. 你对这件事情感兴趣吗？

28. 你的组织为什么对这件事情感兴趣，在鼓励儿童回归自然的社区运动中，它能发挥什么作用？

29. 我们想怎样影响下一代和下下一代的生活，例如在身心健康、学习能力、环保意识和家庭纽带等方面？

30. 你想提升哪些能力，哪些弱点是必须弥补的？

31. 哪些领域需要重点关注（例如社区公园、学校课程、公共和个人安全问题、城市环境、自然空间的可及性、经济障碍、媒体的意识）？
32. 对于每个重点领域，你的短期和中期目标各是什么？
33. 你可以推进哪些事项来实现你确认的目标，或配合已经在进行的其他事项？
34. 在你所确认的事项中，哪些是需要立即采取行动的优先事项，它们与你在其他重点关注领域所确认的事项有什么关系？
35. 如果你的社区采取行动，那么20年后，你的社区会是什么样子？

这份实操指南是在儿童与自然运动的许多领导者的帮助下编写的，他们有谢里尔·查尔斯（Cheryl Charles）、埃米·珀楚克、玛莎·埃里克森（Martha Erickson）、约翰·帕尔（John Parr）、马丁·勒布朗（Martin LeBlanc）、南希·赫伦（Nancy Herron）、迪恩·斯塔尔（Dean Stahl）、埃米·加什（Amy Gash）和艾娜·斯特恩（Ina Stern）。经许可，"田野手记"的部分内容改写自理查德·洛夫发表于《猎户座》杂志2007年3/4双月刊中的文章《不留一个孩子在室内》（Leave No Child Inside）。

参考文献

1. 自然之礼

4 We attach two meanings to the word nature Gary Snyder, The Practice of the Wild (Washington, D.C.: Shoemaker & Hoard, 2004), 8.

2. 第三条边疆

11 "The smallest boys can build ... simple shelters" Daniel C. Beard, Shelters, Shacks and Shanties (Berkeley, CA: Ten Speed Press, 1992), xv.

12 The passing, and importance, of the first frontier Frederick Jackson Turner, "The Problem of the West," Atlantic Monthly, September 1896.

14 the federal government dropped its long-standing annual survey of farm residents Barbara Vobejda, "Agriculture No Longer Counts," Washington Post, October 9, 1993.

16 "When Nick's children were small" Richard Louv, The Web of Life: Weaving the Values That Sustain Us (York Beach, ME: Conari Press, 1996), 57.

19 how some nonhuman animals compose music Patricia M. Gray, Bernie Krause, Jelle Atema, Roger Payne, Carol Krumhansl, and Luis Baptista, "The Music of Nature and the Nature of Music," Science, January 5, 2001, p. 52.

20 new dialectic between the "wild" and "urban" Mike Davis, The Ecology of Fear: Los Angeles and the Imagination of Disaster (New York: Henry Holt, 1998), 202.

21 "An important lesson from many of these European cities" Timothy Beatley, Green Urbanism: Learning from European Cities (Washington, DC: Island Press, 2000).

3. 户外玩耍违规了

25 Each year, 53,000 acres of land are developed in the Chesapeake Bay watershed Natural Resources Inventory Report, U.S. Department of Agriculture, 2002.

28 first charted the shrinkage of natural play spaces Robin C. Moore, "The Need for Nature: A Childhood Right," Social Justice 24, no. 3 (fall 1997): 203.

29 In Israel, researchers revealed Rachel Sebba, "The Landscapes of Childhood: The Reflection of Childhood's Environment in Adult Memories and in Children's Attitudes," E&E 23, no. 4 (July 1991): 395–422.

29 Even accounting for romanticized memories L. Karsten. "It All Used to Be Better?: Different Generations on Continuity and Change in Urban Children's Daily Use of Space," Children's Geographies 3, no. 3 (2005): 275–290.

29 The Netherlands, often associated with J. Verboom, R. van Kralingen, and U. Meier, Teenagers and Biodiversity— Worlds Apart?: An essay on young people's views on nature and the role it will play in their future (Wageningen, Netherlands: Alterra, 2004).

29 In the United States, children spend R. Clements, "An Investigation of the State of Outdoor Play," Contemporary Issues in Early Childhood 5, no. 1 (2004): 68–80.

30 according to a study by Sandra Hofferth S. L. Hofferth and J. F. Sandberg, "How American Children Spend Their Time," Journal of Marriage and Family 63, no. 3 (2001): 295–308.

30 The Daily Monitor, published in Addis Ababa Berthe Waregay, "Ethiopia: 'No Child Left Inside,' " Daily Monitor, March 28, 2007.

30 In the medical journal the Lancet J. Reilly, D. Jackson, C. Montgomery, L. Kelly, C. Slater, S. Grant, and J. Paton, "Total Energy Expenditure and Physical Activity in Young Scottish Children: Mixed Longitudinal Study," Lancet 363, no. 9404: 211–212.

4. 攀上健康之树

39 "biophilia," the hypothesis of Harvard University scientist Edward O. Wilson, Biophilia (Cambridge, MA: Harvard University Press, 1984).

39 modern psychology has split the inner life from the outer life Theodore Roszak, Psychology Today (January/February, 1996).

40 "Psychotherapists have exhaustively analyzed every form of dysfunctional family" Lisa Kocian, "Exploring the Link Between Mind, Nature," Boston Globe, May 30, 2002.

41 significant decreases in blood pressure simply by watching fish Peter H. Kahn, Jr., The Human Relationship with Nature (Cambridge, MA: MIT Press, 1999), 15; citing Aaron Katcher, Erika Freidmann, Alan M. Beck, and James J. Lynch, "Looking, Talking, and Blood Pressure: The Physiological Consequences of Interaction with the Living Environment" in Aaron Katcher and A. Beck, eds., New Perspectives on Our Lives with Companion Animals (Philadelphia: University of Philadelphia Press, 1983).

41 The mortality rate of heart-disease patients Peter H. Kahn, Jr., The Human Relationship with Nature (Cambridge, MA: MIT Press, 1999), 16; citing Alan M. Beck and Aaron Katcher, Between Pets and People: The Importance of Animal Companionship (West Lafayette, IN: Purdue University Press, 1996).

41 ten-year study of gallbladder surgery patients Howard Frumkin, "Beyond Toxicity: Human Health and the Natural Environment," American Journal of Preventive Medicine (April 2001): 234–240.

42 people who watch images of natural landscape ... calm markedly Roger S. Ulrich, "Human Experiences with Architecture," Science, April 1984.

42 our visual environment profoundly affects our physical and mental well-being Gordon Orians and Judith Heerwagen, "Evolved Responses to Landscapes," in Jerome Barkow, Leda Cosmides, and John Tooby, eds., The Adapted Mind: Evolutionary Psychology and the Generation of Culture (Oxford: Oxford University Press, 1992), vol. 7, no. 1: 555–579.

42 The childhood link between outdoor activity and physical health Frederick J. Zimmerman, Dimitri A. Christakis, and Andrew N. Meltzoff, "Television and DVD/Video Viewing in Children Younger Than 2 Years," Archives of Pediatrics and Adolescent Medicine 161, no. 5 (May 2007).

42 Approximately 60 percent of obese children Paul Muntner, Jiang He, Jeffrey A. Cutler, Rachel P. Wildman, and Paul K. Whelton, "Trends in Blood Pressure among Children and Adolescents," JAMA 291, no. 17 (May 2004): 2107—2113.

42 While children in many parts "Obesity and Overweight," World Health Organization, Fact

Sheet No. 311, September 2006, http://www.who.int/mediacentre/factsheets/fs311/en/index.html.

43 "Play in natural settings" H. L. Burdette and R. C. Whitaker, "Resurrecting Free Play in Young Children: Looking Beyond Fitness and Fatness to Attention, Affiliation and Affect," Archives of Pediatrics and Adolescent Medicine 159, no. 1 (2005):46–50.

43 "Play in natural settings" R. C. Klesges, L. H. Eck, C. L. Hanson, C. K. Haddock, L. M. Klesges, "Effects of Obesity, Social Interactions, and Physical Environment on Physical Activity in Preschoolers," Health Psychology 9, no. 4 (1990): 435–449.

43 "Play in natural settings" T. Baranowski, W. O. Thompson, R. H. DuRant, J. Baranowski, and J. Puhl, "Observations on Physical Activity in Physical Locations: Age, Gender, Ethnicity, and Month Effects," Research Quarterly for Exercise and Sport 64, no. 2 (1993): 127–133.

43 "Play in natural settings" J. F. sallis, P. R. Nader, S. L. Broyle, C. C. Berry, J. P Elder, T. L. McKenzie, and J. A. Nelson, "Correlates of Physical Activity at Home in Mexican–American and Anglo–American Preschool Children," Health Psychology 12, no. 5 (1993): 390–398.

43 Recent studies describe tantalizing evidence I. Fjortoft, "The Natural Environment as a Playground for Children," Early Childhood Education Journal 29. no. 3 (2001): 111–117.

43 Recent studies describe tantalizing evidence P. Grahn, F. Martensson, B. Lindblad, P. Nilsson, and A. Ekman, Ute pa Dagis. Stad & Land 145 (Hassleholm, Sweden: Nora Skane Offset, 1997).

43 Adults, too, seem to benefit J. Pretty, J. Peacock, M. Sellens, and M. Griffin, "The Mental and Physical Health Outcomes of Green Exercise," International Journal of Environmental Health Research 15, no. 5 (2005): 319–337.

43 Adults, too, seem to benefit M. Bodin and T. Hartig, "Does the Outdoor Environment Matter for Psychological Restoration Gained through Running?" Psychology of Sport and Exercise 4, no. 2 (April 2003): 141–153.

44 the rate at which American children are prescribed antidepressants Thomas Delate, Alan J. Gelenberg, Valarie A. Simmons, and Brenda R. Motheral, "Trends in the Use of

Antidepressants in a National Sample of Commercially Insured Pediatric Patients, 1998 to 2002," Psychiatric Services 55 (April 2004): 387–391.

45 spending on such drugs ... surpassed spending on antibiotics Linda A. Johnson, "Behavior Drugs Top Kids' Prescriptions," Associated Press, May 17, 2004.

45 one of the main benefits of spending time in nature is stress reduction Peter H. Kahn, Jr., The Human Relationship with Nature (Cambridge, MA: MIT Press, 1999), 13; citing R. S. Ulrich, "Biophilia, Biophobia, and Natural Landscapes," in S. R. Kellert and E. O. Wilson, eds., The Biophilia Hypothesis (Washington, DC: Island Press, 1993), 73–137.

45 a room with a view of nature can help protect children against stress Nancy Wells and Gary Evans, "Nearby Nature: A Buffer of Life Stress among Rural Children," Environment and Behavior 35 (2003): 311–330.

46 children and parents who live in places that allow for outdoor access M. Huttenmoser, "Children and Their Living Surroundings: Empirical Investigations into the Significance of Living Surrounds for the Everyday Life and Development of Children," Children's Environments Quarterly 12 (1995): 403–413.

46 Nature also offers nurturing solitude K. Korpela, "Adolescents' Favorite Places and Environmental Self-regulation," Journal of Environmental Psychology 12 (1992): 249–258.

48 "We have a small hill, a mound" From an interview in the online professional journal The Massachusetts Psychologist, http://www.masspsy.com (1999).

5. 感官的生活：大自然与无所不知的心态

54 "Superficially, the world has become small and known" Tony Hillerman, ed., The Spell of New Mexico (Albuquerque, NM: University of New Mexico Press, 1976), 29–30; citing Phoenix: The Posthumous Papers of D. H. Lawrence, ed. Edward D. McDonald (New York: Viking, 1978).

56 Such design emphasis now permeates malls John Beardsley, "Kiss Nature Goodbye," Harvard Design Magazine 10 (winter/spring 2000).

57 "countless possibilities for moving ads out of the virtual world" Matt Richtel, "Nature,

Brought to You by ...," New York Times, August 11, 2002.

61 "Children live through their senses" Robin C. Moore, "The Need for Nature: A Childhood Right," Social Justice 24, no. 3 (fall 1997): 203.

61 Little is known about the impact of new technologies Robert Kraut, Vicki Lundmark, Michael Patterson, Sara Kiesler, Tridas Mukopadhyay, and William Scherlis, "Internet Paradox: A Social Technology That Reduces Social Involvement and Psychological Well-Being?" American Psychologist 53, no. 9 (September 1998): 1017–1031.

6. 第八种智能

65 Ben Franklin lived a block from Boston Harbor H. W. Brands, The First American: The Life and Times of Benjamin Franklin (New York: Doubleday, 2000), 17.

65 "The core of the naturalist intelligence" Ronnie Durie, "An Interview with Howard Gardner, Mindshift Connection (Saint Paul, MN: Zephyr Press, 1996).

67 "Were I granted another lifetime or two" Howard Gardner, "Multiple Intelligences after Twenty Years" (paper presented at the American Educational Research Association, Chicago, Illinois, April 2003). @ Howard Gardner: Harvard Graduate School of Education, Cambridge, MA.

71 "Noses seem to make perfectly good perches" Robert Michael Pyle, The Thunder Tree: Lessons from an Urban Wildland (New York: Houghton Mifflin, 1993), 147.

77 Ben and his friends liked to hunt small fish Brands, The First American, 18.

7. 孩童的天赋：大自然如何滋养创造力

79 "the natural genius of childhood and the 'spirit of place'" Bernard Berenson, Sketch for a Self-Portrait (Toronto: Pantheon Books, 1949), 18.

80 "Natural spaces and materials stimulate children's limitless imaginations" Robin C. Moore and Herb H. Wong, Natural Learning: Creating Environments for Rediscovering Nature's Way of Teaching (Berkeley, CA: MIG Communications, 1997).

80 Early theoretical work in this field was done by ⋯ Simon Nicholson Simon Nicholson, "The Theory of Loose Parts," Landscape Architecture 62, no. 1 (1971): 30–34.

80 A typical list of loose parts for a natural play area Simon Nicholson, "How Not to Cheat Children: The Theory of Loose Parts," Landscape Architecture 62, no. 1 (1971): 30–34.

81 Researchers have also observed that when children played Among the studies of creative play mentioned:

Mary Ann Kirkby, "Nature as Refuge in Children's Environments," Children's Environments Quarterly 6, no. 1 (1989): 7–12.

Patrik Grahn, Fredrika Martensson, Bodil Lindblad, Paula Nilsson, and Anna Ekman, Ute pa Dagis. Stad & Land 145 (Outdoor daycare. City and country), Hassleholm, Sweden: Norra Skane Offset, 1997.

Karen Malone and Paul J. Tranter, "School Grounds as Sites for Learning: Making the Most of Environmental Opportunities," Environmental Education Research 9, no. 3 (2003): 283–303.

Andrea Faber Taylor, Angela Wiley, Frances Kuo, William Sullivan, "Growing Up in the Inner City: Green Spaces as Places to Grow," Environment and Behavior 30, no. 1 (1998): 3–27.

Susan Herrington and Kenneth Studtmann, "Landscape Interventions: New Directions for the Design of Children's Outdoor Play Environments," Landscape and Urban Planning 42, no. 2–4 (1998): 191–205.

81 In Denmark, a more recent study "Outdoor Kindergartens Are Better at Stimulating Children's Creativity Than Indoor Schools," Copenhagen Post, October 10, 2006.

81 children were self-selecting the spaces in which they played Andrea Faber Taylor and Frances E. Kuo, "Is Contact with Nature Important for Healthy Child Development? State of the Evidence," in Children and Their Environments: Learning, Using, and Designing Spaces, ed. Christopher Spencer and Mark Blades (Cambridge, UK): Cambridge University Press, 2006).

82 "During the winter months [Clarke] often cycled home" Neil McAleer, Arthur C. Clarke: The Authorized Biography (Chicago: Contemporary Books, 1992), 4, 10.

83 "I saw baby chickens come out of eggs" Neil Baldwin, Edison: Inventing the Century (1995; reprint, Chicago: University of Chicago Press, 2001), 18–19.

83 "The changes of the seasons, the play of the light" Joseph P. Lash, Eleanor and Franklin (New York: Signet Press, 1971), 64, 66.

84 The two siblings "smuggled home innumerable beetles" Margaret Lane, The Tale of Beatrix Potter: A Biography (London: Penguin Books, 2001).

85 inventiveness and imagination ... was rooted in their early experiences of nature Edith Cobb, The Ecology of Imagination in Childhood (New York: Columbia University Press, 1977).

86 Cobb's theory must be amended to allow for different degrees of experience Louise Chawla, "Ecstatic Places," Children's Environments Quarterly 3, no. 4 (winter 1986); and Louise Chawla, "Life Paths into Effective Environmental Action," Journal of Environmental Education 31, no. 1 (1990): 15–26.

87 "the question of a speculative, unmarveling adult" Phyllis Theroux, California and Other States of Grace: A Memoir (New York: William Morrow, 1980), 55.

8. 自然缺失症与有助疗愈的环境

91 At least her school has recess National PTA, "Recess Is at Risk, New Campaign Comes to the Rescue, http://www.pta.org/ne_press_release_detail_1142028998890.html.

91 At least her school has recess Steve Rushin, "Give the Kids a Break," Sports Illustrated, December 4, 2006.

91 At least her school has recess American Heart Association and the National Association for Sport and Physical Education, "2006 Shape of the Nation Report: Status of Physical Education in the USA," http://www.aahperd.org/naspe/shapeofthenation/.

91 At least her school has recess Paul Muntner, Jiang He, Jeffrey A. Cutler, Rachel P. Wildman, and Paul K. Whelton, "Trends in Blood Pressure among Children and Adolescents," JAMA. 291, no. 17 (May 2004): 2107–2113.

93 Between 2000 and 2003, spending on ADHD for preschoolers increased 369 percent Linda A. Johnson, "Behavior Drugs Top Kids' Prescriptions," Associated Press, May 17, 2004.

93 Both boys and girls are diagnosed with ADHD "Methylphenidate (A Background Paper),"

October 1995, Drug and Chemical Evaluation Section, Office of Diversion Control, Drug Enforcement Administration.

93 each hour of TV watched per day by preschoolers increases ... concentration problems J. M. Healey, "Early Television Exposure and Subsequent Attention Problems in Children," Pediatrics 113, no. 4 (April 1, 2004): 917–918.

95 "an environment where the attention is automatic" Rebecca A. Clay, "Green Is Good for You," Monitor on Psychology 32, no. 4 (April 2001).

95 Those with a window view of trees ... experienced significantly less frustration Rachel Kaplan, Stephen Kaplan, and Robert L. Ryan, "With People in Mind: Design and Management for Everyday Nature" (Washington, DC: Island Press, 1998).

96 Hartig asked participants to complete a forty-minute sequence of tasks Clay, "Green Is Good for You."

96 "By bolstering children's attention resources" N. M. Wells and G. W. Evans, "Nearby Nature: A Buffer of Life Stress among Rural Children," Environment and Behavior 35, no. 3 (2003): 311–330. This study is not available online without purchase, http://www.sagepub.co.uk/journals/details/j0163 .html.

96 within two daycare settings Patrik Grahn, Fredrika Martensson, Bodil Lindblad, Paula Nilsson, and Anna Ekman, Ute pa Dagis. Stad & Land no. 145 (Outdoor daycare. City and country), Hassleholm, Sweden: Norra Skane Offset, 1997.

96 Some of the most important work Frances E. Kuo and Andrea Faber Taylor, "A Potential Natural Treatment for Attention-Deficit/Hyperactivity Disorder: Evidence from a National Study," American Journal of Public Health 94, no. 9 (September 2004). American Public Health Association. The study and the educational Power Point are available on the Web site of the University of Illinois Urbana-Champaign, http://www.llhl.uiuc.edu/.

97 "the aftereffects of play in paved outdoor or indoor areas" Andrea Faber Taylor, Frances E. Kuo, and William C. Sullivan, "Coping with ADD: The Surprising Connection to Green Play Settings," Environment and Behavior 33, no. 1 (January 2001): 54–77.

97 the positive influence of near-home nature on concentration Andrea Faber Taylor, Frances E. Kuo, and William C. Sullivan, "Views of Nature and Self-Discipline: Evidence from

337

Inner City Children," Journal of Environmental Psychology (February 2002): 46–63.

98 "Participants were asked if they had had any experiences" Andrea Faber Taylor, Frances E. Kuo, and William C. Sullivan, "Coping with ADD: The Surprising Connection to Green Play Settings," Environment and Behavior 33, no. 1 (January 2001): 54–77.

99 medications can also have unpleasant side effects Victoria Stagg Elliott, "Think Beyond Drug Therapy for Treating ADHD," AMA News, April 19, 2004.

100 "intuition emphatically asserts that nature is good for children" Andrea Faber Taylor and Frances Kuo. From a paper prior to publication, used with permission from the authors.

9. 日程表与焦虑

105 When did playing catch in a park become a form of killing time Richard Louv, Childhood's Future (Boston: Houghton Mifflin, 1990), 109.

106 Eighty percent of Americans live in metropolitan areas Paul M. Sherer, "Why America Needs More City Parks and Open Space" (San Francisco: Trust for Public Land, 2003). Available on the Web at http://tpl.org.

106 parks increasingly favor ... "commercialization of play" J. Evans, "Where Have All the Players Gone?" International Play Journal 3, no. 1 (1995): 3–19.

106 the amount of time children spent in organized sports increased by 27 percent The U.S. Youth Soccer Association, Richardson, Texas, http://www.usyouthsoccer.org.

107 "I don't really have much time to play at all" Richard Louv, Childhood's Future (Boston: Houghton Mifflin, 1990), 109.

108 So where has all the time gone Sandra L. Hofferth and John F. Sandberg, "Changes in American Children's Time, 1981–1997," in Children at the Millennium: Where Have We Come From, Where Are We Going?, ed. Timothy J. Owens and Sandra L. Hofferth (New York: JAI Press, 2001). Sandra L. Hofferth and Sally Curtin, "Changes in Children's Time, 1997 to 2002/3: An Update" (2006).

108 the amount of time American children ... spent studying increased by 20 percent David Brooks, "The Organization Kid," Atlantic Monthly, April 2001, 40.

108 Television remains Victoria Rideout and Elizabeth Hammel, The Media Family:

Electronic Media in the Lives of Infants, Toddlers, Preschoolers, and Their Parents (Menlo Park, CA: Henry J. Kaiser Family Foundation, 2006). Donald F. Roberts, Ulla G. Foehr, Victoria Rideout, Generation M: Media in the Lives of 8–18 Year-Olds (Menlo park, CA: Henry J. Kaiser Family Foundation, 2005).

108 as Internet use grows, adults spend more time working Norman Nie and Lutz Erbring, "Stanford Online Report," Stanford Institute for the Quantitative Study of Society, February 16, 2000.

109 They also take fewer vacation days Linda Dong, Gladys Block, and Shelly Mandel, "Activities Contributing to Total Energy Expenditure in the United States: Results from the NHAPS Study," International Journal of Behavioral Nutrition and Physical Activity 1, no. 4 (2004).

109 both parents cut back on sleep Nancy Zukewich, "Work, Parenthood and the Experience of Time Scarcity," Statistics Canada—Housing, Family and Social Statistics Division, no. 1, 1998.

109 Our seeming inability Kenneth R. Ginsburg, and the Committee on Communications and the Committee on Psychosocial Aspects of Child and Family Health, "The Importance of Play in Promoting Healthy Child Development and Maintaining Strong Parent-Child Bonds," Pediatrics 119 (2007): 182–191.

10. 妖魔症候群归来

113 The boundaries of children's lives John Fetto, "Separation Anxiety," American Demographics 24, no. 11 (December 1, 2002).

113 The trend is documented abroad L. Karsten, "It All Used to Be Better? Different Generations on Continuity and Change in Urban Children's Daily Use of Space," Children's Geographies 3, no. 3 (2005): 275–290.

113 in Great Britain, researchers have Mayer Hillman and John G. U. Adams, "Children's Freedom and Safety," Children's Environments 9, no. 2 (1992). Also see: Mayer Hillman, John Adams, and J. Whitelegg, One False Move: A Study of Children's Independent Mobility (London: Policy Studies Institute, 1990).

113 In terms of child development Stephen R. Kellert, Building for Life (Washington, DC: Island Press, 2005), 69.

115 "When I was a little kid" Three quotes: Richard Louv, Childhood's Future (Boston: Houghton Mifflin, 1990), 26.

117 By 2005, the rates of violent crimes Kenneth C. Land, "2007 Report: Child and Youth Well-Being Index (CWI), 1975-2005, with Projections for 2006" (Durham, NC: Foundation for Child Development, Duke University, 2007).

117 In 2006, New York state's Division New York State Division of Criminal Justice Services, "Missing and Exploited Children Clearinghouse Annual Report 2006" (Albany, NY: New York State Division of Criminal Justice Services, 2006), 5.

120 Worried about lions, tigers, and bears Sandra G. Davis, Amy M. Corbitt, Virginia M. Everton, Catherine A. Grano, Pamela A. Kiefner, Angela S. Wilson, and Mark Gray, "Are Ball Pits the Playground for Potentially Harmful Bacteria?" Pediatric Nursing 25, no. 2 (March 1, 1999): 151.

121 the word "accident" Ronald Davis and Barry Pless, "BMJ Bans 'Accidents': Accidents Are Not Unpredictable," British Medical Journal 322 (2001): 1320-1321.

11. 博物学知识欠缺：教育阻碍孩子亲近自然

124 "just as ethnobotanists are descending on tropical forests" David Sobel, Beyond Ecophobia: Reclaiming the Heart in Nature Education, Orion Society Nature Literacy Series, vol. 1 (Great Barrington, MA: Orion Society, 1996).

127 In 2001, the Alliance for Childhood Colleen Cordes and Edward Miller, eds., "Fools Gold: A Critical Look at Children and Computers" (a Web-published report by Alliance for Childhood, 2001). For more information, see http://www.allianceforchildhood.net/projects/computers/computers_reports_fools_gold_download.htm

128 public school districts continue to shortchange the arts William Symond, "Wired Schools," BusinessWeek, September 25, 2000.

129 "Ten Years of before-and-after photos" Richard Louv, The Web of Life: Weaving the Values That Sustain Us (Berkeley, CA: Conari Press, 1996), 137.

133 "The last century has seen enormous environmental degradation" Paul K. Drayton, "The Importance of the Natural Sciences to Conservation," an American Society of Naturalists Symposium Paper, The American Naturalist (June 27, 2003): 1–13.

12. 未来的自然守护者将来自哪里

136 "Environmentalists, by and large, are deeply invested" Theodore Roszak, as interviewed in Adbusters. Roszak is the author of The Voice of the Earth: An Exploration of Ecopsychology (New York: Simon & Schuster, 1993).

137 The most important reason Oliver R. W. Pergams and Patricia A. Zaradic, "Is Love of Nature in the US Becoming Love of Electronic Media?" Journal of Environmental Management 80, no. 4 (September 2006): 387–393.

137 The idea of working at a national park Christopher Reynolds, "Without Foreign Workers, U.S. Parks Struggle," Los Angeles Times, May 27, 2007, 1.

138 In 1978, Thomas Tanner Thomas Tanner, ed., Special issue on significant life experiences research, Environmental Education Research 4, no. 4 (November 1998). Also see: Thomas Tanner, ed., Special section on significant life experiences research, Environmental Education Research 5, no. 4 (November 1999).

138 Since then, studies Nancy M. Wells and Kristi S. Lekies, "Nature and the Life Course: Pathways from Childhood Nature Experiences to Adult Environmentalism," Children, Youth and Environments 16, no. 1 (2006): 1–24.

139 Children do need mentors Louise Chawla, "Learning to Love the Natural World Enough to Protect It," Barn, no. 2 (2006): 57—78. Barn is a quarterly published by the Norwegian Centre for Child Research at the Norwegian University of Science and Technology, Trondheim, Norway.

139 "Most children have a bug period" E. O. Wilson, Naturalist (New York: Warner Books, 1994), 56.

140 "the bookish 'Teedie'" Edmund Morris, The Rise of Theodore Roosevelt (New York: Putnam, 1979), 19.

140 Wallace Stegner filled his childhood with collected critters Wallace Stegner, "Personality,

Play, and a Sense of Place," Amicus Journal (renamed OnEarth), 1997.

13. 把大自然带回家

152 "They were on an island in a sea of trees" Kathryn Kramer, "Writers on Writing," New York Times, December 30, 2002.

153 the word wasn't in anybody's vocabulary until the nineteenth century Patricia Meyer Spacks, Boredom: The Literary History of a State of Mind (Chicago: University of Chicago Press, 1995).

157 "Your job isn't to hit them with another Fine Educational Opportunity" Deborah Churchman, "How to Turn Kids Green; Reinstilling the Love for Nature Among Children," American Forests 98, no. 9–10 (September 1992): 28.

157 "sanctuary, playground, and sulking walk" Robert Michael Pyle, The Thunder Tree: Lessons from an Urban Wildland (New York: Houghton Mifflin, 1993), xv, xvi.

158 "The kid who yawns when you say 'Let's go outside'" Churchman, "How to Turn Kids Green," 28.

159 the sunflower house Sharon Lovejoy, Sunflower Houses: Inspiration from the Garden —A Book for Children and Their Grown-Ups (New York: Workman, 2001). For more information, see http://www.rain.org/~philfear/sunflowerhouse.html.

160 "Our son was overstressed" Richard Louv, Childhood's Future (Boston: Houghton Mifflin, 1990), 40–41.

14. 面对恐惧的智慧

164 We know that parks Paul M. Sherer, "The Benefits of Parks: Why America Needs More City Parks and Open Space" (San Francisco: Trust for Public Land, 2003), http://tpl.org/content_document/parks_for_people_Jul2005.pdf.

169 "trying to teach personal safety to children" Quoted in Richard Louv, Childhood's Future (Boston: Houghton Mifflin, 1990), 39.

15. 乌龟的故事：大自然是位好老师

179 Americans participating in traditional forms of recreational wildlife watching decreased

From a paper by Responsive Management, a public opinion and attitude survey research firm specializing in natural resource and outdoor recreation issues, http://www.responsivemanagement.com.

180 For a child who is primarily an audile learner Tina Kelley, "A Sight for Sensitive Ears: A New Generation of Audio Technology Is Opening Up the Wonders of Birding to the Visually lmpaired—and the Sighted, Too," Audubon 104 (January/February 2002): 76—81

180 "Don't rush to the library for a book" Linda Batt, "All Hail Our Fair Feathered Friends: A Backyard Birdfeeder Makes Science Fun!" Mothering, January/February 2000, 58.

181 For more than 150 years, New England anglers have been keeping fishing logs Richard Louv, Fly-Fishing for Sharks (New York: Simon & Schuster, 2000), 220.

181 Outdoor journaling is something a family can do together Linda Chorice, "Nature Journaling — the Art of Seeing Nature," Missouri Conservationist, July 1997.

182 "We're part of nature" Quoted in Richard Louv, Fly-Fishing for Sharks (New York: Simon & Schuster, 2000), 466.

16. 自然学校改革

187 experiential education teaches through the senses John A. Hattie, Herbert W. Marsh, James T. Neill, and Garry E. Richards. "Adventure Education and Outward Bound: Out-of-Class Experiences That Make a Lasting Difference," Review of Educational Research (1997): 43-87.

188 "Finland's recipe is both complex and unabashedly basic" Lezette Alvarez, "Suutarila Journal: Educators Flocking to Finland, Land of Literate Children," New York Times, April 9, 2004.

189 For more effective education reform Gerald A. Lieberman and Linda L. Hoody, "Closing the Achievement Gap: Using the Environment as an Integrating Context for Learning" (San Diego: State Education and Environment Roundtable [SEER], 1998). "California Student Assessment Project, Phase One: The Effects of Environment-Based Education on Student Achievement" (SEER, 2000). "California Student Assessment Project, Phase Two" (SEER,

2005). Available online at http://www.seer.org/.

190 David Sobel ⋯ describes place-based education David Sobel, Place-Based Education: Connecting Classrooms and Communities (Great Barrington, MA: The Orion Society and the Myrin Institute, 2004).

191 More recently "Effects of Outdoor Education Programs for Children in California" (Palo Alto, CA: American Institutes for Research, 2005). Available online at http://www.sierraclub.org/youth/california/outdoorschool_finalreport.pdf.

192 "I used to take student groups on trips to the California deserts" Will Nixon, "Letting Nature Shape Childhood," Amicus Journal, National Resources Defense Council, distributed by The Los Angeles Times Syndicate, December 24, 1997.

195 At Torrey Pines Elementary Richard Louv, The Web of Life: Weaving the Values That Sustain Us (Berkeley, CA: Conari Press, 1996), 148.

196 seventh-graders attended four hundred trout fingerlings Richard Louv, Fly-Fishing for Sharks (New York: Simon & Schuster, 2000), 393.

200 Mary Rivkin, a professor of early childhood education Mary Rivkin, "The Schoolyard Habitat Movement: What It Is and Why Children Need It," Early Childhood Education Journal 25, no. 1 (1997).

201 Numerous studies Janet E. Dyment, "Gaining Ground: The Power and Potential of School Ground Greening in the Toronto District School Board" (Toronto: Evergreen, 2005). Available online at http://www.evergreen.ca/en/lg/gaining_ground.pdf.

201 Another benefit of the green school grounds Anne C. Bell and Janet E. Dyment, "Grounds for Action: Promoting Physical Activity through School Ground Greening in Canada" (Toronto: Evergreen, 2006). Available online at http//www.evergreen.ca/en/lg/pdf/PHACreport.pdf.

202 What if farms and ranches Linda Jolly, Erling Krogh, Tone Nergaard, Kristina Parow, Berit Verstad, and Nord Trondelag, "The Farm as a Pedagogical Resource." A paper submitted for the Sixth European Symposium on Farming and Rural Systems Research and Extension, Vila Real, Portugal, April 3—8, 2004. Available online at http://levendelaering.umb.no/pdf_documents/The_Farm_as_a_Pedagogical_Resource_Portugal.

pdf.

204 The dominant form of education today "alienates us from life" David Orr, Earth in Mind: On Education, Environment, and the Human Prospect (Washington, DC: Island Press, 1994).

204 "ecological design intelligence" David Orr, "What Is Education For? Six Myths about the Foundations of Modern Education, and Six New Principles to Replace Them," Context: A Quarterly of Human Sustainable Culture, Context Institute (winter 1991): 52.

206 "Without a sound formation on natural history" Paul K. Dayton and Enric Sala, "Natural History: The Sense of Wonder, Creativity, and Progress in Ecology," Scientia Marina (2001): 196–206.

17. 露营的复兴

211 "Some of the most exciting findings" Andrea Faber Taylor and Frances E. Kuo. From a paper prior to publication, used with permission from the authors.

211 participants in adventure-therapy programs made gains in self-esteem John A. Hattie, Herbert W. Marsh, James T. Neill, and Garry E. Richards, "Adventure Education and Outward Bound: Out-of-Class Experiences That Make a Lasting Difference," Review of Educational Research (1997): 43–87.

211 This is also true of carefully managed wilderness adventure programs Stephen R. Kellert and Victoria Derr, "A National Study of Outdoor Wilderness Experience" (New Haven: Yale University, 1998). Available online at http://nols.edu/resources/research/pdfs/kellert.complete.text.pdf. Also see: John A. Hattie, Herbert W. Marsh, James T. Neill, and Garry E. Richards, "Adventure Education and Outward Bound: Out-of-Class Experiences That Make a Lasting Difference," Review of Educational Research 67, no. 1 (1997): 43–87.

212 the National Survey of Recreation and the Environment Leo McAvoy, "Outdoors for Everyone: Opportunities That Include People with Disabilities," Parks and Recreation, National Recreation and Park Association 36, no. 8 (2001): 24.

212 people with disabilities gain enhanced body image Alan Ewert and Leo McAvoy, "The Effects of Wilderness Settings on Organized Groups," Therapeutic Recreation Journal 22,

no. 1 (1987): 53-69.

213 Puget Sound Environmental Learning Center Debera Carlton Harrell, "Away from the Tube and into Nature, Children Find a New World," Seattle Post-Intelligencer, April 5, 2002.

18. 在大自然中玩耍不是罪

220 As a powerful deterrent to natural play Philip K. Howard, The Death of Common Sense: How Law is Suffocating America (New York: Warner Books, 1996).

223 In July 2005, the South Florida Sun-Sentinel reported Chris Kahn, "Is Pursuit of Safety Taking 'Play' Out of Playground?" South Florida Sun-Sentinel (Fort Lauderdale), July 18, 2005, 1A.

19. 野趣归来的城市

228 "We need to hold out for healthy ecosystems in the city" John Beardsley, "Kiss Nature Goodbye, Marketing the Great Outdoors," Harvard Design Magazine, no. 10 (winter/spring 2000).

230 "As recently as 1990, you could ... barely comprehend that most people spent most of their lives in cities" John Balzar, "True Nature: Author Jennifer Price Hopes City-Dwellers Will Learn to See, to Love and to Nurture What's Wild and Wonderful in Their Midst, Los Angeles Times, May 31, 2003.

231 remnants of virgin forests still stand in the Bronx and Queens Ben Breedlove, online interview, "E Design Online interview," September 24, 1996, http://www.state.fl.us/fdi/edesign/news/9609/breedluv.htm.

231 "The fast-expanding metropolitan edge brings a wide range of species" Andrea L. Gullo, Unna I. Lassiter, and Jennifer Wolch, "The Cougar's Tale," Animal Geographies: Place, Politics, and Identity in the Nature-Culture Borderlands, ed. Jennifer Wolch and Jody Emel (London, New York: Verso Books, 1998).

233 A similar Dutch development called Het Groene Dak Timothy Beatley, Green Urbanism: Learning from European Cities (Washington, DC: Island Press, 2000), 212.

240 "Flowers calm people down" George F. Will, "The Greening of Chicago," Newseweek, August 4, 2003, 64.

240 The 1909 Plan of Chicago called for "wild forests" Nancy Seeger, "Greening Chicago," Planning 68, no. 1 (January 1, 2002): 25.

241 research related to urban design and the environment of childhood Robin C. Moore, "The Need for Nature: A Childhood Right," Social Justice 24, no. 3 (fall 1997): 203.

244 municipal land-use practices would appear to minimize environmental damage William B. Honachefsky, Ecologically Based Municipal Land Use Planning (Boca Raton, FL: Lewis Publishers, CRC Press, 1999).

245 A 2001 report by the Centers for Disease Control and Prevention Richard J. Jackson and Chris Kochtitzky, "Creating a Healthy Environment: The Impact of the Built Environment on Public Health," Sprawl Watch Clearinghouse Monograph Series (Washington, DC: Sprawl Watch Clearinghouse, 2001).

245 students are four times more likely to walk Mike Snyder, "Sprawl Damages Our Health, CDC Says," Houston Chronicle, November 9, 2001, sec. A-45.

20. 荒野的未来：回归土地的新热潮

254 "something quite extraordinary happened" Dirk Johnson, "The Great Plains: Plains, While Still Bleak, Offer a Chance to the Few," New York Times, December 12, 1993, sec. 1, p. 1.

256 a paradigm shift in "design intelligence" David Orr, Earth in Mind: On Education, Environment, and the Human Prospect (Washington, DC: Island Press, 1994).

260 the median age of residents is already creeping into the sixties John G. Mitchell, "Change of Heartland," National Geographic, May 2004.

264 Bayside Village, in Tsawwassen, British Columbia CIVITAS, Vancouver, B.C. http://www.civitasdesign.com/newcomm.html.

21. 大自然是儿童的精神食粮

271 "Late in Jung's career" Edward Hoffman, Visions of Innocence: Spiritual and

Inspirational Experiences of Childhood (Boston: Shambhala, 1992).

274 a companion different from any offered by human exchange John Berger, About Looking (New York: Pantheon Books, 1980), 20.

280 "Science is the human endeavor in which we are frequently reminded how wrong we can be" Gretel H. Schueller, "Scientists, Religious Groups Come to the Aid of Nature," Environmental News Network, Knight Ridder/Tribune Business News, September 3, 2001.

280 how Americans really think about environmental issues Willett Kempton, James S. Boster, and Jennifer A. Hartley, Environmental Values in American Culture (Cambridge, MA: MIT Press, 1997).

建议阅读：供拓展阅读的部分文献

Bartholomew, Mel. Square Foot Gardening. Emmaus, PA: Rodale Press, 1981.

Beatley, Timothy. Green Urbanism: Learning from European Cities. Washington, DC: Island Press, 2 000.

Berry, Thomas. The Dream of the Earth. San Francisco: Sierra Club Books, 1988.

Bice, Barbara, et. al. Conserving and Enhancing the Natural Environment: A Guide for Planning, Design, Construction, and Maintenance on New and Existing School Sites. Baltimore: Maryland State Dept. of Education, 1999.

Blakey, Nancy. Go Outside: Over 130 Activities for Outdoor Adventures. Berkeley, CA: Tricycle Press, 2002.

Brett, A., and R. Moore. The Complete Playground Book. New York: Syracuse University Press, 1993.

Buell, Lawrence. The Environmental Imagination: Thoreau, Nature Writing, and the Formation of American Culture. Cambridge, MA: Harvard University Press, 1995.

Carson, Rachel. The Sense of Wonder. New York: Harper & Row, 1956.

Chalufour, Ingrid, and Karen Worth. Discovering Nature with Young Children. St. Paul, MN: Redleaf Press, 2003.

Chard, Philip Sutton. The Healing Earth: Nature's Medicine for the Troubled Soul.

Minocqua, WI: NorthWord, 1994.

Chawla, Louise. In the First Country of Places: Nature, Poetry, and Childhood Memory. Albany, NY: State University of New York Press, 1994.

Chawla, Louise. Growing Up in an Urbanising World. London: UNESCO, 2002.

Cobb, Edith. The Ecology of Imagination in Childhood. New York: Columbia University Press, 1977.

Corbett, Michael, Judy Corbett, and Robert L. Thayer. Designing Sustainable Communities: Learning from Village Homes. Washington, DC: Island Press, 2000.

Cornell, Joseph. Sharing Nature with Children. Nevada City, CA: Dawn Publications, 1979.

Dannenmaier, M. A Child's Garden: Enchanting Outdoor Spaces for Children and Parents. New York: Simon & Schuster, 1998.

Dewey, John. The Child and the Curriculum. Chicago: University of Chicago Press, 1902.

Gardner, Howard. Intelligence Reframed: Multiple Intelligences for the 21St Century. New York: Basic Books, 1999.

Gil, E. The Healing Power of Play. New York: Guilford Press, 1991.

Goldsmity, Edward. The Way: An Ecology World-View. Boston: Shambala, 1993.

Grant, Tim, and Gail Littlejohn, eds. Greening School Grounds: Creating Habitats for Learning. Gabriola Island, British Columbia: New Society Publishers, 2001.

Guiness, B. Creating a Family Garden: Magical Outdoor Spaces for All Ages. New York: Abbeville Press, 1996.

Harrison, George. Backyard Bird Watching for Kids: How to Attract, Feed, and Provide Homes for Birds. Minocqua, WI: WILLOW Creek Press, 1997.

Hart, Roger. Children's Experience of Place. New York: Irvington Publishers, 1979.

Hart, Roger. Children's Participation: The Theory and Practice of Involving Young Citizens in Community Development and Environmental Care. London: Earthscan, 1997.

Hoffman, Edward. Visions of Innocence: Spiritual and Inspirational Experiences of Childhood. Boston and London: Shambhala, 1992.

Howard, Philip K. The Death of Common Sense: How Law Is Suffocating America. New York: Warner Books, 1996.

Jaffe, Roberta, et. al. The Growing Classroom: Garden-Based Science. New York: Pearson Learning, 2001.

Johnson, Julie M. "Design for Learning: Values, Qualities and Processes of Enriching School Landscapes." Washington, DC: American Society of Landscape Architects, 2000.

Kahn, Peter H., Jr. The Human Relationship with Nature: Development and Culture. Cambridge, MA: MIT Press.

Kanner, Allen D., Theodore Roszak, and Mary E. Gomes. Ecopsychology: Restoring the Earth, Healing the Mind. San Francisco: Sierra Club Books, 1995.

Kaplan, Rachel, and Stephen Kaplan. The Experience of Nature: A Psychological Perspective. New York: Cambridge University Press, 1989.

Kaplan, Rachel, Stephen Kaplan, and Robert L. Ryan. With People in Mind: Design and Management for Everyday Nature. Washington, DC: Island Press, 1998.

Kellert, Stephen R. Building for Life. Washington, DC: Island Press, 2005.

Kellert, Stephen R. Introduction in S. R. Kellert and E. O. Wilson, eds., The Biophilia Hypothesis. Washington, DC: Island Press/Shearwater, 1993.

Kellert, Stephen R. Kinship to Mastery: Biophilia in Human Evolution and Development. Washington, DC: Island Press, 2003.

Kellert, Stephen R., and Peter Kahn, eds. Children and Nature. Cambridge, MA: MIT Press, 2002.

Kempton, Willett, James S. Boster, and Jennifer A. Hartley. Environmental Values in American Culture. Cambridge, MA: MIT Press, 1995.

Lindquist, I. Therapy Through Play. London: Arlington Books, 1977.

Lovejoy, Sharon. Sunflower Houses: Inspiration from the Garden—A Book for Children and Their Grown-Ups. New York: Workman Publishing Company, 2001.

Martin, Deborah, Bill Lucas, Wendy Titman, and Siobhan Hayward, eds. The Challenge of the Urban School Site. Winchester I-lanes, Great Britain: Learning through Landscapes, 1996.

Metzner, Ralph. Spirit, Self, and Nature: Essays in Green Psychology. El Verno, CA: Green Earth, 1993.

Moore, Robin C. Plants for Play: A Plant Selection Guide for Children's Outdoor

Environments. Berkeley: Mig Communications, 1993.

Moore, Robin C., and Herbert H. Wong. Natural Learning: The Life of an Environmental Schoolyard. Berkeley: MIG Communications, 1997.

Nabhan, Gary Paul, and Stephen A. Trimble. The Geography of Childhood: Why Children Need Wild Places. Boston: Beacon Press, Concord Library, 1995.

National Wildlife Federation. "Schoolyard Habitats: A How-to Guide for K-12 School Communities." Reston, VA: National Wildlife Federation, 2001.

Nicholson, S. "The Theory of Loose Parts." Landscape Architecture 62, no. 1: 30—34.

Orr, David W. Ecological Literacy: Education and Transition to a Postmodern World. Albany, NY State University of New York Press, 1992.

Orr, David W. Earth in Mind: On Education, Environment, and the Human Prospect. Washington, DC: Island Press, 1994.

Pyle, Robert Michael. The Thunder Tree: Lessons from an Urban Wildland. Boston: Houghton Mifflin, 1993.

Quammen, David. Natural Acts: A Sidelong View of Science and Nature. New York: Avon Books, 1985.

Reed, Edward S. The Necessity of Experience. New Haven, CT: Yale University Press, 1996.

Reeves, Diane Lindsey. Career Ideas for Kids Who Like Animals and Nature. New York: Facts on File, 2 000.

Richardson, Beth. Gardening with Children. Newtown, CT: Tauton Press, 1998.

Rivkin, R. The Great Outdoors: Restoring Children's Right to Play Outdoors. Washington, DC: National Association for the Education of Young Children, 1995.

Roszak, Theodore. The Voice of the Earth: An Exploration of Ecopsychology. New York: Simon & Schuster, 1992.

Ruth, Linda Cain. Design Standards for Children's Environments. New York: McGraw-Hill, 1999.

Schiff, Paul D. Twenty/Twenty: Projects and Activities for Wild School Sites: An Ohio Project Wild Action Guide. Columbus, OH: Ohio Division of Wildlife, Education Section, 1996.

Shepard, Paul. Nature and Madness. Athens, GA: University of Georgia Press, 1998.

Snyder, Gary. The Practice of the Wild. Washington, DC: Shoemaker & Hoard, 2004.

Sobel, David. Beyond Ecophobia: Reclaiming the Heart in Nature Education. Great Barrington, MA: The Orion Society and the Myrin Institute, 1996.

Sobel, David. Place-Based Education: Connecting Classrooms and Communities. Great Barrington, MA' The Orion Society and the Myrin Institute, 2004.

Stein, Sara B. Noah's Children: Restoring the Ecology of Childhood. New York: North Point Press, 2002.

Stine, Sharon. Landscapes for Learning: Creating Outdoor Environments for Children and Youth. New York: Wiley, 1997.

Stokes, Donald, and Lillian Stokes. The Bird Feeder Book. Boston: Little, Brown, 1987.

Takahashi, Nancy. "Educational Landscapes: Developing School Grounds as Learning Places." Charlottesville, VA: University of Virginia, Thomas Jefferson Center for Educational Design, 1999.

Taylor, Anne P., and George Vlastos. School Zone: Learning Environments for Children. New York: School Zone Publishing Company, 1975.

Titman, Wendy. Special Places; Special People: The Hidden Curriculum of School Grounds. Surrey, England: World Wide Fund for Nature/Learning through Landscapes; New York: Touchstone, 1994.

United Nations. The Convention on the Rights of the Child. New York: UNICEF, 1989.

U.S. Fish and Wildlife Service. "Directory of Schoolyard Habitats Programs." Annapolis, MD: U.S. Fish and Wildlife Service, 1996.

Wadsworth, Ginger. Rachel Carson: Voice for the Earth. Minneapolis: Lerner Publications, 1992. Wagner, Cheryl. Planning School Grounds for Outdoor Learning. Washington, DC: National Clearinghouse for Educational Facilities, 2000.

Westland, C., and J. Knight. Playing, Living, Learning: A Worldwide Perspective on Children's Opportunities to Play. State College, Pennsylvania: Venture Publishing, 1982.

Wilson, Edward O. Biophilia. Cambridge, MA: Harvard University Press, 1986.

Wilson, Edward O. The Creation: An Appeal to Save Life on Earth. New York: W. W. Norton, 2006.

译后记
理直气壮地去自然中游玩

翻译这本书的时候，自然而然地勾起很多美好的回忆。

我最早的户外体验，大概是三岁多的时候，跟父亲和他的朋友们一起用了三天时间翻越了雾灵山。而跟我那时候同样年纪的女儿，现在也会跟我们一起徒步，在京郊的山里追逐蝴蝶，发现各种各样的小果子、小虫子，一连走上十几公里仍然怡然自乐。直到现在，雾灵山也是我最喜欢的山之一。一旦经历，就无法割舍。后来我又有过在云贵川的高山河谷之间长途骑行的经历，有过在蒙蒙细雨中对照手册识花的经历，也有过在俄罗斯的森林里看化石，险些在加州的郊野里迷路以及几天之内从热带雨林一直登顶乞力马扎罗雪山的经历。

有自己常年混在自然里的体验，也有作为家长安排家庭活动的责任，难免会自觉不自觉地进行比较。跟我们小时候相比，现在孩子们的知识无疑是大大地增加了，但第一手的体验却未必那么丰富；现在孩子们的活动半径显然更大了，跨省和出国旅游都已经习以为常，但独自活动的空间和时间却大大缩水了。他们有太多选择，有时是诱惑，有时是压力，于是能真正分给自己和自然的，就少之又少了。

而作为家长，也有纠结。

当周围孩子在寒暑假预备着弯道超车，考着各种耳熟能详或闻所未闻的证书时，要在自己的工作和孩子的作业之余专门拿出的时间、精力，一起去山里徒步、去公园看鸟，要说没有担心、取舍和平衡，那是不可能的。

当在高速路上开了一个多小时的车，又在停车场排了半小时队之后，期待着进了景区能够大展腿脚的时候，结果孩子们进了门口走了不到十分钟就停下来，开始搬石头、捡树枝、垒水坝。眼见日头渐斜，几次劝进毫无效果，只好随他去。这时候要说没有一点失望，就是自欺欺人了。

当孩子们遇到下山的游客满手鲜花的时候，当带着孩子们露营却跟景区里严禁露营的制度冲突的时候，当听到新闻广播里传出最新的户外事故时，要说自己能一点困惑没有，坦然面对孩子们疑问的目光，那也是不真实的。

但当翻译完这本书之后，这些担心、困惑、纠结，似乎都有了些答案。

正视自己对自然的需求，也尊重孩子的兴趣和偏好，时不时地去自然中为所有人补充能量就可以被放到更高的位置，然后理直气壮地独自或带孩子一起去自然中，理直气壮地用各种方式享受自然。只要对自己和自然都没有伤害，那孩子喜欢的方式就是最好的，无论是家门口的绿地还是不知名的野山。在这个过程中，如果我们再掌握一些技巧（本书中也曾提到），甚至还有助于提高他们的学科能力。有一天跟儿子一起花了一个多小时仔细观察了后院地上的落叶之后，他发现香椿叶子是对生的，月季叶子交替互生，而葡萄叶子则像是一幅有丝绸光泽的地图。当然他写的比我现在记得的要生动得多，在得了很高的分数之后，写作文的信心大增。

如果现在再次与那些拿着野花下山的人相遇，我或许可以当着他们的面跟孩子们说："他们大概很喜欢花，只是还不知道该怎么去喜欢。以后他们有机会晋级成真正的爱花人。"至于景区规定和户外事故，其实是一体两面。不进入自然，当然会少很多风险，但对自己和自然的力量和边界也无从体会。我们自己尽可能多地掌握一些户外技能、决策判断的能力和自然知识，再尽可能多地传递给他们，不是恰恰给他们增加了一条在自然中探索的保险绳吗？我分外珍惜孩子们还愿意跟我们一起户外，愿意听我们说话的机会，总觉得时间一晃而逝。我很庆幸，自己和孩子都有随时能约去自然里玩耍的玩伴。我也很庆幸，孩子遇到的老师们也都是自然的拥趸。

虽然书中的美国故事可以给我们很多启发，但是正像矿藏需要被发掘打磨才成为宝石一样，自然文化从来都不是从原生态的自然中天然地生长出来的。古代有天人合一的传统，有格物致知的观察，有渔樵耕读的情结，那是我们古人的自然观。高居庙堂时，有"斧斤以时入山林"的治理智慧；失意时，隐逸山林可以成为安放心灵的退路。进入现代，我们有自己的边疆开拓运动，也有被过分抬高的香格里拉风貌。到我们的时候，又可以塑造和传承什么样子的自然文化呢？我们是否能在有限的城乡空间和无限的数字世界中找到自己与自然相处的模式？我们是否能在自己的工作与生活中为自然留出一席之地？这是每位读者都可以继续探索的。

交完译稿，正值春节。因为疫情的缘故，已经好几年没有回老家了。短短几天时间，孩子们就升级成了自制弓箭的猎人、甩杆执钓的渔夫，挖坑点火、上树摘果更是每天日常，一如他们的智人祖先。春节假期的最后一天，我指着院口一棵高大的细叶桉说："咱们明年一起做个树屋吧。"儿子脱口而出："别指挥爸爸了！你会吗？"

不怕不会啊，只要想做！在45亿年的地球面前，谁还不是个孩子呢？

海 狸